21世纪 经济与管理精编教材·工商管理系列

社会调查研究方法

Methods of Social Research

侯典牧 编著

图书在版编目(CIP)数据

社会调查研究方法/侯典牧编著. —北京:北京大学出版社,2014.9
(21世纪经济与管理精编教材·工商管理系列)
ISBN 978-7-301-24631-3

Ⅰ.①社… Ⅱ.①侯… Ⅲ.①社会调查—调查方法—高等学校—教材 Ⅳ.①C915

中国版本图书馆CIP数据核字(2014)第184136号

书　　　名	社会调查研究方法
著作责任者	侯典牧　编著
责 任 编 辑	马　霄
标 准 书 号	ISBN 978-7-301-24631-3/F·4011
出 版 发 行	北京大学出版社
地　　　址	北京市海淀区成府路205号　100871
网　　　址	http://www.pup.cn
电 子 信 箱	em@pup.cn　　QQ:552063295
新 浪 微 博	@北京大学出版社　@北京大学出版社经管图书
电　　　话	邮购部 62752015　发行部 62750672　编辑部 62752926　出版部 62754962
印 刷 者	北京圣夫亚美印刷有限公司
经 销 者	新华书店
	787毫米×1092毫米　16开本　18印张　427千字
	2014年9月第1版　2021年8月第5次印刷
印　　　数	10001—12000册
定　　　价	48.00元

未经许可,不得以任何方式复制或抄袭本书之部分或全部内容。
版权所有,侵权必究
举报电话:010-62752024　电子信箱:fd@pup.pku.edu.cn

前　言

随着以"商品"为主导的全球经济的发展，社会环境变得越来越复杂，商家在利益的蛊惑下，社会的"真实性"变得越来越扑朔迷离。不管是国家还是企事业单位，甚至是个人，为了更真实地把握社会现实，避免被某些商家的狭隘私利信息"绑架"，都需要事先做好调查。毛泽东说过，"没有调查就没有发言权"。从当前来看，社会调查不仅是一种方法，更应该成为当前信息超载的社会，人们做任何事情的信条。

现代社会越来越成为一个牵一发而动全身的大系统，目前的社会问题，往往单靠某一学科的研究很难解决，需要多学科的相互渗透和整合，从系统的角度进行研究，才能把问题从更大的框架、更长远的未来看清楚、解决好。否则只靠头痛医头、脚痛医脚的方式解决目前的社会问题，不但问题解决不了，还会为未来留下祸患，埋下引发新问题的祸源。这就要求我们越来越多的社会学科以及相关交叉学科都要引进社会调查研究方法，用研究的方式解决我们遇到的所有问题。而目前社会调查研究的教材大多立足于社会学专业，所用研究案例多是社会学方面的案例，不便于其他社会科学的学生和专业人员学习使用。目前适合更多学科学生学习的研究方法教材相对缺乏。因此，本书正是以此为目的，在内容编排、案例选择上更具有广泛性。本书适合社会学、社会工作、公共管理、工商管理、心理学、教育学、政治学及其他社会科学的本科生学习使用。

笔者教授社会调查研究方法十几年来，从众多大师那里吸取了不少营养，并且一直在从相关社会学科的研究方法中自我充电（学习如心理学、教育学、管理学等学科的研究方法）。特别是近年来，研究方法得到了长足的发展，定性研究与定量研究方法之间有机融合，不同学科之间的相互借鉴，使各种研究方法变得越来越科学、越来越规范、越来越具有可操作性。为了使教材更符合研究工作本身的逻辑流程，本书编写的总体逻辑思路是，各章节按选择研究问题、进行研究设计、搜集资料的方法、分析资料的方法、得出研究成果等重要模块构建全书结构。每个模块力求在讲清基本原理的基础上，突出实际操作内容。书中有大量经过精简的案例，以及对关键研究技术要点的练习。本书编写的重要原则就是希望读过本书的学生或相关读者对每种方法的操作流程和要点都能有较为清晰的把握，学会做一个科学规范的研究项目。

在本书编写过程中，笔者参考了大量的研究方法方面的文献资料，借鉴了其中的一些新的研究成果，在此对这些专家学者表示衷心的感谢。同时，在编写过程中，得到了北京大学出版社的大力支持，尤其是马宵编辑，在此表示诚挚的感谢。另外，编写过程虽力求精准，但书中仍会有不妥之处，敬请广大读者和学术同仁批评指正。

侯典牧

2013年11月于北京

目 录 Contents

第一章　社会调查研究方法概述　/ 1
　　第一节　社会调查研究的方法论　/ 1
　　第二节　社会调查研究的类型　/ 7
　　第三节　社会调查研究的分析单位　/ 11
　　第四节　社会调查研究流程　/ 14

第二章　研究方案的设计　/ 17
　　第一节　研究问题的选择及明确化　/ 18
　　第二节　概念、变量与理论建构　/ 23
　　第三节　委托型研究项目调查主题的确定　/ 32
　　第四节　调查研究方案的撰写　/ 35
　　第五节　调查研究中的常见误差来源　/ 37

第三章　社会调查研究的基本方式　/ 40
　　第一节　普遍调查、典型调查与重点调查　/ 41
　　第二节　抽样调查　/ 44
　　第三节　个案调查研究　/ 53

第四章　问卷法　/ 61
　　第一节　问卷法概述　/ 61
　　第二节　问卷的编制　/ 66
　　第三节　问卷调查的实施及问卷法的优缺点　/ 83

第五章　测量法　/ 86
　　第一节　测量的概念与测量的四种尺度　/ 87
　　第二节　量表与问卷的区别　/ 88
　　第三节　态度测量及常见量表类型　/ 90
　　第四节　测量的信度与效度　/ 99

第六章　访谈法　/ 103
　　第一节　访谈法的概念和种类　/ 103
　　第二节　个人面访的实施　/ 105
　　第三节　电话访谈　/ 109
　　第三节　小组访谈法　/ 110

第七章　观察法　/ 114
　　第一节　观察法的含义与类型　/ 118
　　第二节　观察法的实施步骤　/ 126
　　第三节　观察法注意事项及其评价　/ 131

第八章　实验法　/ 134
　　第一节　实验法与实验的基本构成　/ 134
　　第二节　实验设计　/ 137
　　第三节　实验效度与无关变量的控制　/ 143

第九章　文献研究法　/ 146
　　第一节　文献研究法概述　/ 146
　　第二节　文献综述的撰写方法　/ 150
　　第三节　内容分析法　/ 154

第十章　调查资料的整理　/ 174
　　第一节　问卷调查资料的整理　/ 176
　　第二节　数字资料的初步整理　/ 181
　　第三节　定性资料及其整理与初步分析　/ 185

第十一章　统计分析　/ 196
　　第一节　统计基础概述　/ 196
　　第二节　描述统计　/ 198
　　第三节　相关与回归分析　/ 208
　　第四节　中介作用与调节作用的统计分析　/ 215
　　第五节　推断统计　/ 219

第十二章　调查资料的理论分析　/ 240
　　第一节　理论分析概述　/ 240
　　第二节　理论分析的方法　/ 242

第十三章　研究报告的撰写　/ 251
　　第一节　研究成果呈现分类　/ 256
　　第二节　各类研究报告的结构及撰写方法　/ 257
　　第三节　确保研究报告的质量　/ 265

附录　女性高科技人才开发与利用研究调查问卷　/ 274
参考文献　/ 281

第一章 社会调查研究方法概述

引导案例

费孝通,中国著名社会学家、人类学家、民族学家。1935年,费孝通听从姐姐的劝告,来到吴江县开弦弓村养伤,利用这段时间,费孝通对开弦弓村(后来在论文中费孝通为该村取了一个学名叫"江村")进行了中国江南村落小社区的田野调查。到达英国后,费孝通在其导师马林诺夫斯基的指导下完成了题为《江村经济》的博士论文。1939年《江村经济》在伦敦一经出版,即成为欧洲一些学院人类学学生的必读参考书,费孝通也因此在1981年获得英国皇家人类学会授予的人类学界的最高奖——赫胥黎奖。其影响,形诸生活领域,就是我们平时常常听到"苏南模式""温州模式""珠江模式"之类的说法。这种针对不同形态的经济区域进行类型研究的方法,就是在20世纪80年代初由费孝通在几次调查的基础上,率先提倡运用的。"小商品,大市场"已经成为人们津津乐道的温州模式的经典概括。1986年2月,费孝通写了《小商品,大市场》一文,使得温州人的形象在全国范围内引起关注。1994年,费孝通第二次考察温州,再次发表《家底实,创新业》。1998年,费孝通就温州第三次发文《筑码头,闯天下》。[①]

社会调查是我们了解社会、认识社会、参与社会的重要途径。作为一名社会调查研究人员,费孝通先生亲身投入社会调查活动的全过程,先后写出了多部社会学巨著,对中国社会与经济的发展做出了重大的贡献。

第一节 社会调查研究的方法论

一、研究与社会调查研究

Mcmillan 和 Schunmacher 认为研究(research)就是"为某一目的而收集、分析信息(资料)的系统过程"。梅雷迪斯·D.高尔等(2002)认为"研究就是一个确认未知,并通过资料收集、整理、统计和分析等步骤,使未知变成已知的过程"。

社会学家 C.A.Moser 等曾指出,社会与行为科学研究在方法上面临三个有待解决的

---

① 张冠生.费孝通传[M].北京:群言出版社,2000.

问题:

一是向什么人收集材料,这是研究的对象问题;

二是收集什么资料以及如何去收集资料,这是收集资料的内容与方法的问题;

三是如何处理、分析以及解释资料,这是提出结果或结论的问题。

社会调查研究由调查与研究两部分内容组成。"调查是指收集事实、数据,了解情况,占有材料;研究是指从现象中寻求本质,从经验中推导理论。"(戴建中,1988,第15页)。"调查是指用科学的手段和方法去搜集资料,研究是对搜集来的资料进行分析。"(何凡兴,1991,第1页)。目前大部分研究者认为,社会调查研究是一种既包括资料收集,又包括资料分析的完整的研究过程。苏驼认为,"社会调查主要是为了应用目的进行的调查","社会研究主要是为了科学研究目的的调查","社会调查研究这一用语,更多的是在中国运用的,它和英语中的 social research and investigation 的意思相近,既包括科学理论研究,又包括实际应用研究"(苏驼,1990,第3—4页)。本书在内容的选择上基于此两点。

社会调查研究可以定义为:研究者运用特定的方法和手段,从社会现实中收集有关社会事实的信息资料,并对其做出描述和解释的一种研究活动。

二、社会调查研究方法体系

科学研究的方法可以分为方法论(methodology)以及研究方法(research method)两个层次。方法论是指指导研究的一般思想方法或哲学,包含对研究理论基础的假设、逻辑以及原理,研究人员所主张的明确规则与程序等。研究方法指的是从事研究工作所实际采用的程序或步骤,主要指搜集资料的工具或研究技巧等。

社会调查研究活动已经形成了比较成熟的方法体系,可用图1-1和图1-2两个框图概括。

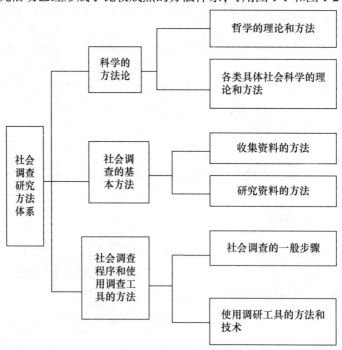

图1-1 社会调查研究方法体系

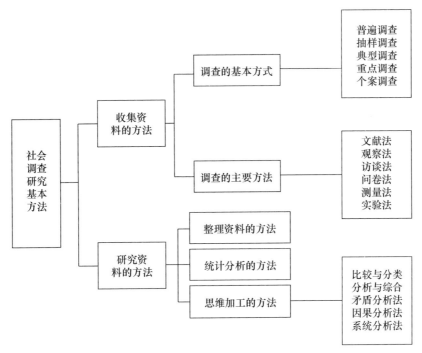

图 1-2 社会调查研究基本方法

三、经验主义的方法论与实证主义的方法论

1. 经验主义的方法论

经验主义的方法论又称人文主义方法论,特别强调对经验的总结,通过对经验的归纳概括形成理论。其逻辑思路如图 1-3 所示。平衡记分卡就是哈佛大学财会学教授罗伯特·卡普兰与复兴方案公司总裁戴维·诺顿在积累了大量实践经验的基础上,建立的一套革命性管理系统。

2. 实证主义的方法论

实证主义的方法论认为社会研究应向自然科学研究看齐,强调研究的主动性和规范性,通过初步观察、界定问题、建立理论框架、产生假设、研究设计、资料收集、资料分析以及解释结果等步骤。其研究逻辑如图 1-4 所示(见第 4 页)。管理学上的霍桑试验就是典型的实证研究模式。

长期以来,伴随着科学技术的发展而形成的实证研究范式,在社会科学研究中一直占据着主流地位。实证研究者受到自然科学量化研究范式的影响,认为只有客观的、实证的和定量的研究才符合科学的要求,才具有价值。社会科学要取得进步,量化的测量和分析是必不可少的。

然而,社会研究的客观性和确定性比自然科学差很多,因为它不仅研究可观察的现实(客观事件),而且也研究主观现实(即这些事件对人们意味着什么)。事实上,社会研究既受到其特定的研究对象、研究内容的制约,同时也由于实证研究范式本身所具有的缺陷,研究者不可能完全依赖这种范式来达到对社会的全面理解。

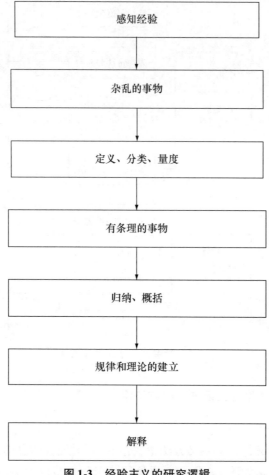

图 1-3 经验主义的研究逻辑

不同的学科也有不同的方法论,在社会研究中应遵循何种方法论,是一个实践的问题,因为研究社会现象有各种可供选择的方法论、研究途径和判断标准,这就要对具体现象做具体分析。因此,在做具体研究时,研究者一般是根据研究课题的性质,来选择更适于这一课题的方法论和学科理论作为指导,或者是根据自己在理论、方法论方面的专业特长来选择适当的研究题目。

四、定性研究与定量研究

(一)定性研究与定量研究的区别

定性研究(qualitative research)是关于事物构成和性质的研究,依赖于对事物的含义、特征的描述和理解。源于经验主义的研究范式,本质上是一个归纳的过程。定性研究主要适用于研究的是不熟悉或复杂的、包含许多互相纠缠的现象,因此观察的角度是整体的,所处理的现象是动态的。定性研究的目的不在于验证理论,而在于发现。定性研究是从行动者的角度来观察所要研究的对象。因此,衡量或观察的对象是组织实际发生的现象,而不是经过控制或设计过的工具。定性研究所产生的理论,主要来自数据归纳。研究的发现不在于说明变量间的关系,而在于将具有复杂关系的变量综合成"理想形态"。其主要方法有历史

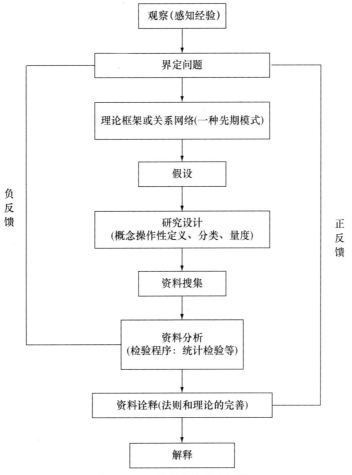

图 1-4 实证主义的研究逻辑

研究、文献研究、观察研究、逻辑分析、内容分析、非结构式访问、实地考察和个案研究等。

定量研究（quantitative research）是关于事物数量方面的研究，依赖于对事物的测量和计算，源于实证主义的研究范式，本质上是一个演绎的过程。定量研究主要适用于研究的是比较熟悉的、结构化的现象，观察的角度往往是某一局部。定量研究的目的往往在于对研究对象给予数量化的描述和解释。定量研究往往是非参与性的，要经过控制条件、设计工具。定量研究主要以测量法、标准化问卷法、实验法等方法来收集数据，以统计方法来分析数据，研究的发现在于说明变量间的关系。

定性研究与定量研究的主要区别如表 1-1 所示。

表 1-1 定性研究与定量研究的区别

	定性研究	定量研究
1. 方法论基础	经验主义方法论	实证主义方法论
2. 逻辑过程	归纳推理	演绎推理
3. 理论与研究关系	理论建构	理论检验
4. 研究方式	灵活性、特殊性	标准化、系统化、操作化

(续表)

	定性研究	定量研究
5. 研究目的与目标	深入理解社会现象,描述情境、现象、问题或事件	确定相关关系和因果关系,将现象、情境或问题变异予以数量化
6. 研究内容	较不结构化,具有较大的弹性	较为结构化,易于评量及确定
7. 关于假设	帮助建立假设	提供信息验证假设
8. 资料收集技术	个案研究、团体座谈、深度访谈、参与式观察、文献法、档案分析等	问卷法、测量法、实验法、结构观察法及数据汇总法等
9. 所获得的资料	具体的、个别的实例	数量化的资料
10. 分析方法	理论性文字描述	统计分析

(二) 定性研究与定量研究的联系

(1) 定性分析和定量分析互为补充。

(2) 定性研究可以作为定量研究的前提和基础。

(3) 进行一项新的研究项目时,定量研究之前常常都要以适当的定性研究开路。有时候定性研究也用于解释由定量分析所得的结果。

定性研究常被视为整个研究的前导部分,相对于后期的定量研究而言,定性研究常被认为是比较不严谨的、未标准化的、不重要的、价值不大的。其原因一方面在于目前国内定性研究的规范性不强,没有掌握规范的定性研究方法,另一方面在于学术偏见。

没有正确的定性分析,就不可能做出科学合理的描述,更不能建立起正确的理论假设,定量研究也就因此失去了理论指导。没有理论指导的定量研究,就不可能得出科学而具有指导意义的调查结论。

在研究过程中应根据事物的性质及研究的目的分别选用定性分析或定量分析,或是两者混合使用,决不可偏废。

五、社会科学研究的四种类型

总的来说,社会科学研究有如下四种常用的研究方式或称研究类型(见表1-2)。这四种研究方式反映了两种方法论倾向:以实验研究、调查研究和文献研究为代表的定量研究方式,比较集中地体现了实证主义方法论的倾向;以实地研究为代表的定性研究方式,则集中地体现了经验主义(人文主义方法论)的倾向。其中每一种方式都具备某些基本的元素或特定的语言,构成一项具体社会研究区别于其他社会研究的明显特征。同时,每一种方式都可以独立地完成一项具体社会研究的全部过程。不同的研究方式分别被用于不同的研究目的。

1. 调查研究

调查研究(survey research)的基本要素包括抽样、问卷、统计分析、相关关系等,是一种采用自填式问卷或结构式访问的方法,系统地、直接地从一个取自某种社会群体的样本那里收集资料,并通过对资料的统计分析来认识社会现象及其规律的社会研究方法。调查研究最经常地被用来描述一个大的、总体的状况,以及探讨不同变量之间的相关关系。

2. 实验研究

实验研究(experiment)的构成要素包括操纵与控制、实验组、控制组、前测、后测、实验刺激、因果关系等,是一种经过精心设计,并在高度控制的条件下,通过操纵某些因素,来研究变量之间因果关系的方法。实验研究主要被用来探索和证明两个变量之间的因果关系。

3. 文献研究

文献研究(document study)包括内容分析、编码与解码、二次分析、现有统计分析等,是一种通过收集和分析现存的,以文字、数字、符号、画面等信息形式出现的文献资料,来探讨和分析各种社会行为和社会现象的研究方法,如现存统计资料分析和(对原始数据资料的)二次分析等。文献研究常常被用于帮助研究者去探讨那些既不会引起研究对象的任何反应,又是其他方式在时间和空间上无法达到的社会现象和问题。

4. 实地研究

实地研究(field research)包括参与观察、研究者的角色、投入理解、扎根理论等,是一种深入到研究现象的生活背景中,以参与观察和非结构访谈的方式收集资料,并通过对这些资料的定性分析来理解和解释现象的社会研究方法。实地研究更多的是在深入理解社会现实,以及在提炼和建构理论方面发挥作用。

表1-2 社会研究的基本类型与分析方法

研究类型	子类型	资料收集方法	资料分析方法	研究的性质
调查研究	普遍调查 抽样调查	统计报表 自填式问卷(量表) 结构式访问	统计分析	定量
实验研究	实验室实验 自然(实地)实验	自填式问卷 结构式访问 结构式观察 量表测量	统计分析	定量
文献研究	统计资料分析 二次分析 内容分析 历史比较分析	官方统计资料 他人原始数据 文字音像文献 历史文献	统计分析 定性分析	定量/定性
实地研究	参与观察 个案研究	无结构观察 无结构访问	定性分析	定性

资料来源:风笑天.社会学研究方法[M].中国人民大学出版社,2001:8.

第二节 社会调查研究的类型

一、按研究的目的分

(一)探索性研究

探索性研究(exploration study)的基本目的是提供一些资料以帮助研究者认识和理解所

面对的问题,常常用于在一种更正式的研究之前帮助研究者将问题定义得更准确些,帮助确定相关的行动路线或获取更多的有关资料。这一阶段所需的信息是不精确定义的,研究过程很有灵活性,没有什么结构。例如,向行业专家咨询就是一种探索性研究。探索性研究的样本量一般较小,也没有什么代表性。探索性研究的结果一般只是试验性的、暂时性的,或作为进一步研究的开始,因此又称为可行性研究(feasibility study)、试点(前导)研究(pilot study)。

以下情况一般用探索性研究:一是当研究者准备研究的问题或现象本身十分特殊、十分新鲜,且很少有人涉及时;二是研究者本人对打算研究的问题或现象不大熟悉、了解很少时。

它通常采用参与观察和无结构访问等方法收集资料,其所研究的对象的规模通常都比较小。从资料中所得出的各种结果,并不用来推论研究对象所取自的总体,也不用来检验某种理论假设,而主要用来"探测"某类现象或问题的基本范围、内容或特征,给人们一个大致的轮廓或印象;用来"提示"深入研究这一现象或问题的可能途径;用来尝试可用于这一现象或问题研究的合适的方法与工具。

总的来说,探索性研究的目标概括如下:

(1) 借以熟悉其中所涉及的基本事实、人物与关键的问题;

(2) 对发生的情况的来龙去脉,展现出完整的图像;

(3) 产生许多概念,并发展试验性的理论与推论;

(4) 决定做进一步研究的必要性;

(5) 归纳问题并且提炼出需要做更有系统研究的议题;

(6) 发展未来研究所需的技术与方向。

(二) 描述性研究与相关性研究

1. 描述性研究

描述性研究(description study)是结论性研究的一种,顾名思义,这种研究的结果,就是要描述某些事物总体的特征或功能,如描述有关群体的特征。例如,给出不同国家文化环境下员工的特征;估算在某一具体总体中显示某种行为的人群所占的比例。例如,估算不同类型的员工所嗜好的福利模式的比例。

描述性研究假定调研者事先已对问题有许多相关的知识。因此,所需的信息是很清楚地定义了的。典型的描述性研究都是以有代表性的大样本为基础的。有正式的研究方案的设计、规定选择信息来源的方法,以及从这些来源收集数据的方法。

总的来说,描述性研究的主要目标概括如下:

(1) 提出关于某个团体全貌的正确画像;

(2) 描述一个过程、一个机制或一份关系;

(3) 提出一个口述的或数字的描述(如百分比);

(4) 挖掘信息以刺激新的解释;

(5) 呈现基本的背景信息或某个情境脉络;

(6) 创造一组类别或区分不同的类型;

(7) 理清各阶段或步骤的先后顺序。

2. 相关性研究

有的研究者把相关性研究(relative study)作为描述性研究的一种类型。相关性研究也是结论性研究的一种,目的是发现或建立一个情境中的两个或多个变量间所存在的关系/关联/互赖的程度。凡是经由使用相关系数而探求变量间关系的研究,均称为相关性研究。如广告活动对销售产品具有什么影响?压力与事故率的关系为何?人格与满意度的关系为何?企业中职工的工作技能与生产效率之间的关系为何?这些都属于相关性研究。这种相关性研究的主要目的在于确定变量之间关系的程度与方向。变量关系的程度,有完全相关、高相关、中等相关、低相关和零相关等。而变量关系的方向有正相关和负相关等。相关系数本身并不能说明因果关系,这是在进行相关性研究时应特别注意的。例如,许多研究证明,工作满意感和工作成绩之间存在较高的正相关,可是究竟是工作满意感引起好的成绩,还是高成效产生了满意感和积极的情感呢?这就不能光靠相关性研究来解决,需要进行实验研究。

(三) 解释性研究与因果关系研究

1. 解释性研究

解释性研究(interpretive study)是基于所建立的概念架构(conceptual framework)或理论模式对现象加以解释。解释性研究可以解答"为什么"的问题,能说明社会现象发生的原因,预测事物的发展后果,探讨社会现象之间的因果联系。

社会学中,解释性研究注重对所研究的各种社会现象或事物的特性、内在联系、成因和规律做出明晰的理论说明或阐释。这种阐述或回答是在理论的指导下,基于对经验资料的搜集、统计和分析来达到的。它的一般程序是:先依据社会学理论形成研究的假设或命题,然后搜集大量的经验事实材料进行统计分析,以此来验证假设,并通过对假设的证实或证伪来解释事物间的各种关系,解释社会现象产生的原因。

影响消费者行为的因素研究:

文献资料表明,影响消费者行为的因素有:
- 社会因素:角色、家庭影响、阶层、文化、时尚。
- 心理因素:认知、动机、能力知识、态度、个性。
- 个人因素:人口统计因素、涉入深度。
- 使用情况等。

实证研究发现,上述因素均不同程度影响消费者行为。

解释:为什么会产生影响?为什么影响程度有差别?

---

2. 因果关系研究

因果关系研究(cause and effect study)属于解释性研究,其目的是获取有关起因和结果之间联系的证据。因果关系研究的目的包括下述内容:

(1) 了解哪些变量是起因(独立变量或自变量),哪些变量是结果(因变量或响应)。

(2) 确定起因变量(自变量)与要预测的结果变量(因变量)间的相互关系的性质。

因果关系研究需要严格的方案和结构的设计。相关性研究虽然也能确定变量间联系的紧密程度,但是并不能确定因果关系。要考察因果关系必须将有些可能影响结果的变量控制起来,这样,自变量对因变量的影响才能测量出来。因果关系研究的主要方法是实验法。当然还有些高级的统计方法可以用于检验因果关系的模型。例如为了检验包装(自变量)对销售量(因变量)的影响,可将同类商店随机分为两组,分别出售新包装的商品和原包装的同种商品,然后再进行比较。

(四) 政策研究

"政策",泛指决策的产物,政策研究为政府、企业等组织的决策服务。

政策研究有明确的目标,政策研究的内容通常包括:描述相关变量的现状、趋势及影响;提出各种可能的备选政策方案;对各种备选政策方案可能带来的后果及不确定性进行分析比较;对各种备选政策方案做出评价;提出有关的行动建议。

政策研究需要考虑经济因素、政治因素、社会因素、科学技术因素、文化因素、超理性因素以及自然资源、生态环境、国防安全诸方面问题,涉及政策策略、政策模型、政策实施、外部效果和未来研究等内容。

政策研究的内容主要包括:

(1) 描述。描述对象有现象、关系、行为、环境、方案等,主要对象是政策系统和备选政策方案。所谓政策系统包括两个组成部分:政策域,即与所研究的问题有关的各种可采取的政策措施的集合,包括体制、法律、行政、财务、管理、技术等各方面的政策措施;政策涉及的利益相关者,包括政策的制定者和与政策选择有重大利害关系的阶层和团体。

(2) 预测。对于趋势、数量、概率等做出预测。

(3) 确定政策目标、价值标准、判断准则、评价指标、衡量尺度。

(4) 政策分析、政策评价、政策建议。

政策研究的特点是定量分析加定性分析、实证研究加规范研究。

评价政策方案的标准:① 有效性,即政策的实施能否达到预期目的;② 政策效率,即政策实施的费用—效益比如何;③ 公平性,即政策实施的费用、风险和收益在各阶层的分配情况如何;④ 政策弹性,即政策能否适应不同地区、不同部门的情况,政策调整是否困难;⑤ 可操作性,即政策与现实的社会、经济、技术结构的兼容性如何,政策实施的现实可能性与困难程度如何。

二、按研究的时间维度分

(一) 纵向研究

纵向研究(longitudinal study)指的是在前后不同的时间里分别对某种或某些社会现象进行调查,收集该社会现象当时的资料,将这些资料结合起来分析,以描述某种社会现象的发展变化,以及解释不同现象前后之间的联系。纵向研究主要有三种不同的类型:趋势研究是对某种社会现象随时间推移而发生变化的研究;同期群研究是对同一时期同一类型的研究对象随时间推移而发生的变化的研究;同组研究是对同一批研究对象随时间推移而发生变化的研究。纵向研究的缺点是比较耗费时间和研究经费,还容易在研究过程中受到其他因素的影响。

(二)横向研究

横向研究(cross-sectional study)是关于某类社会现象在一个时间点或时间段里存在状况及其因果关系的研究,一般是在一个时点或时段上广泛地收集研究资料,并用以描述研究对象在这一时间点上的状况,或者探讨这一时间点上不同变量之间的关系,如人口普查、工业普查都属于横向研究。

横向研究可以同时研究较大样本,研究效率比较高,成本较低。但是,横向研究是对不同对象在某些时间点或同一时间的考察,因此较难确定因果关系,它的取样程序要求较高。

第三节 社会调查研究的分析单位

在调查设计中,研究者必须明确社会调查的分析单位,通过对分析单位的特征及其分布进行归纳总结,从而描述总体对象的状况,或解释社会现象之间的相互关系。[①]

一、分析单位的概念

分析单位(unit of analysis)是指在调查研究中被分析和描述的对象,即研究对象。如"大学生勤工助学调查"的分析单位是大学生。

要注意分析单位不同于研究内容与调查单位(调查对象),也不同于抽样单位。分析单位是一项社会研究所研究的对象;调查对象则是研究者收集资料时所直接询问的对象;研究的内容或主题则是分析单位的属性或特征。

研究所收集的资料直接描述分析单位中的每一个个体。将这些对个体的描述聚合起来,可以描述由这些个体所组成的群体(研究的样本),以及由这一群体所代表的更大的群体(总体),或者用这种描述的聚合去解释某种社会现象。

二、分析单位的主要类型

(一)个人

在社会调查研究中,以个人作为分析单位是最为常见的。通过对个人进行描述,并将这些描述进行聚合和处理,我们能够描述和解释由个人所组成的各种群体,以及由个人的行为和态度所构成的丰富多彩的社会生活现象。

用个人作为分析单位的描述性研究,一般用来描述由那些个人所组成的总体及其特征分布;用个人作为分析单位的解释性研究,则是为了发现该总体中社会现象之间的相关关系和因果关系,分析研究对象可能的变化发展趋势。[②]

---

① 江立华,水延凯.社会调查教程[M].北京:中国人民大学出版社,2012:58,59.
② 仇立平.社会研究方法[M].重庆:重庆大学出版社,2008.

(二) 群体

由若干个人所组成的各种社会群体本身,也可以成为社会调查中的分析单位。

以各种群体为分析单位的调查研究与那些以个体为分析单位的调查研究,在描述的对象上有所不同。例如,如果我们打算研究高校社团中的成员,了解他们参加社团的动机和类型,那么社团中的成员就是我们的分析单位。但是,如果我们打算研究某个高校所有社团,了解它们相互之间存在的差别,那么我们的分析单位就不再是社团成员,而是社团本身。

当以社会群体作为分析单位时,它们的特征有时与群体中个人的特征有关。但在更多的情况下,这种群体的特征则不同于个人的特征。应当记住的是,当我们以社会群体作为分析单位时,我们的研究和分析就不能下滑到群体层次之下,我们所研究的群体就是资料集合中的最小单位。

(三) 组织

各种正式的社会组织,比如工厂、公司、机关、学校、商店、医院等,同样可以成为社会调查中的分析单位。在以组织为分析单位的社会调查中,通过对组织的各种特征进行分析,来解释和说明某些社会现象。

由于组织与群体一样,都是由若干个人组成的,因而作为分析单位的组织所具有的某些特征,往往也在一定程度上与组成它的个人有关。有时,对同一现象的研究,会依据调查的侧重点的不同而使用不同的分析单位,这样就大大地增加了分析单位的复杂性。

与群体一样,仍然要注意分析单位的层次问题,尤其在下结论时要注意以"组织"为单位。

(四) 社区

社区作为一定地域中人们的生活共同体,也可以作为调查中的分析单位。社区包括乡村、城市、街道、集镇等。

常用社区特征值有社区人口规模、社区异质性程度、社区习俗特点、社区的空间范围等。

以社区作为分析单位,可以进行描述;也可以通过分析社区不同特征之间的关系,来解释和说明某些社会现象。

> 我们可以探讨社区规模与社区流动人口之间的关系,或者探讨社区流动人口的多少对社区异质性程度的影响,等等。在这样的社会调查中,社区就是我们的分析单位。如同以个人为分析单位的社会调查中的个人那样,从每一个具体的社区中所收集的资料,既可以用来描述和反映这一社区自身的具体特征,又可以作为若干个具体社区的集合中的一个个案,参与到描述整个社区的集合的特征以及解释某些特定的社区现象中去。

(五) 社会产物

社会调查研究的分析单位还可以是各种类型的社会产物或社会事物。这里所讲的社会产物主要指社会制度、社会关系、社会行为和各种社会产品,如幸福感、烂尾楼等。

三、使用分析单位应注意的问题

第一,一项调查课题可以采用多种分析单位,调查者应根据社会现象的复杂程度和调查研究目的的需要来选择分析单位。

第二,一项调查研究课题虽然可以采用多种分析单位,但这并不是说分析单位越多越好。应在满足课题要求的条件下,尽量减少调查工作量,选择那些最主要的分析单位,力求深入调查研究,保证社会调查工作的质量。

四、与分析单位有关的两种结论错误

研究者使用分析单位下结论时要注意以下两种常见错误:

(一) 层次谬误

层次谬误又称为区群谬误或体系错误,它指的是在社会调查中,研究者用一种比较高的(或集群的)分析单位做研究,而用另一种比较低的(或非集群的)分析单位做结论的现象。或者说,研究者在一个比较高的(或集群的)分析单位上收集资料,而在一个比较低的(或非集群的)分析单位上来下结论的现象。例如,研究发现"黑人多的社区犯罪率高",因此得出"黑人犯罪率高"的结论就属于层次谬误。

> 研究者在两个规模相当的小城镇做调查,他发现,甲城镇高收入居民的比例超过50%,大大高于乙城镇的比例;同时,他还发现,甲城镇居民拥有摩托车的比例也大大高于乙城镇的比例。如果在这些资料的基础上,研究者得出结论说"收入高的居民更可能拥有摩托车",或者得出结论说"资料表明,居民家庭收入与拥有摩托车之间存在相关性",那么,他就犯了层次谬误。因为我们并不知道这两个城镇中的哪些居民收入较高,也不知道哪些居民拥有摩托车,我们所知道的只是对于城镇总体来说的收入分布和摩托车拥有量。也许是甲城镇中的那些中等收入和低收入的居民更多地拥有摩托车。要想得出有关居民收入水平与居民拥有摩托车之间关系的结论,研究者就必须以居民而不是以城镇作为分析单位,来收集有关的资料[①]。

(二) 简化论

简化论又称为简约论,它指的是研究者仅仅用十分特殊的个体资料来解释宏观层次的现象,与层次谬误相反,和平常所说的"以偏概全"错误类似。

> 调查100名来自甲市的游客和100名来自乙市的游客,发现甲市游客的平均收入明显高于乙市游客,于是认为甲市比乙市更发达。这就犯了简化论的错误。

---

① 风笑天. 现代社会调查方法[M]. 武汉:华中科技大学出版社,2005.

导致简化论发生的一个基本原因,是由于社会调查很容易获得有关个人的具体资料,而宏观层次的单位的运行则往往比较抽象和模糊。

要避免犯层次谬误以及简化论这两种错误,关键的一点是要保证做结论时所使用的分析单位,也就是运用证据时所使用的分析单位。

第四节　社会调查研究流程

社会调查研究流程大体可为五个阶段(见图1-5)。

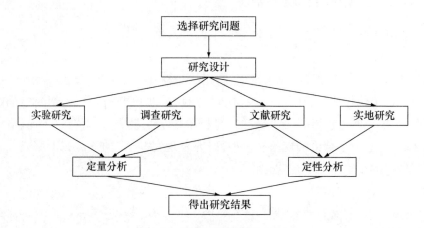

图1-5　社会研究的五个阶段

资料来源:风笑天.社会学研究方法[M].中国人民大学出版社,2001:16。

一、选择研究问题

选择研究问题的水平,在一定程度上决定着整个研究工作的成败,决定着研究成果的好坏优劣。选择研究问题的过程包括以下几个步骤:(1) 确定研究问题;(2) 阅读相关文献;(3) 提出待答问题或研究假设;(4) 确定并界定研究变量。这里的数据类型决定了资料分析阶段用什么统计分析方法最为恰当。

二、研究设计

研究设计是指研究者对整个研究工作进行规划和安排。研究设计所涉及的内容相当广泛,但最主要的包括明确研究目的与研究性质、确定研究对象与分析单位、确定研究的具体内容以及选择研究方式和具体的研究方法、选择或编制研究工具等。

不同类型的研究,其研究设计是不同的,就量化研究中常见的描述性研究、相关性研究和实验研究来说,其研究设计比较如表1-3所示。

表1-3 三种主要的量化研究设计的比较①

	描述性研究	相关性研究	实验研究
主要目的	由样本推论总群体 对于总体的描述与解释	探讨变量间关系 建立通则与系统知识	探讨因果关系 建立通则与系统知识
样本特性	大样本 具总群体代表性	中型样本 立意或配额抽样	小样本 随机样本、随机分派
研究工具	结构化问卷	测验或量表	实验设备、实验量表
测量题目	事实性问题 态度性问题 行为频率	态度性问题 心理属性的测量	反应时间 行为频率 心理属性的测量
研究程序 (学理基础)	抽样与调查 (抽样理论)	测验编制与实施 (测验理论与技术)	实验操作 (实验设计)
测量尺度	类别变量为主	连续变量为主	类别自变量 连续因变量
统计分析	描述统计	线性关系分析	平均数差异检验
常用统计技术	次数分布 卡方检验 无总体统计	相关 回归 路径分析	t 检验 变异数分析 共变数分析

三、搜集资料

（一）直接收集法

收集资料的直接方法主要有观察法、访谈法、实验法等。

（二）间接收集

收集资料的间接方法主要有文献法、网上调查、电话调查等。

四、资料整理与分析

（一）整理资料

整理资料包括文字资料的整理和数据资料的整理，包括对相应资料进行编码、数据录入等工作。

（二）分析资料

分析资料包括量化资料分析和质性资料分析。

（三）理论解释，得出结论

五、撰写研究报告

侧重说明调查结果或研究结论，并对研究目的、调查过程、调查方法、调查成果等进行系统地叙述和说明，同时提出政策性建议和解决问题的方式。

[复习思考题]

1. 说明社会调查研究方法体系的内容。

---

① 邱皓政.量化研究与统计分析[M].重庆：重庆大学出版社，2009：12.

2. 说明经验主义的方法论与实证主义的方法论的联系与区别。
3. 说明定性研究与定量研究的联系与区别。
4. 社会调查研究可分为哪几种类型？各自的特点是什么？
5. 社会调查研究的流程主要包括哪些环节？

[实训题]

1. 指出下列命题中的分析单位。
(1) 女人看电视的时间比男人长，因为女人在家庭之外工作的时间比男人短。
(2) 护理人员对于改变护理制度有强烈欲望，而决定权却在医生手中。
(3) 1958 年，雇员人数在 1 000 人以上的有 13 家，到了 1977 年下降为 11 家。
(4) 对当地媒体对民办教育结构的评论调查，旨在发现媒体态度的变化。
(5) 独生子女家庭中，子女的消费水平略高于父母；相比之下，非独生子女家庭中的子女消费水平则与父母相当。
(6) 失地农民的城市适应研究。

参考答案：(1) 个人(女人，从个体的特征来研究)。(2) 群体(护理群体)。(3) 组织(企业)。(4) 社会产品(媒体报道)。(5) 群体(独生子女家庭、非独生子女家庭)。(6) 群体(失地农民)。

2. 分析以下案例。

在以城市为分析单位调查犯罪现象时，研究者发现，流动人口多的城市的犯罪率大大高于流动人口少的城市，呈现出"城市的流动人口越多，城市的犯罪率越高"的趋势。如果研究者根据这一现象得出结论说"流动人口比非流动人口的犯罪率高"，那么他犯了什么错误？

参考答案：他犯了层次谬误。因为他的调查资料是以城市(分析单位是社区)为单位收集来的，所得出的也只能是有关城市的结论，而不能是有关流动人口和非流动人口(分析单位是群体)的结论。如果要得出有关群体的结论，或者说要用群体的特征来解释犯罪率，那么，就应该用群体作为分析单位来进行调查，收集有关群体的资料。例如，分别在流动人口和非流动人口中调查犯罪的情况，统计二者的犯罪率，再通过比较来得出结论①。

---

① 风笑天.现代社会调查方法[M].武汉:华中科技大学出版社,2005.

第二章 研究方案的设计

引导案例

下岗职工的再就业服务和求职行为——上海的案例研究[①]

研究架构和研究假设

根据社会工作中的社会支持理论、系统理论和强化权能的原理,再就业服务会对求职行为有正面影响;根据经验研究又可推论,失业者所得的再就业服务越多,其以后的求职行为也越多。鉴于下岗职工属于失业者,本文采用如下研究架构(见图2-1)。

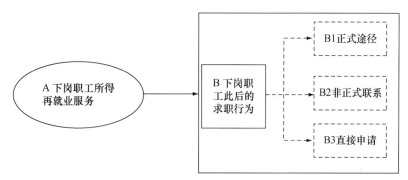

图 2-1 研究设计框架

其中再就业服务(reemployment services)指政府部门和非政府机构基于舒缓下岗职工心理恶化和帮助其再就业目标而以下岗职工个人为对象的服务总和,包括强化心理、信息和中介、指导求职技巧、基本技能培训、职业咨询和政策咨询等。

求职行为(job seeking behaviors)指通过正式途径、非正式联系和直接申请以获得受薪就业的行为总和。其中,正式途径包括在就业机构登记、工会或社区中介;非正式联系指要求他人介绍工作;直接申请指跟进有关信息与潜在雇主联络、直接参加面试等。

研究假设:下岗职工所得再就业服务越多,其求职行为越多(AB)。细化为三个具体假设:他们所得再就业服务越多,正式途径求职行为就越多(AB1);所得再就业服务越多,非正式联系求职行为越多(AB2);所得再就业服务越多,直接申请求职行为越多(AB3)。

---

① 顾东辉.下岗职工的再就业服务和求职行为[J].社会学研究,2001(4).

研究方法

（一）总体和样本

以上海城区1998年年底登记在册、原在国企工作、希望被重新雇佣、未提前退休的下岗职工为研究总体。采取两阶段系统抽样法选取样本：首先在最新街道名册中等距抽取17个街道，然后在每个抽中街道等距抽取20—40名下岗职工。由此得到504名下岗职工合成样本(其他略)。

（二）主要研究变量的测量

1. 再就业服务

采用五点法即"不知道这类服务(得分1、再编码1)、知道但没有用过(得分2、再编码1)、曾经得到某个部门/机构的服务(得分3、再编码2)、经常得到某个部门/机构的服务(得分4、再编码3)、经常得到若干部门/机构的服务(得分5、再编码4)"，了解下岗职工得到的强化心理、信息和中介、指导求职技巧、基本技能培训、职业咨询和政策咨询服务(Cronbach's alpha为0.91)；以各子项的平均点数反映服务总和的多少。

2. 求职行为

测查下岗职工获得再就业服务后采取的正式途径、非正式联系和直接申请三类行为。正式途径的测量参照丘海雄(1998)关于下岗职工正式网络组成，记录其在相关部门和机构的登记情况，以其登记总数反映；非正式联系的测量参照丘海雄(1998)的关于下岗职工的非正式网络组成，记录其要求血缘关系、业缘关系、私人关系、地缘关系介绍工作的次数，以其"要求介绍"的总次数反映；直接申请的测量记录其完全靠自己直接获得信息及其采取的旨在受薪就业的行为，以其总次数反映。上述三类行为之和为求职行为总数。

3. 资料分析

(1) 利用SPSS对原始资料再编码后形成研究变量；(2) 以趋中数量和离散数量反映主要变量的特征；(3) 对变量关系进行统计检验，判明研究假设或前提成立与否，再排除背景特征的综合影响计算变量关系的净作用方向，以确认研究假设的验证结果。

研究方案的设计直接决定研究的成败，科学、规范的设计是有效完成研究的保证。

第一节 研究问题的选择及明确化

爱因斯坦曾说过："提出一个问题往往比解决一个问题更重要，因为解决问题也许仅是一个数学上或实验上的技能而已，而提出新的问题、新的可能性，从新的角度去看旧问题，却需要有创造性的想象力，这标志着科学的真正进步。"提出问题固然重要，就社会调查来说选择一个好的研究问题并对问题意图的清楚把握和确切表述，是整个研究过程的首要要求。下面将以科学研究的角度阐述研究问题的选择及明确化的规范化操作流程。

一、选择调查研究的问题

（一）研究问题的来源

常见的研究问题的来源主要有：(1) 急待解决的特定社会问题；(2) 研究者的兴趣及对

某事的独特看法;(3)要证实某一结果或预测某一事件;(4)有关社会的环境、对象、活动等规律的假说;(5)由理论演绎引致的对社会现象的新认识。

(二)选择研究问题的准则

(1)问题是否重要,是否有研究的价值。

(2)问题的可行性,即问题是否可研究,是否便于实施。必须考虑到研究者本人或团队的背景、经验、个性、资料取得、时间限制、经费等。

(3)问题是否具有稳定性。至少研究期间内,现象会持续发生,该研究问题不会因环境变动而中止或改变原数据的取得。

(4)问题的研究是否新颖,有一定的创新性。

(三)选择研究问题的步骤

选题阶段的主要任务包括两个方面:一是选取研究主题(领域),二是形成研究问题。一般来说,我们首先选取一个研究主题,然后在这一主题领域中,选择和形成一个研究问题。这一过程既是一种从一般到特殊的"过滤"过程,也是一种从模糊到清晰的"聚焦"过程。

选择研究问题的具体步骤如图 2-2 所示:

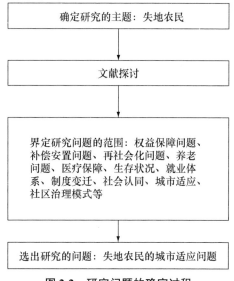

图 2-2 研究问题的确定过程

1. 确定研究的主题(领域)

首先要根据选题原则确定你要研究的主题。比如你确定的研究主题为失地农民问题。

2. 文献探讨

确定完主题(领域)后,接着要进行文献探讨。其旨在使研究者了解与研究主题有关的概念、理论、重要变量、各变量的概念型定义及操作型定义,并掌握其他人已经研究过的问题、研究假设及研究方法等。

3. 界定研究问题的范围

经过文献探讨,你会发现该领域涉及很多研究问题。比如失地农民问题就涉及以下众多问题:权益保障问题、补偿安置问题、再社会化问题、养老问题、医疗保障、生存状况、就业体系、制度变迁、社会认同、城市适应、社区治理模式等。这些问题中有些问题已经开展了很多研究,有的正在起步,有的还是研究空白。

4. 选出研究的问题

在上述众多问题中权衡主客观条件,选出你要研究的问题。比如,失地农民的城市适应问题。

二、研究问题的明确化

选出研究问题后,不要马上展开调查研究,还要通过查阅文献对所要研究的问题进一步明确化。因为初步选定的问题好像是一个研究问题,但不一定适合做研究。

问题的明确化主要包括两个环节:一是缩小问题的内容范围,二是清楚明确地陈述问题(见图 2-3)。

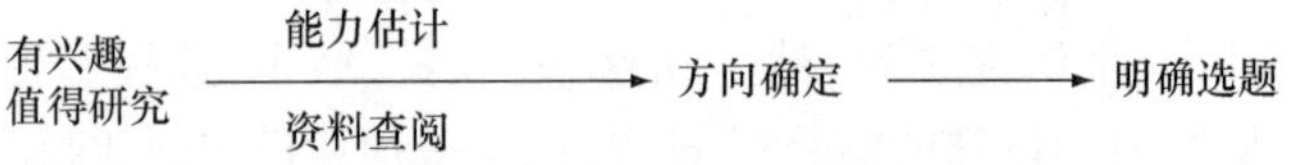

有兴趣值得研究 —— 能力估计/资料查阅 —— 方向确定 —— 明确选题

图 2-3 课题明确化的过程

在文献探讨初步资料搜集后,研究者得以缩小问题,并对问题给予清晰的界定。通过对研究问题进行某种界定,给予明确的陈述,以达到将最初头脑中比较含糊的想法变成清楚明确的研究课题,将最初比较笼统、比较宽泛的研究范围或领域变成特定领域中的特定现象或特定问题的目的,转变成可研究的问题,更重要的是界定出真正的问题。这里要注意的是,不要将症状视为问题,例如,管理者一直想采用浮动工资来提高生产力,但仍没有成功,其真正的问题可能是员工感到未受肯定,造成士气和动机低落,而低生产力可能仅仅是士气及激励问题的症状而已。因此,如果界定错了问题,是根本不可能解决问题的,唯有识别并界定出真实的问题,才有可能解决问题。

问题界定或问题陈述是指,为寻求解答,对所研究的问题或议题做清楚、完整、简洁的描述。如果问题已知,但不能给予清楚地界定,也很难进行研究。

> "网络交易中的诚信调查研究"课题的明确化过程
>
> 网络交易问题 }
> 上网购物问题 } 形成兴趣和问题定向 } 形成问题:网络交易中的道德状况
> 查阅相关文献,发现值得做 }
>
> 道德太笼统不好研究,需具体化问题 { 理论思考:基本概念界定
> 查阅资料:前人研究成果
> 个人能力考虑
>
> 最后,确定具体问题"网络交易中的诚信调查研究"。诚信比道德更具体、好界定,便于执行研究。

问题表述得好意味着问题已经解决了一半。一般而言,陈述研究问题(或研究题目)要具有下列五项特征:

(1) 最好能囊括研究范围、对象、内容、方法;

(2) 问题的叙述应该说明两个或两个以上变量之间的关系;
(3) 问题的变量间关系应该清楚而正确地叙述;
(4) 问题的叙述应该提示实证性考验的可能性;
(5) 问题的叙述应该不涉及道德与伦理的观点。

三、确定研究目的与形成研究目标

研究题目确定以后,就要确定研究目的。常见的研究目的有四种[①]:(1) 对现象加以报导(reporting);(2) 对现象加以描述(description);(3) 对现象加以解释(explanation);(4) 对现象加以预测(prediction)。研究者应该说明其研究目的是上述的哪一种。

根据要研究的目的,具体化形成研究目标。研究目标陈述包括两部分:总目标和具体目标。总目标用一句话来陈述;具体目标用一组小标题来陈述。

> 例如,具体问题是,美国政府根据特殊立法要对有毒废物排放进行罚款,有毒废物的排放会有什么反应?
>
> 一个恰当的总目标就是确定已有的罚款细目已经或将会对美国东北部地区有毒废物排放的浓度产生何种影响。
>
> 恰当的具体目标应该是:① 弄清已有的罚款细目的具体规定;② 估计美国东北部地区的有毒废物生产者对不同水平罚款(和对实施罚款标准的合理性)的反应;③ 确定有毒废物排放对罚款水平而不是立法所指定水平的预期反应。

不同性质的研究,其研究目标的陈述方式也不同,具体表现为以下三种:

(一) 定性研究目标的陈述

一个优秀的定性目标陈述应涵盖定性研究中的重要元素。其设计特征为:使用诸如"目标"、"意图"、"对象"等词汇来提示读者对研究核心的注意;集中关注单独的现象(概念、观点);使用行为动词(描述、理解、形成、验证……的意义)来揭示研究将产生什么样的认识;使用中性语言;为所研究的主要现象和中心观点提出工作性定义;指出研究策略、参与者、场景等。

定性研究目标的一般陈述模式为:这则_____(研究策略,如个案研究、民族志或其他类型)研究的目的(将)是对位于_____(研究地点)的_____(参与者,如个人、团体、组织)的_____(将被研究的主要对象)进行_____(理解、描述、形成、揭示)。在这一研究阶段,_____(将被研究的主要对象)将被暂时定义为_____(给出一个大体的含义)。

(二) 定量研究目标的陈述

定量研究目标的陈述核心要求为:首先要确定在一项研究中准备使用到的变量(如自变量、因变量、控制变量);画一个直观模型以明确它们的先后顺序、位置,并具体说明将如何测

[①] 荣泰生.AMOS 与研究方法[M].重庆:重庆大学出版社,2009(23).

量或观察这些变量;量化变量的目的,要么描述变量(如调查中的代表性发现),要么是与样本或组群的结果相比较(如在实验中普遍见到的)。

定量研究目标的陈述设计特征为:使用表明研究的主要目的的词语,如"目的"、"意图"、"目标"。可以用"这项研究的目的(目标、意图)是(将是)……"作为开头;指出研究或方案中用于测试的理论依据、模型或概念框架(无须做出详细描绘);确定自变量、因变量以及研究中将要用到的所有控制变量;使用表明自变量和因变量之间关联的词语;变量间的位置自左至右,自变量在前,因变量在后;指出研究策略、参与者、场所;关键变量的一般性定义等。

定量研究目标的一般陈述模式为:这则_____(实验、调查)的目的在于通过把_____(自变量)和_____(因变量)进行_____(比较、联系),对_____(参与者)在_____(研究场所)的_____(控制变量)进行控制,以验证_____理论。自变量_____一般定义为_____(给出一个一般性的定义)。因变量一般定义为_____(给出一个一般性定义)。同时,控制变量与中间变量_____(确定控制变量与中间变量)将在研究中被统计控制。

(三) 混合研究目标的陈述

混合研究的目标陈述设计特征为:以提示性的语句来作为开头,如"……的目标"、"……的意图";明确混合设计类型,如顺序型、转化型、并行型等;对混合研究方案中的定量与定性数据的逻辑依据进行讨论;定性目标,如聚焦于单一现象;定量目标,如确定理论及变量、陈述变量或者根据变量对组群进行比较等;考虑关于定量与定性研究中的资料收集的具体类型的附加信息等。

两阶段、顺序型混合研究的目的是,将从一样本中获得统计、定量分析结果,并针对少数个体,对其研究结果进行更深层次的探讨。第一阶段,定量研究问题或假设将涉及在_____(研究地点)的_____(参与者)中,_____(自变量)与_____(因变量)的_____关联或比较。第二阶段中,定性调查或观察将通过研究_____(研究地点)中的_____(少数个体)的_____(主要对象)来探讨有重大意义的_____(定量研究结果)。

两阶段、转化型混合研究的目的是,探讨参与者观点并用以建立和测试从总体中进行抽样的工具。第一阶段是通过收集_____(研究地点)的_____(参与者)的_____(数据)来对_____(主要对象)进行的定性探究。而从定性数据推论中得出研究主题,据此将开发相应的测试工具,如量表,以便_____(理论、研究问题或假设)能够被测试。这种测试是通过对_____(研究场所)的_____(总体样本)的_____(自变量)和_____(因变量)的_____(陈述、比较)的方式进行的。

并行型混合研究的目的是,通过把定量研究(大量的数值趋势)与定性研究(细节观点)数据相结合,从而更好地理解研究课题。在研究中,_____(定量研究方法)将被用于测量_____(自变量)与_____(因变量)间的关系,同时,将用_____(定性调查或观察)对_____(研究地点)的_____(参与者)的_____(陈述、比较)方式来探讨_____(主要现象)。

以酗酒问题的研究来说明研究目标的形成过程(见图2-4)。

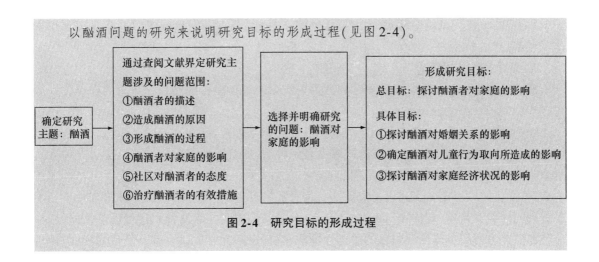

图 2-4 研究目标的形成过程

第二节 概念、变量与理论建构

一些规范的定量研究涉及研究假设的提出,要提出研究假设就涉及研究变量、概念的操作化、理论建构等内容。

一、概念及其操作化

(一) 概念

概念是理论建构的基础,是对事物或现象的抽象概括,是一类事物的共同性质在人们主观上的反映。

概念是人们思维的"细胞",是建立一门科学和理论的最基本的组成成分,一切科学都表现为概念体系。概念是一个类名,是一种有特殊语义意义的术语,反映了在实践中人们逐渐认识了的关于事物的共同属性。

反映事物属性及其关系的两个或两个以上概念之间的连接或联系,便产生了概念与概念之间的关系,主要表现为三种类型:相关关系、因果关系和虚无关系。

(二) 概念的操作化

1. 概念操作化的含义

研究开始的有些概念只是一种抽象的描述,不便于调查实施,无法验证,研究者需要对概念进行转化,将其操作化,变成可测量或计量的变量,这样才便于展开下一步的研究。可以说概念的操作化即为变量。

操作性定义(operational definition)是依据可观察、可测量或可操作的特征来界定研究变量的定义。它是对复杂的社会现象进行定量研究的一种方法。从本质上说,操作性定义就是详细描述研究变量的操作程序和测量指标。在实证性研究中,操作性定义尤为重要,它是判断研究是否有价值的重要前提。

因为概念性定义仍然无法直接观察衡量,所以须将概念"操作化",概念的操作化过程就是通过概念性定义和操作性定义一步步从抽象层次下降到具体的经验层次,使概念与可观测、可测量的具体现象对应起来,因此操作性定义是把"概念—理论层次"和"实证—观察层次"连接起来的桥梁。

2. 概念操作化的步骤

概念的操作化就是将抽象的概念转化为可观察的具体指标的过程。概念的操作化一般分四步完成:

第一,要弄清概念定义的范围。当我们通过收集和查询,了解到有关某个概念的各种不同的定义,从而对这些定义的大致范围有所理解以后,便可对这些定义进行分类。这种方式可以帮助研究者形成对这一概念范围的总的理解和把握。

第二,决定一个定义。列出了有关这一概念的各种类型的定义,或者总结出各种定义中最具共同性的元素后,就该我们决定采取哪一种定义方式了。需要特别注意的是,这种选择应该以研究者进行具体社会调查的需要为标准,哪种定义方式最适合调查的目的,就应该重点考虑这种定义方式。例如,组织承诺的界定是指员工对组织的一种责任和义务,源于对组织目标的认同,由此衍生出一定的态度或行为倾向。

第三,列出概念的维度。许多比较抽象的概念往往具有若干不同的方面和维度。所谓维度(dimension)是指概念的具体方面或层面,例如,成就动机包括受工作的驱使、无法松懈、对低效率没有耐心、寻求适度挑战、寻求反馈五个维度(见图2-5)。又如"妇女社会地位"就包括政治地位、经济地位、法律地位、教育地位和家庭地位等不同方面。由于许多比较抽象

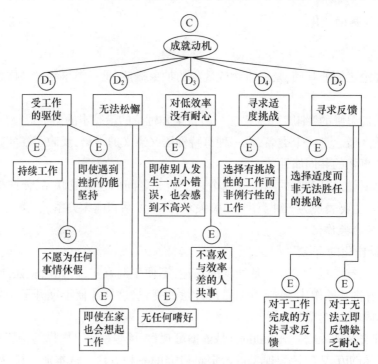

图2-5 成就动机的维度与要素①

---

① Uma Sekaran. 企业研究方法[M]. 祝道松,林家五译. 北京:清华大学出版社,2005(128).

的概念往往具有若干不同的方面或维度,因此,我们在界定概念的定义的同时,要弄清概念的哪些维度是调查研究真正需要的。研究者必须事先确定自己感兴趣的维度,否则可能出现本来要测量某一维度而实际测量的却是另一维度的现象。

第四,发展测量指标,并对指标进行归类和筛选。所谓指标(indicators)是对一具体变量的指称。成就动机五个维度的测量指标见图 2-5,如受工作的驱使的指标有持续工作、不愿为任何事情休假、即使遇到挫折仍能坚持等,这些行为表现基本上是可以测量的。对于有些概念来说,发展一个指标是简单的,如文化程度、婚姻状况等。但是,对于其他一些比较复杂、比较抽象的概念来说,发展指标就不是一件容易的事。

美国著名社会学家英克尔斯在测量"人的现代性"这一概念时,将其操作化为具有 24 个维度的个人现代性综合量表,又把这些维度分解成 438 个具体的问题(即指标)的问卷来进行的测量。其中一个维度是"积极参与公共事物",并分解为 6 个指标:是否属于某一组织;所参加的组织的数目;哪一个组织在政治上持有自己的观点;是否用谈话或书信方式向政府官员表明自己的观点;参加投票的次数;是否高度关心某件公共事物。

人的现代性(24 个维度,438 个具体的问题)

(1) 积极参与公共事物　　　　　(13) 信息
(2) 老年者的角色　　　　　　　(14) 大众传播媒介
(3) 教育期望与职业期望　　　　(15) 亲属义务
(4) 可依赖性　　　　　　　　　(16) 社会阶级分层
(5) 对变革的认识与评价　　　　(17) 新经验
(6) 公民权　　　　　　　　　　(18) 妇女权力
(7) 消费态度　　　　　　　　　(19) 宗教
(8) 对尊严的评价　　　　　　　(20) 专门技能
(9) 效能　　　　　　　　　　　(21) 对时间的评价
(10) 家庭大小　　　　　　　　 (22) 计划
(11) 意见的增多　　　　　　　 (23) 工作信念
(12) 对国家的认同感　　　　　 (24) 了解生产

概念操作化的来源主要有三种:(1) 依据文献探讨来操作化;(2) 专家意见;(3) 研究者自己的研究假说。

3. 操作性定义的方式

操作性定义的方式主要有两种:

(1) 测量的操作性定义(measured operational definition),是根据如何测量研究变量而下的一种定义,它等于告诉研究者如何去测量和观察所要研究的变量。

> 在某项对于消费者行为的研究中,研究者希望研究的是人们对于某一特定公司的偏好,而欲将所有的调查对象分为非顾客、一般顾客及固定顾客三类。
> 　　研究者构思其理论假设时,如果把"非顾客"定义为从不或极少光顾该公司的消费者;"一般顾客"定义为偶尔光顾该公司消费者;"固定顾客"定义为经常或固定地光顾该公司的消费者,这种定义在进行调查工作时,就很难对顾客进行区分。如果使用操作性定义,则"非顾客"可以定义为"在过去某段时间内在该公司的购货量(金额、件数或次数),未达到某一最低标准者","一般顾客"可定义为"在此同一时期中,购货量达到此某一最低标准,但未达另一较高标准者","固定顾客"可定义为"在此同一时期中,购货量超过某一较高标准者"。在时期、购货量、最低及较高标准确定后,就可以将被调查对象按以上操作性定义而划分①。

实际调查工作中,许多时候需要进行操作性定义,才能收集到较为准确的调查数据。例如"员工绩效改善"(这是个概念),其操作型定义可以是"迟到、早退平均月降低次数",也可以是"平均每人产量提高率"。又如,对于某些产品的居民购买力的调查中,可以将被调查对象分为"低收入"、"中等收入"和"高收入"三类人群,并用"每人每月平均纯收入"这一客观存在的具体事物给这三类人群设计操作性定义,如规定每人每月平均收入1 500元以下的为"低收入",1 500—4 000元的为"中等收入",4 000元以上的为"高收入"。"大、中、小型企业",可以用固定资产、年产值等具体事物来下操作性定义。

(2)实验的操作性定义(experimental operational definition),是根据如何操作研究变量而下的一种定义。它等于告诉研究者按照特定方法或程序去操作,就可以保证某种拟研究现象或状态的产生和存在。

例如,"挫折"在操作上可以定义为,通过阻碍一个人达到其渴望的、近在咫尺的目标,而使该个体所发生的一种心理状态;"饥饿"在操作上可以定义为,剥夺个体进食24个小时后个体存在的状态。

4. 对操作化的评估

操作化的评判标准有三条②:全面;少而精;容易得到。

在问卷调查中概念操作化的结果是在问卷上产生一组问题和选项。

二、确定研究变量

不同的研究方法所含的变量数目是不同的,一般来说,问卷法、观察法、访谈法所探讨的变量数目比实验研究多。但是,即使在实验研究中,也包含了多种和变量有关的因素。选择研究变量时,需要根据研究目标和研究条件,客观地确定研究变量的数目,并列出研究变量表。

变量(variable)指在质或量上可以变化的概念或属性,是随条件变化而变化的因素或因

---

① 范伟达,范冰.社会调查研究方法[M].上海:复旦大学出版社,2010:99—100.
② 张彦,吴淑凤.社会调查研究方法[M].上海:上海财经大学出版社,2006:30—31.

个体不同而有差异的因素。研究变量则是研究者感兴趣的、所要研究与测量的、随条件变化而变化的因素。具体地说,变量就是会变化的、有差异的因素。

变量是概念的具体化。当一个概念被界定了具体的范围的时候,这个概念就被称为变量。科学研究必须使用变量语言,也只有使用变量语言才能进行有效的经验研究。

变量可以分为离散型变量和连续型变量。如性别、专业、职业等都属于离散型变量。离散型变量中的各个类别并不代表量的差异,而是代表质的不同。而连续型变量则表示一种量的不同,如收入、年龄、身高、体重、成绩等,都是连续型变量。

常见的变量还可以分为以下五种类型:自变量、因变量、无关变量、调节变量和中间变量。

(1) 自变量(independent variable),是引起或产生变化的原因,是研究者操纵的假定的原因变量。当两个变量存在某种联系,其中一个变量对另一个变量具有影响作用时,我们称那个具有影响作用的变量为自变量。自变量的变化水平完全取决于研究者的操纵与设计。

(2) 因变量(dependent variable),是受自变量变化影响的变量,是研究者要测定的假定的结果变量。因变量的变化不受研究者的控制,它的变化是由自变量的变化所产生。当两个变量存在某种联系,其中一个变量对另一个变量具有影响作用时,我们称那个被影响的变量为因变量。因变量是我们要解释和预测的关键因素。如组织研究中的关键因变量包括生产率(效果、效率)、缺勤率、流动率、工作满意度、组织公民行为、组织承诺等。在一项研究中自变量好比是原因,因变量好比是结果。

(3) 无关变量(extraneous variable),有时也称控制变量,是指与特定研究目标无关的非研究变量,即除了研究者操纵的自变量和需要测定的因变量之外的一切变量,是研究者不想研究,但会影响研究结果的、需要加以控制的变量。

(4) 调节(缓冲)变量(moderator variable),是一种特殊的变量,具有自变量的作用,也称之为"次要的自变量"(secondary independent variable)。如果变量 Y 与变量 X 的关系是变量 M 的函数,称 M 为调节变量①。就是说,Y 与 X 的关系受到第三个变量 M 的影响,这种有调节变量的模型一般可以用图 2-6 示意。调节变量可以是定性的(如性别、种族、企业类型等),也可以是定量的(如年龄、学历、工作年限、刺激次数等),它影响因变量和自变量之间关系的方向(正或负)和强弱②。在实验中增加这种变量,目的是了解它怎样影响或改变自变量和因变量之间的关系。

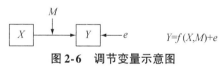

图 2-6 调节变量示意图

> 员工的工作满意度和领导风格的关系,往往受员工工作年限影响:指导型的领导风格会提高新员工的满意度,却会降低老员工的满意度。

---

① James L R, Brett J M. Mediators, moderators and tests for mediation. *Journal of Applied Psychology*, 1984, 69(2): 307—321.

② Baron R M, Kenny D A. The moderator-mediator variable distinction in social psychological research: Conceptua,l strategic, and statistical considerations. *Journal of Personality and Social Psychology*, 1986, 51(6): 1173—1182.

当我们把一个因素看成自变量时,我们关心的是它与因变量的对应关系;当我们把一个因素看成调节变量时,我们关注的是它如何影响自变量和因变量的关系。在研究设计时,一定要将可能的、重要的调节变量纳入研究框架中,这样在分析研究结果时才不至于产生偏差。

探讨 A、B 两种教学方法对提高学生学习成绩的效果,结果发现:A 法对智力高的学生比较有效;B 法对智力低的学生比较有效。很明显,在这个研究中,教学方法是自变量,学生的学习成绩是因变量,但是自变量和因变量的关系却可能受到第三因素——学生智力的影响,因此学生的智力水平就是一个调节变量。

(5) 中介变量(mediator variable),也称中间变量,是介于原因和结果之间,自身隐而不显,起媒介作用的变量。中介变量是不能直接观测和控制的变量,它的影响只能从研究的自变量和因变量的相互关系中推断出来。考虑自变量 X 对因变量 Y 的影响,如果 X 通过影响变量 M 来影响 Y,则称 M 为中介变量。如图 2-7 所示。

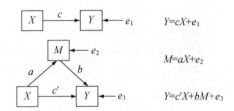

$$Y = cX + e_1$$
$$M = aX + e_2$$
$$Y = c'X + bM + e_3$$

图 2-7 中介变量示意图

资料来源:温忠麟,侯杰泰,张雷. 调节效应与中介效应的比较和应用[J]. 心理学报,2005,37(2)。

上司的归因研究:
下属的表现——上司对下属表现的归因——上司对下属表现的反应,其中的"上司对下属表现的归因"为中间变量[①]。

中介变量通常用来解释自变量和因变量关系的理论框架,反映研究者如何看待或说明自变量和因变量之间的关系。中介变量的构建在很大程度上取决于研究者对所研究现象采取的理论立场,因此,探讨中介变量对最终形成理论具有重要意义。

研究"兴趣与学业成绩的关系",自变量为对某门学科的兴趣,因变量为学科的测验成绩。结果是学习兴趣浓厚,学业成绩相对要好。当我们自问:为什么学习兴趣浓厚导致学业成绩良好?原因是什么?这就是在问中介变量是什么?可能的答案是学生注意力的集中,或投入学习的时间增加等。理解中介变量对形成研究结论具有重要意义,因为推断中介变量可引出普遍性结论。兴趣本身是不会增加学业成绩的分数的,但兴趣可引起学生的注意力,增加注意力可以提高学习效果。认识到这一点,那么即使不采用提高兴趣的形式,只要采取各种能吸引学生注意力的手段,便可以提高学业成绩。

---

① James L R, Brett J M. Mediators, moderators and tests for mediation. Journal of Applied Psychology, 1984, 69(2): 307—321.

综上所述,以上五个变量之间的关系可用图 2-8 表示。

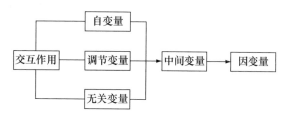

图 2-8　五种变量之间关系图

同概念之间的关系一样,变量之间的关系一般也有相关关系和因果关系。

1. 相关关系

概念:指变量 X 和变量 Y 一起变化,通常互为因果。例如,声望—权力;学习成绩—快乐程度。

类型:正相关:现代化程度—汽车数目;负相关:现代化程度—直接交往频率。

2. 因果关系

因果关系指变量 X 引起了变量 Y 的变化。二者不但有相关关系,而且能够证明一个变量的变化直接导致另一个变量的变化。

确定因果关系要满足三个条件:(1) X 和 Y 有相关关系;(2) X 的变化在时间上先于 Y;(3) X 和 Y 之间的关系不是由其他因素造成的。

三、理论框架建构[①]

界定清各种变量以后,接着要做的就是思考理论框架(不严格地说也可称为观念框架、研究模型)以理顺各变量之间的关系。理论框架是一种概念模型,通过它可以建立理论,或找出研究问题中几个重要因素之间的合理关系。理论的依据来自先前与问题相关领域的研究文献资料,而在调查研究问题的过程中,将个人理念与已发表过的研究相互整合、考虑影响情境的限制条件等,都是相当重要的。依据理论框架,我们可以提出可检验的假设,同时验证理论是否成立。理论框架是按逻辑关系呈现各变量之间关系的,可以描述变量关系的性质和方向。可以说,文献综述为良好的理论框架打下基础,而良好的理论框架也提供了发展可验证假设所需要的逻辑思路。

一个好的理论框架,可辨析并归类出与研究问题相关情境的重要变量,它同时逻辑性地解释了变量间的相互关系,包括自变量、因变量甚至还有中介变量、调节变量等。通过理论框架我们可以更形象地看清变量之间的关系。

---

① Uma Sekaran. 企业研究方法[M]. 祝道松,林家五,译. 北京:清华大学出版社,2005:61,69.

图2-9是一个"组织创新自我效能感在组织创新氛围与员工创新行为间的作用"的构思框架。

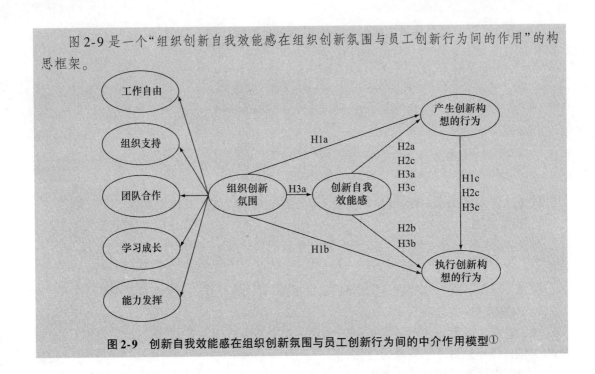

图2-9 创新自我效能感在组织创新氛围与员工创新行为间的中介作用模型①

四、提出研究假设

提出研究的理论框架后,我们就必须去验证这些理论化的关系是否成立。而通过适当的统计分析,或定性研究中的否定性案例分析,以科学的方式检验这些变量关系,形成这些变量间关系可验证性命题的过程,就称为提出假设。

(一)假设的含义与表述方式

迈吉尼斯(Mcginnis)将假设定义为:"就严谨意义而言,假设在哲学和社会科学中是指在其学科研究领域中,两个或两个以上现象关系的可证的论断、陈述或命题。"也就是说"假设"(hypothesis)是指研究问题的暂时性答案,是对一个可以通过实证研究验证其真伪的事实的臆测。假设的拒绝或不拒绝便形成了研究结论。一个陈述要如何,才能称得上是一个"假设"呢?首先,它必须是对"一个可以实证研究的事实"的陈述,即我们可以通过调查等实证研究方法来证明其真或伪的陈述。"假设"应该排除价值判断或规范性的陈述②。例如,"每个人每天应该做一次健身运动"这个陈述是规范性的,它说明了人们应该怎样,而不是一件可以验证其真或伪的事实陈述。"半数人以上支持延长退休年龄"是对一件事实的陈述,因此可以被测试。另外假设陈述中要注意避免同义反复,因果上的同义反复指的是对因的定义中包含了果,或者对果的定义中包含了因。比如,一个制度给企业带来的价值与这个制度的有用性是正相关的。要注意,一个制度的有用性定义就是它给企业带来的价值。所有这个假设就犯了同义反复的错误。

---

① 顾远东,彭纪生.组织创新氛围对员工创新行为的影响:创新自我效能感的中介作用[J].南开管理评论,2010,13(1).

② 荣泰生.AMOS与研究方法[M].重庆:重庆大学出版社,2009(25).

假设可以清楚地描述变量之间关系的形式,假设往往表述为①:A 导致 B;A 影响 B;A 与 B 是相关的;A 与 B 是正/负相关的;如果 A,那么 B;A 越高,B 越高。

以上假设表述中,前四种多用于社会调查研究假设的表述,后两种多用于实验研究假设的表述。

> 根据图 2-9 提出的假设 1 如下:
> 假设 1:组织创新氛围与员工创新行为正相关,即组织创新氛围越有利于创新,员工的创新行为表现就越多。
> 假设 1a:组织创新氛围与产生创新构想的行为正相关,即组织创新氛围越有利于创新,员工产生创新构想的行为表现就越多。
> 假设 1b:组织创新氛围与执行创新构想的行为正相关,即组织创新氛围越有利于创新,员工执行创新构想的行为表现就越多。
> 假设 1c:组织创新氛围通过产生创新构想的行为的中间作用影响执行创新构想的行为,即组织创新氛围越有利于创新,员工产生创新构想的行为表现就越多,进而执行创新构想的行为表现就越多。

(二) 假设的特点

(1) 假设是针对所要调查研究的课题而做出的尝试性的理论解释,体现了社会调查研究的目的,不同于一般的理论解释。

(2) 假设一般是研究人员在掌握初步资料的基础上,在前人研究成果的启发下形成的科学假设,而不是凭空杜撰出来的。

(3) 假设是在调查研究之前提出来的,它仅仅是假设,不是结论,有待调查结果来检验。

(4) 假设必须是可验证的。

(5) 假设只有经过"统计检定"后,才能判定真伪。假设或许被调查结果所证实,成为科学结论;或许被调查结果所证伪,部分或全部被推翻;或许被修改、补充、完善。

(三) 假设的作用

(1) 引导研究的方向,使研究者专注于所要探讨的变量之间的关系。

(2) 指出统计测试的对象和内容,是设计调查指标与方案的主要依据。

(3) 提供得出研究结论的基础(研究本身就是提出要接受或拒绝假设的证据)。

(4) 启发研究者思考研究发现的含义。

(四) 假设的操作化

如果前面提出的理论中的"变量"是一个概念,概念与变量的主要区别在于变量是可测量的,而概念不可测量。这样由概念形成的抽象假设转化为具体可测量的假设的过程,也就是假设的操作化过程。

假设的操作化建立在概念操作化基础之上,研究假设一般由若干概念构成,每一概念在操作化之后,通过若干调查指标来反映社会现象。当研究中的概念操作化以后,假设的操作化就变得比较容易。

---

① 徐云杰. 社会调查设计与数据分析[M]. 重庆:重庆大学出版社,2013(48).

> 一项课题要研究"为什么近来家庭关系和亲属关系越来越淡漠",其中一个研究假设是,"工业化的发展导致亲属关系的淡漠"。对"工业化"这一概念的度量有多种指标,如 ① 工业生产总值,② 人均收入,③ 人均汽车拥有量;对亲属关系,可用 ① 每年走亲戚的次数,② 亲戚之间互助行为的多少,③ 亲戚之间经济关系的强弱等项指标来衡量。如果这些指标确实反映了概念的内涵,那么研究假设中所说明的概念之间的关系也必然会存在于指标之间。例如,如果研究假设说明两个概念之间具有相关关系,那么具体假设则说明由概念所推演的指标之间也具有相关关系。
>
> 研究假设:工业化程度越高,亲戚关系越淡漠。
> 具体假设:(1) 工业产值越高,每年亲戚见面次数越少;
> (2) 人均收入越高,亲戚间经济联系越弱;
> (3) 人均汽车拥有量越高,亲戚家互助行为越少;
> (4) 工业产值越高,亲戚间经济联系越弱。
> ……①

> "团队内互动与互助行为存在直接关系",此命题可转化为下列"假设":
> 互动:用"共同搞活动的次数"来衡量。
> 互助:用"帮助团队内他人的次数"来衡量。
> 假设:"共同搞活动的次数与帮助团队内他人的次数呈现正相关"。

第三节 委托型研究项目调查主题的确定

实践中,我们经常会面对各种从商业角度委托调查的项目,这类项目调查主题的确定与我们自主地进行科学研究的项目有所不同。因为大多数客户往往只提出一个概要性的要求,或只对要解决的问题从现象层面进行症状性描述,作为项目的执行方要通过分析客户信息需求,通过一番交流、思考、探索才能发现真正的问题所在,最后确定调查的主题。

一、确定调查主题的含义

所谓确定调查主题,就是通过分析客户的信息需求、确定数据的主要用户和用途,进而对调查中所涉及的主要概念和操作性定义进行界定,最后将这些内容综合起来,用明确、简洁的语言表述调查的主要内容,同时采用分析表的形式,列出调查最终要取得的数据。

二、调查主题确立的步骤

下面通过老年居民交通问题调查的例子,详细说明确立调查主题的过程。

为更方便城市老年人对公共交通的使用,某市交通局正考虑改善目前的服务。可能采取的措施包括购置特殊类型的公共汽车、对现有的公共汽车进行改装,增加新线路、对车费

---

① 袁方.社会调查原理与方法[M].北京:高等教育出版社,2000:13—124.

实行优惠等。在做出这些耗资巨大的决定与改变前,交通局需要有关老年人对交通需求的信息,以便根据预算情况最大限度地满足老年人的要求。

(一) 确定信息需求(陈述问题)

先由地区交通专家小组提出总体要求,项目组通过仔细分析,从中找出调查的信息需求,即陈述问题。在例子中,调查问题是:(1) 老年居民的交通需求是什么?(2) 这些需求是否得到了满足?(3) 如何得到满足?

(二) 明确数据的使用者和数据的用途

明确数据的使用者是地区交通运输组织中的交通规划者,那么数据的主要用途是:(1) 论证购买专门的公共汽车;(2) 改装现有的公共汽车;(3) 开设新公交线路;(4) 对车费实行优惠。

(三) 对有关概念和操作进行定义

为了取得满足调查信息需求的数据,需要对有关概念进行精确的定义,一般要使用已形成共识的标准定义。

除了对一般概念进行定义外,还需要对调查中特定的概念给出操作性定义,要根据调查对象、时间、地点以及数据的用途来制定操作性定义。

回到交通局的例子,为确定操作性定义,我们需要问三个问题:谁或什么?在哪里?什么时间?

1. 客户对谁或对什么感兴趣

客户是对老年人的公共交通需求及使用感兴趣。要求对"老年人"、"公共交通"和"使用"等都有确切定义。

假如我们定义老年人为65岁或以上的人(我们应该了解交通局是出于使用城市公共交通目的而对老年人进行界定)。

公共交通可能有几种方式:公共汽车、火车、地铁。

假如客户仅对公共汽车感兴趣,另外一个问题是:仅对现在使用公共汽车的老年人感兴趣,还是对所有老年人感兴趣?客户可能是对所有老年人感兴趣,也即以全体老年人为调查对象。

2. 所关心的调查单元在哪里

客户对什么地域感兴趣?对在大都市运行公共汽车的市区范围感兴趣,或者是对交通局管辖范围的地域,即被现有所有公共汽车网络所覆盖的地域感兴趣。

客户是对所有都市范围内的老年人感兴趣,还是仅对居住于某个特定地域的老年人感兴趣?也许他们最后决定需调查居住于整个都市范围内的所有老年人。

3. 什么是调查的标准时期

数据是针对哪个时期?答案显然是现在,因为交通局陈述中指的是现在的需求。

实际上,这就意味着要了解老年人最近时期(星期、月等)内乘公共汽车的情况。

关于标准时期一个重要的考虑是季节性。一些行为与年/月/星期内的不同时期有关,因而,针对一个特定时期背景下所得的结论可能对其他时期不适用。

比如,若交通局的问卷问的是老年人在一个星期工作日中使用公共交通系统的情况,那么这些数据可能不能代表周末的情况。

(四) 确立调查内容

在这一步,需要分析前面得到的信息需求和作用能否满足客户的要求,如果不能满足,则需要将这些内容进一步扩展,或者细化,以便使调查内容涵盖客户所有的信息需求。

让我们看交通局的例子,现我们已在一个相对比较粗的水平上明确需要什么信息,但还需要进一步细化。

(1) 对于老年人,客户也许希望确定他们不同的特征:年龄、性别、是否残疾、家庭收入、地理位置、住所类型(养老院、公寓、独立住宅)、家庭构成(和谁共同生活)等。

(2) 为了确定交通需求,客户也许需要以下信息:上星期出行次数、出行频率(每天次数,分工作日及周末)、使用的交通工具、乘坐公共汽车遇到的问题、在本地旅行的次数等。

(3) 要得到出行特征的信息,还应该问:出行目的、出行的起点与目的地、出行途中受到的限制、需要的帮助、因为缺少交通工具而取消出行的次数等。

(4) 为了确定需求在目前是否得到满足,还应该了解交通模式的问题:可用性(他们是否拥有自己的轿车)、公共汽车的使用、乘公共汽车的花费、服务在哪些方面可以改善、什么可以促使老年人使用(或更经常使用)公共汽车等。

注意这中间涉及一些我们尚未给出明确定义的概念,比如,什么是残疾、什么是家庭、什么是出行等。

(五) 建立计划列表(或分析的初步方案)

确立调查和分析的框架(实际上是表格化的问卷),将所有的调查内容及细节予以规范。

在这些表格中,规定了问题的详细程度及预期的回答,同时也是今后进行分析的表格式模型。客户是否需要调查结果按老年人的性别分组?是否需按交通工具的不同类型(公共汽车、轿车、自行车等)分组?是要用连续数据还是分类数据?是要老人的确切收入,还是只要收入的档次?假如客户需要计算平均收入,则取连续数据更为适合(即确切收入)。

	交通工具类型 (公共汽车、轿车、自行车等)	出行次数 (每周1次、2—3次、4—5次、6次以上)	出行距离 (公里)
年龄:65—70 70—75 75—80 80以上			
性别:男 女			

制定分析表一般要采用交叉表的形式,具体列出每个变量的类别,将这些类别变成问题,分析表经过转化就形成了一份问卷。

> **需要考虑一些限制性因素**
>
> 在确定调查目标时,需要考虑一些限制性因素,如客户所要求的精度(即对于客户所需要的主要数据,误差多大可以接受),以及与这一精度有关的其他因素,如调查经费、人员、设备、时间限制、技术条件等,都需要加以考虑,并根据这些因素对调查的深度和广度进行调整。

第四节 调查研究方案的撰写

不管是自我确定的项目还是委托型项目,初步的研究变量与研究假设或内容设计完后,进行调查研究前都要撰写研究方案。

一、调查研究方案设计的含义

调查研究方案设计就是根据调查研究的目的和调查对象的性质,在进行实际调查之前,对调查工作总任务的各个方面和各个阶段进行通盘考虑和安排,提出相应的调查实施方案,制定出合理的工作程序。

调查研究方案的设计有两个要点:

(1) 调查工作的各个方面是对调查工作的横向设计。就是要考虑到调查所要涉及的各个组成项目。例如,对某市商业企业竞争能力进行调查,就应将该市所有商业企业的经营品种、质量、价格、服务、信誉等方面作为一个整体,对各种相互区别又有密切联系的调查项目进行整体考虑,避免调查内容上出现重复和遗漏。

(2) 全部过程,则是对调查工作纵向方面的设计,它是指调查工作所需经历的各个阶段和环节,即调查资料的搜集、整理和分析等。

二、调查研究方案的主要内容

1. 明确调查目的

明确调查目的是调查设计的首要问题,只有确定了调查目的,才能确定调查的范围、内容和方法,否则就会列入一些无关紧要的调查项目,而漏掉一些重要的调查项目,无法满足调查的要求。

确定调查目的,就是明确在调查中要解决哪些问题,通过调查要取得什么样的资料,取得这些资料有什么用途等问题。衡量一个调查设计是否科学的标准,主要就是看方案的设计是否体现调查目的的要求,是否符合客观实际。

还需要把调查目的进行分解,即研究目的的操作化,调查研究目的分解就是把目的分解为若干部分、若干要素,然后对各个部分或要素进行调查研究,并将其结果综合,达到完成调查的目的。如果在社会调查研究中,对目的进行第一次分解,还达不到目的的操作化或具体化,可进行第二次或第三次分解。在分解过程中,必须注意到调查目的的明确程度、调查目的所囊括的范围、构成调查的结构因素,以及调查目的的层次性等。

2. 说明调查对象、调查单位和调查地点

这是为了解决向谁调查和由谁来具体提供资料的问题。调查对象就是根据调查目的、任务来确定调查的范围以及所要调查的总体。调查单位就是所要调查的社会经济现象总体中的个体,即调查对象中的一个一个具体单位,它是调查中要调查登记的各个调查项目的承担者。

例如,为了研究某市各广告公司的经营情况及存在的问题,需要对全市广告公司进行全面调查,那么,该市所有广告公司就是调查对象,每一个广告公司就是调查单位。又如,在某市职工家庭基本情况一次性调查中,该市全部职工家庭就是这一调查的调查对象,每一户职工家庭就是调查单位。

确定调查对象时应该注意严格规定调查对象的含义,并指出它与其他有关现象的界限,以免造成调查登记时由于界限不清而发生的差错。例如,以城市职工为调查对象,就应明确职工的含义,划清城市职工与非城市职工、职工与居民等概念的界限。

在调查方案中,还要明确规定调查地点。调查地点与调查单位通常是一致的,但也有不一致的情况,当不一致时,尤有必要规定调查地点。

3. 说明分析单位和调查项目(内容)

分析单位是在研究中被分析和描述的对象(人或事物)。社会调查研究中常用的分析单位有个人、群体、组织、社区和社会产物(如烂尾楼)等。比如,如果分析单位是个人,则调查资料直接描述每一个人的年龄、性别、职业、文化程度,以及对某些现象的看法,等等。如果分析单位是家庭,则调查资料直接描述每一个家庭的规模、结构、人均收入,等等。

指明调查课题的分析单位,则可以帮助研究者有针对性地收集研究所需的资料,同时也可以使研究者避免犯层次谬误或简化论的错误。

调查项目是指对调查单位所要调查的主要内容,调查内容是对调查目的的具体分解和细化。调查内容是各种分析单位的属性和特征,包括状态、意向性、行为等内容。确定调查项目(内容)就是要明确向被调查者了解些什么问题。调查项目(内容)越明确具体,调查问卷的设计就越容易。

4. 说明调查的理论假设

尽管不是每一类调查都必须有理论假设,但对于那些必须有理论假设的调查,则应该在调查方案中对理论假设进行一番陈述和说明。一般来说,探索性调查的主要目的是通过了解情况来发现问题,建立不同现象之间的联系,直至建立起解释这种联系的理论假设,因此,探索性调查显然是不需要事先建立起假设的。描述性调查的主要目的是全面描述某种社会现象的状况和特点,为进一步分析和探讨不同现象之间的联系打下基础,因此,它一般也不需要建立理论假设。只有在解释性(或因果性)调查中,才必须事先建立起明确的理论假设。所以在解释性(或因果性)调查的具体方案中,不能缺少对理论假设的陈述和说明。

5. 制定调查提纲和调查问卷

调查项目确定后,可将调查项目科学地分类、排列,构成调查提纲或调查问卷。

6. 说明调查方式和方法

在调查方案中,还要规定采用什么组织方式和方法取得调查资料。搜集调查资料的方式有普查、重点调查、典型调查、抽样调查等。具体调查方法有文献法、访问法、观察法和实验法等。在调查时,采用何种方式、方法不是固定和统一的,而是取决于调查对象和调查任务。在市场经济条件下,为准确、及时、全面地取得市场信息,尤其应注意多种调查方式的结合运用。

7. 确定调查资料的整理和分析方法

采用实地调查方法搜集的原始资料大多是零散的、不系统的,只能反映事物的表象,无法深入研究事物的本质和规律性,这就要求对大量原始资料进行加工汇总,使之系统化、条理化。目前这种资料处理工作一般已由计算机进行,这在设计中也应予以考虑,包括采用何种操作程序以保证必要的运算速度、计算精度及特殊目的。

随着统计理论的发展和计算机的运用,越来越多的现代统计分析手段可供我们在分析时选择,如回归分析、相关分析、聚类分析等。每种分析技术都有其自身的特点和适用性,因此,应根据调查的要求,选择最佳的分析方法并在方案中加以规定。

另外,准备用何种统计分析方法也决定了在设计问卷时,问题应该采用何种测量的尺度(类别尺度、顺序尺度、等距尺度或等比尺度)才比较恰当。

8. 确定提交报告的方式

主要包括报告书的形式、类型和份数,报告书的基本内容,报告书中图表量的大小等。

9. 说明调查人员的组成、组织结构及培训安排

对于一项较大规模的调查课题来说,往往需要很多研究者的共同努力才能完成,同时还会涉及挑选、培训调查员的问题。因此,在调查方案设计中,必须对调查课题组的成员及其在调查中所承担的任务进行全盘考虑,明确分工,制定相应的组织管理办法。对调查员的挑选、培训工作也要事先进行规划,制订出切实可行的培训方案,以保证调查工作的顺利进行。

10. 确定调查的时间进度和经费使用计划

一项社会调查从定下题目到完成报告,往往有时间上的限定或要求。为了在规定的时间范围内保质保量地完成调查任务,顺利达到预定的调查目标,研究者应该在课题研究开始之前,对整个调查工作的时间分配和进度进行安排。每一阶段所分配的时间要合适,还要留有一点余地。特别要注意给调查研究的设计和准备阶段多安排一些时间,不要匆匆忙忙开始收集资料的工作。此外,对于调查课题的经费使用,也应有一个大致的考虑和合适的分配,以保证调查的各阶段工作都能顺利进行。

第五节 调查研究中的常见误差来源

一、由调查研究设计者的差错造成的误差

(1) 代用信息误差,可以定义为是调研问题所需的信息与调研者所搜集的信息之间的变差。

(2) 测量误差,可以定义为是所搜寻的信息与由调研者所采用的测量过程所生成的信息之间的变差。

(3) 总体定义误差,可以定义为与手中要研究的问题相关的真正总体与调研者所定义

的总体之间的变差。

（4）抽样框误差，可以定义为是由调研者定义的总体与所使用的抽样框隐含的总体之间的变差。

（5）数据分析误差，指的是由问卷中的原始数据转换成调查结果时产生的误差。

二、由调查员的差错造成的误差

调查员提问的方式、顺序、态度，以及调查员本人的身份、特征都会影响被调查者回答的准确程度，此外，调查员的现场记录和登记也可能出现误差。由调查员引起的误差可归纳为以下几种：

（1）指导语误差。如果调查员没有完全准确地按问卷中所给出的指导语去访问，那么即使是微小的偏离也会引起误差。如果有了许多次措词的微小变化，调查员记忆中的指导语和书面的指导语可能有很大的差异。

（2）问答误差。询问被调查者时产生的误差，或是在需要更多的信息时没有进一步询问而产生的误差。调查员需要向被调查者提问以取得资料。如果调查员的措词不当，就会产生误差。例如，"请问您的年龄是多少"和"你多大了"这两种问法，前者得到的年龄数字比后者要准确。调查员的个人情感、态度也会影响被调查者，产生误差，特别是诱导性的语言，例如，"您赞同（同意）……吗"或"大多数人认为……，您认为如何"。这样，有些被调查者就会自然地顺着调查员的思路回答问题。

（3）记录误差。是由于在听、理解和记录被调查者的回答时造成的误差。在调查中，调查员要边问边记，调查员记录的东西越多，产生记录误差的可能也就越大。用文字来记录被调查者的回答，比只用一个数字或字母来记录，造成误差的可能性要大得多。调查员如果记录的速度太慢，或注意力不集中，都会遗漏某些信息资料。这类误差在原始记录中很难查找，无法更正。

（4）理解误差。如果调查员在访问的过程中需要去理解被调查者的回答，就有可能产生误差。例如，对有些开放性问题，按指导语的要求，调查员不能将问卷中各种可能的答案读给被调查者，而必须先听回答，然后再选择一个对应的答案圈上。被调查者很少会用与问卷中的答案完全相同的措词来回答，因此，调查员必须判断答案的意思，然后选择最接近的答案。在实地面访或电话访问时，这种判断是很容易出错的。

（5）欺骗误差。是由调查员伪造部分或全部答案而造成的。调查员并没有询问被调查者某个问题，但过后调查员又根据自己的个人判断和推测将答案填上去。有的调查员为了赶进度而伪造部分答案，对那些比较难合作或反应太慢的被调查者，不进行访问，自己填写整个问卷。

三、由被调查者的差错造成的误差

（1）不能正确回答误差，是由于被调查者不能提供准确的答案造成的。

（2）不愿正确回答误差，是由于被调查者不愿意提供准确的信息造成的。

[复习思考题]

1. 说明选择研究问题的步骤。
2. 什么叫问题的明确化?
3. 中介变量和调节变量有什么不同?
4. 什么叫概念的操作化? 说明概念操作化的步骤。
5. 举例说明委托型调查研究项目调查主题的确定步骤。
6. 调查研究方案的主要内容有哪些?
7. 调查研究中常见的误差来源有哪些?

[实训题]

1. 指出下列选题中的问题。

(1) 藏族的传统自然观研究。

参考答案:这不是一个研究问题,而是一个研究领域。

(2) 洪秀全是否长胡子。

参考答案:该研究选题有何意义?

2. "工业化程度与人际互动呈负相关",请把此命题转化为可操作化的"研究假设"。

参考答案:工业化程度用"每年汽车的生产量"来衡量;人际互动用"人与人面对面见面的次数"来衡量。假设:"汽车生产量越高,人跟人见面的次数就越低"。

第三章 社会调查研究的基本方式

引导案例

美国大选民意调查《文学文摘》失败原因

1936年美国《文学文摘》杂志社为了预测总统候选人罗斯福与兰登两人谁能当选,他们按电话簿上的地址和汽车俱乐部成员名单上的地址发出了1 000万封信,收回200万封,在调查史上是少有的容量。花费了大量的人力、物力,该杂志社相信自己的调查结果——兰登将以57%对43%的比例获胜,并进行大力宣传,最后选举的结果却是罗斯福以62%对38%的巨大优势获胜。而新闻学博士乔治·盖洛普主持的美国民意测验所,根据美国人口的年龄、性别、职业、宗教信仰和经济收入等方面的构成状况,采取典型抽样法,仅选取2 000人进行民意调查,准确地预言了罗斯福将获得胜利。出现了这个戏剧性的丑闻后,《文学文摘》业绩直接掉落为零,最后竟然倒闭了。

对于《文学文摘》来说,问题出在哪里呢?现在看来,《文学文摘》的调查问卷虽然数量庞大,但是样本构成大有问题。首先,最可能看到这个调查的是这个杂志的常客,而他们参加调查的动机各有不同。另外,有些话题更能引发人的兴趣,有些则只是很少的人关心。这都会导致最终参加调查的人是一个有偏的样本。结论可能代表了这些人群,却不能推广到全体。其次,问卷的回收率只有24%,忽略那些没有被回收的问卷就等于是忽略了剩余760万人的意见。《文学文摘》杂志社还用电话号码簿和车牌登记名单作为抽样框,但在1936年,并不是每一个家庭都能装得起电话、有汽车——那些订阅杂志、用电话汽车的人家往往都是有钱的人,他们并不能代表全美国的选民意见,使样本不能很好地代表总体,低估了穷人和城市产业工人。最终,这些看起来不算起眼的问题对他们的预测结果产生了巨大影响,事情的发展也走向了完全相反的方向。我们要思考一下《文学文摘》调查失败和盖洛普调查成功的原因。

社会调查研究的基本方式分为普遍调查、抽样调查、典型调查、重点调查和个案调查五种。引导案例中用的是抽样调查,抽样调查效果的好坏取决于其抽样科学性的高低。

第一节　普遍调查、典型调查与重点调查

一、普遍调查

（一）普遍调查的含义与特点

普遍调查简称普查，是为了掌握被研究对象的总体情况，而对全体被研究对象逐一进行调查的一种调查方法。如我国的人口普查，就是对全国所有人口中的每个人所进行的调查；工业普查，就是对全国所有工业企业所进行的调查。

普查有以下特点：

（1）全面性。对全部调查对象逐个进行的调查，搜集的资料无疑是最全面的。

（2）准确性。资料的搜集是利用统一的统计报表或调查表格，每一调查对象都按统一要求填写，因此资料的准确性、精确性和标准化程度均较高。

（3）局限性。一是普查所需要的时间、人力和经费很多；二是调查项目较少，资料缺乏深度，普查只能调查一些最基本、最一般的社会现象，不可能对每一个调查对象都进行深入细致的调查。

（二）普查的作用与应用范围

普查的主要作用是对社会的一般状况做出全面、准确的描述，其主要目的在于了解基本国情、把握社会全貌，得出具有普遍意义的结论，从而为国家或部门制定政策、计划提供可靠的依据。

普查常用于行政统计工作，如建立国家的行政统计机构，进行各种普查。统计报表制度是一种普查。例如，国家的国民经济基本统计报表中各个项目的统计调查数据（如工农业产值），是由涉及这一调查项目的每一个具体单位（如企业）的统计数据汇总而来的。

普查也可应用到统计部门以外的政府部门，例如，我国在有关部门的主持下，进行的全国工业调查，调查面涉及了全国几十万主要工业企业，调查内容包括计划、生产、技术、劳动、物资、财务等方面。又如，在政府有关部门的领导下，全国1 600多个县进行过农业资源的普查。

普查还可以用于某个领域的专项调查，例如知识分子健康状况普查、残疾人普查、教育普查，等等。

（三）普查的程序与方式

普查是一项复杂的工作，必须通盘考虑全过程。普查的一般步骤与程序如下：

（1）建立统一的领导机构；

（2）制订和颁布普查方案；

（3）培训普查人员；

（4）进行普查试点，在全面展开普查工作前，先进行试点，及时总结检验，组织交流推广；

（5）着手普查登记，并将资料及时送报相关部门；

（6）资料汇总与分析；

(7) 公布资料和撰写调查报告;
(8) 总结普查工作。

普查有两种方式:一种是由上级制定普查表,由下级根据已经掌握的资料进行填报。一种是组织专门的普查机构,派出专门的调查人员,对调查对象进行直接的登记。

(四) 普查的原则

(1) 调查时间要统一。否则,就会使搜集的资料出现重复或遗漏,造成调查的误差。

(2) 调查的期限不宜过长。调查时间拖延太久,不仅影响到汇总分析工作时间,而且调查所获取的资料也容易发生错误。

(3) 普查项目必须简明。普查时调查人员多、对象广,组织工作异常复杂。调查项目过多,难于进行准确的调查,也难于进行统计分析。

(4) 普查应尽可能按一定周期进行。这样才便于对历次普查资料进行对比分析,掌握社会现象的发展趋势及其规律性。

(五) 普查的评价

(1) 优点:① 调查全面,资料准确性、标准化程度高;② 结论具有概括性和普遍性。

(2) 缺点:① 花费大;② 项目少;③ 深入难;④ 周期长。

二、典型调查

1. 典型调查的含义与特点

典型调查是根据调查目的,从调查对象中有意识地选择一些具有代表性的典型单位所进行的调查。典型单位是指对所研究的同类事物具有代表性的单位,即最能体现同类事物的本质属性或特征的单位。

典型调查虽选取单位不能排除主观性,推断总体只能是近似值,但选取单位数量少,取得资料快,调查效率高,特别适用于了解新情况、解决新问题的调查。

客观事物总是处于普遍联系之中,任何事物都是个性与共性、个别与一般的统一。人类对客观事物的认识可以从认识个别的特殊事物开始,然后逐步地扩大到认识一般事物。典型调查认识和研究社会现象遵循了这一原则。

典型调查的特点:

(1) 典型调查是选择同类事物中有代表性的单位作为调查对象;

(2) 典型调查主要是定性调查;

(3) 典型调查的方式是面对面的直接调查;

(4) 典型调查比较灵活方便。

2. 典型调查的步骤

典型调查的一般步骤如下:(1) 确定调查题目;(2) 一般性了解;(3) 选择调查对象;(4) 进点调查;(5) 整理分析资料;(6) 撰写调查报告。

3. 选择典型的原则

(1) 准确性原则,即选择典型,一定要对所要了解的客观现象有个大略的调查分析,从中找出具有普遍指导意义的典型来作为进一步从事典型调查的基础。

(2) 目的性原则,即根据调查的目的来选择典型。

（3）代表性原则，即选择典型要考虑被调查事物本身的特点，注意典型的代表性。必须着眼于全局，从"森林"中找出"树木"，找出那些具有代表性的个别事物，并不是任何个别事物都可以作为典型的。

4. 选择典型的方法

（1）择优选点，也称择高选点。它是以总结先进经验为主要目的，其做法是选择先进个人、单位或地区为典型。

（2）择平选点，也称择中选点。它以了解一般情况为主要目的，其做法是选择反映同类事物一般水平的个人、单位或地区为典型。

（3）择劣选点，也称择低选点。它以总结教训和寻找原因为主要目的，其做法是选择那些后进或落后的个人、单位或地区为典型。

5. 典型调查应注意的几个问题

（1）必须实事求是地选择典型。用实事求是的态度选择典型，保证典型的客观性和真实性，而不能主观地确定或人为地树立"典型"。

（2）要把点和面结合起来。把点和面的情况结合起来，既要找出事物的共性，又要注意事物之间的差别，善于求同察异。

（3）要用全面的观点来分析典型。

（4）要慎重对待调查结论。必须严格区分哪些是代表同类事物的具有普遍意义的东西，哪些是由典型本身的特殊条件、特殊环境、特殊因素所决定的只具有特殊意义的东西。

6. 典型调查的评价

（1）优点：① 是面对面的直接调查，能获得比较真实可靠的第一手资料；② 是系统、深入的调查，可以调查比较广泛、丰富的内容，可以采取多种多样的方法做较深入地调查；③ 便于把调查与研究结合起来，有利于揭示事物的本质和发展规律，有利于探索解决社会问题的道路和方法；④ 需要的调查人员较少，花费的财力和物力也较小；⑤ 适应性强，在社会生活的各个方面有广泛的用途。

（2）局限性：① 典型的选择易受调查者主观意志左右；② 典型调查的对象代表性总是不完全的；③ 结论的适用范围很难确定。

三、重点调查

（一）重点调查的含义与适用情况

重点调查是一种非全面调查，它是对某些社会现象比较集中的、对全局具有决定性作用的一个或几个单位进行的调查。

重点调查主要适用于那些反映主要情况或基本趋势的调查，当调查任务只要求掌握基本情况，而调查的部分单位又能达到对基本情况的掌握，即能比较集中地反映所研究的项目和指标时，采用重点调查比较适宜。

例如：（1）要了解全国煤炭的生产变化情况，只要对全国几个大型矿务局进行调查，就可以及时地了解全国煤炭生产的基本情况。（2）对为数不多的大型钢铁企业进行调查，就可以对全国钢铁产品的产量、品种、质量等变化情况做出基本分析。（3）对32个大中城市的零售商品价格的变化进行调查，可以及时了解全国城市零售商品价格变化的趋势。

（二）重点调查与典型调查的区别

重点调查与典型调查的区别如表3-1所示。

表3-1 重点调查与典型调查的区别

	重点调查	典型调查
调查的目的	对总体的数量状况做出基本估计	认识同类事物的本质和发展规律的定性研究
选择对象的标准	强调对象在总体中的比重，而不是代表性	在同类现象中具有典型性、代表性
具体调查方法	直接调查；间接调查	直接调查

第二节 抽样调查

抽样调查的目的是从许多"点"的情况来概括"面"的情况。例如，要了解全国大学生的思想状况，一般不可能也没有必要调查每一个大学生，研究人员只需从全国大学生中抽取几千人作为样本进行调查就可以了。

一、抽样调查的含义与特点

抽样调查就是从调查对象的总体中，按一定方式选择或抽取一部分调查对象作为样本，并以对样本进行调查的结果来推断总体的方法。

抽样调查的特点是：（1）抽样调查的对象是作为样本的一部分单位；（2）调查的样本一般是按随机原则抽选出来的；（3）抽样调查的目的是推断和说明总体。

二、抽样的步骤

完整的取样过程一般包括以下五个步骤。

（一）清楚界定抽样的总体

总体（population）：也称母群体，是指所要调查研究对象的全部单位。例如，要研究北京市居民的生活质量，那么北京市所有的居民就是此次调查研究的总体。

界定总体就是在具体抽样前，首先对从中抽取样本的总体的范围与界限做出明确的界定。这一方面是由抽样调查的目的所决定的。因为抽样调查虽然只对总体中的一部分对象实施调查，但其目的却是描述和认识总体的状况和特征，发现总体中存在的规律性，因此必须事先明确总体的范围。另一方面这也是达到良好的抽样效果的前提条件。如果不清楚明确地界定总体的范围与界限，那么即使采用严格的抽样方法，也可能抽出对总体严重缺乏代表性的样本来。

（二）制定抽样框

这一步骤的任务就是依据已经明确界定的总体范围，收集总体中全部抽样单位的名单，并通过对名单进行统一编号来建立起供抽样使用的抽样框。

抽样框是一张包括被抽样总体所有单元的目录表。确定了抽样框，就相当于定义了被抽样总体，我们可以通过抽样框从总体中抽取样本单元，但前提是抽样框充分地代表了总体。抽样框的范围与被调查总体的范围一致。

在确定了抽样框后，我们就可以计算总体中每个个体的抽样概率，根据这一概率，就可以用样本数据推算总体数据。

在抽样框中,应该包括下列项目中的一部分项目或全部项目:

(1) 识别资料(用来识别抽样框中某个单元的项目,如姓名、身份证号等);

(2) 联系资料(用来寻找某一单元的项目,如电话号码);

(3) 分类资料(用于分类抽选的项目,如性别);

(4) 维护资料(某项调查需重复进行时所要求的项目,如附加的资料、变更的资料);

(5) 连接资料(将抽样框中的单元与其他最新数据来源连接起来、对抽样框进行更新的项目,如年份)。

前两个项目是进行抽样调查所必需的,后三个项目则有助于提高调查的效率和质量。

抽样框可分为以下几类:

1. 名录抽样框

名录框可分为实际名录框和概念名录框,它们由总体中所有的单元组成。实际名录框是实际的总体单元的目录,能够从各种不同的管理机构获得。有些总体是只有当调查正在进行时才会出现,以这样的总体为基础建立的名录框就是概念或观念上的名录框。例如,某天早上9点至晚上8点之间进入某购物中心停车场的所有车辆的名录。

实际名录框可取自各种不同的来源。各级政府机构因各自的管理目的都保存一些名录,它们也是对抽样框进行维护的最有效的资料来源。这类名录框可有:(1) 生命统计登记,即总体中所有关于出生和死亡的记录(由当地公安局收集);(2) 商业注册,即所有正在经营的公司及企业的名录(由工商行政管理部门收集);(3) 地址和邮政编码册,即所有城市地区的住址和邮政编码册(由当地公安局和邮政局收集);(4) 电话号码簿,即所有电话号码公开的家庭的电话号码簿。使用各种行政来源构造抽样框时,必须考虑成本、覆盖范围、更新速度、信息来源的稳定性、定义、质量、合法且正式的关系、文档保存等因素。

2. 区域抽样框

区域抽样框是由许多地理区域构成的抽样框。下列两种情况适合采用区域抽样框:(1) 调查具有地理性质;(2) 没有合适的名录框,需要借助区域框来构造名录框。

当没有合适的名录框时,可以考虑借助区域框来构造名录框。例如,某项调查需在某个城市抽取住户,但没有该城市最新的住户名录。此时,统计调查机构可以用区域框抽取地理区域,如街区,然后由调查员列出每个被抽中街区中的全部住户名单。这种方法将对住户的抽样集中于数量有限的区域,从而可以较为经济地进行个人面访调查。

区域框中的单元可以分不同的层次。大的地理区域比如省,由地、市组成,而地、市又可再划分为区、县。我们只需对被抽中的那些最小的地理区域建立名录。多阶抽样经常使用区域抽样框,比如第一阶段抽取城市街区,然后将每个抽中街区里的住所作为下级抽样框中的单元,第二阶段就可以对住所进行抽样。

在名录框或区域框都不能很好地覆盖总体时,就需要使用多重抽样框,它是由两个或两个以上的名录框或区域框组成的联合体,其主要优点是对总体的覆盖率更高,主要缺点是有可能导致总体单元的重叠。所以使用多重抽样框时极其重要的一点就是要找出各个抽样框之间重复的单元并将其消除,但是清除抽样框中的重复单元是一个费用很高的操作。

3. 时间抽样框

因时间点不同而影响抽样样本的代表性时,需要制定时间抽样框。例如对超市中消费者的消费形态进行调查,就会涉及抽样中的时间点,因为上班族和老年族去超市的时间点是不一样的,如果不考虑抽样的时间点,就会造成抽样群体上的偏差。

(三) 选定抽样方法

对于各种不同研究目的、不同调查范围、不同调查对象和不同客观条件的社会调查来说,所适用的抽样方法也不一样。这就需要我们在具体实施抽样之前,依据研究的目的要求、各种抽样方法的优缺点以及其他有关因素来决定具体抽样方法的选取。

(四) 确定样本容量并选取样本

确定样本数量时要考虑三个因素,即研究目的、总体性质、客观条件。目的不同,抽取样本的数量就不同。总体规模越大,总体内个体间差异越大,样本也就越大。在人力、物力、财力充足的情况下,抽取样本数可多些,在人力、物力、财力不足的情况下,抽取样本数可少些。样本数量确定后,就要选择抽样的具体方法。从抽样框中抽取一个个的抽样单位,构成调查本。依据抽样方法的不同,以及依据抽样框是否可以事先得到等因素,实际的抽样工作既可能在实地调查前就完成,也可能需要到实地后才能完成。

(五) 评估样本质量

一般情况下,样本的抽出并不是抽样过程的结束。完整的抽样过程包括对抽出的样本进行的评估。所谓样本评估,就是对样本的质量、代表性、偏差等进行初步的检验和衡量,其目的是防止由于样本的偏差而导致调查的失误。

三、抽样的种类

抽样的方法,大致可分为随机抽样和非随机抽样两大类(见图3-1)。

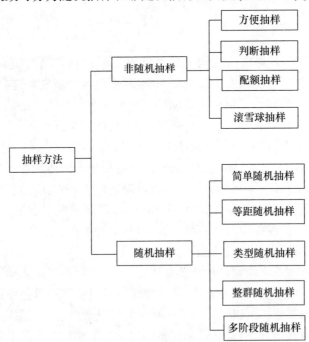

图 3-1 抽样方法

(一) 非随机抽样

非随机抽样(non-random sampling)又称非概率抽样,就是研究者根据自己的方便或主观判断抽取样本的方法。常见的方法有:

(1) 方便抽样(convenience sampling),也称任意抽样、便利抽样、偶遇抽样。从便利的目的出发,依靠现成的研究对象获取样本就是按调查者的方便任意抽样。如在街头、路口、商场等,随便选择某些行人、顾客等作为抽样对象进行访问调查。

(2) 判断抽样(judgmental sampling),又称立意抽样,就是研究者根据个人的主观判断,去选取最能适合其研究目的的样本。这种抽样方法所得到的样本对总体的代表性,完全取决于研究者对总体的了解程度及分析和判断的能力。

(3) 配额抽样(quota sampling),也称定额抽样,就是根据统计报表等已知情况,按照一定标准和比例分配样本数额,然后由调查者在各个组成部分内根据配额的多少采用方便抽样或判断抽样方法抽取样本。

(4) 滚雪球抽样(snowball sampling),是指由于对调查总体情况不甚了解,根本无法采取上述各种抽样方法抽取样本,因而只能先找少量的甚至个别的调查对象进行访问,然后通过他们再寻找新的调查对象,这样就像滚雪球一样寻找越来越多的调查对象,直至达到调查目的为止。例如,对受到家庭暴力的女性研究就可采用滚雪球抽样,先找到一两个,再通过她们进行介绍,被介绍人再介绍的方式进行抽样。

非随机抽样调查的优点是简便、易行,可以获得对于调查对象的大致了解,故在那些不可能或不需要从数量上推断总体的调查课题中经常被采用。① 缺点是代表性、客观性较差,样本调查资料不能从数量上推断总体。

(二) 随机抽样

随机抽样又叫概率抽样(probability sampling),是指以概率原理为基础,按随机原则抽取样本的抽样方法。随机抽样的具体方法主要有下列几种:

1. 简单随机抽样

简单随机抽样又称纯随机抽样,即对总体单位不进行任何组合,仅按随机原则直接抽取样本。通常具体的做法是,先编制一份总体成员的名单,即编制抽样框,然后给名单中的每一个成员编上一个号码,然后,使用一些机械方法如抽签、抓阄或随机数字表进行抽取样本。

简单随机抽样并不是随意地抽取个体。简单随机抽样首先必须保证总体中的每一个个体都有同样大小的被抽中的机会。而要做到这一点,必须使得总体中的每一个个体——无论是出众的还是普通的都有均等的出现机会。因此,抽样框必须是充分的且无重复的。

大样本时,通常采用随机数表来进行随机抽样。

简单随机抽样的优点是在抽样中完全排除了主观因素的干扰,最符合随机原则,在众多抽样方法中最简单,操作方法最容易理解。

简单随机抽样的缺点是:(1)简单随机抽样需要把总体中的每一个体编上号码,如果总体很大,这种编号几乎是不可能的,故它只适用于单位数量不多的调查对象。(2)这种抽样方法常常忽略总体已有的信息,降低了样本的代表性。例如,对某一地区的学生进行抽样,

---

① 水延凯.社会调查教程(第三版)[M].北京:中国人民大学出版社,2003:78—89.

测试该地区学生的智力水平,重点学校与一般学校的学生是有差异的,如果不考虑这个因素,则所抽取的样本很可能就是重点学校的学生多些,或根本没有重点学校的学生。这样样本的代表性是不理想的,若充分考虑并利用重点与一般存在差异这一已有信息,可以设计出更好的抽样方法(见后面的类型随机抽样)。(3)抽取的样本可能比较分散或过分集中,这将给实际调查工作带来许多困难。

2. 等距随机抽样

等距随机抽样也叫机械随机抽样或系统随机抽样。它是先将总体各单位按一定标志顺序排列编上号,然后用总体单位数除以样本单位数,求得抽样间隔,并在第一个抽样间隔内随机抽取一个单位作为第一个样本单位,最后按抽样间隔做等距抽样,直到抽取最后一个样本单位为止。"随机+等距"是该抽样方法的突出特点。

等距随机抽样的优点是样本在总体中的分布比较均匀,具有较高的代表性;抽样误差小于简单随机抽样,而且比较简单易行,只要确定了第一个样本单位,整个样本也就确定了;更适合大样本的使用。缺点是调查总体的单位不能太多,而且要有完整的登记注册,否则难以进行。但是,如果总体具有某一种周期性变化,则等距抽样的代表性远不如简单随机抽样。另外,等距随机抽样同简单随机抽样一样也容易忽略已有信息。

3. 类型随机抽样

类型随机抽样又称分层随机抽样。具体做法是按照总体已有的基本特征,将总体分成几个不同的部分(每一部分叫一层或一类),然后,根据各类型(或层次)所包含的抽样单位数与总体单位数的比例,确定从各类型中抽取样本单位的数量;最后,再分别在每一部分中随机抽样。

样本容量在各层的分配通常采用按比例分配法,即:

$$n_i = n \frac{N_i}{N}$$

> 要了解某市800个私营企业的生产经营情况,决定分类抽取100个作为样本进行调查。首先分类,第一产业80个,占10%;第二产业320个,占40%;第三产业400个,占50%。
>
> 这样按各类与总体的比例关系,第一产业抽取100×10% = 10(个),第二产业抽取100×40% = 40(个),第三产业抽取100×50% = 50(个)。

需要分层的情况:

(1) 总体的不同部分(层)之间有明显差异时;

(2) 调查结果中要求有各个子总体的各自结果时;

(3) 总体中大部分的差异不大,但极个别的局部与其他部分差异很大时,将此个别的局部单独作为一个层。

类型随机抽样的优点是比简单随机抽样更精确;适用于总体单位数量较多、单位之间差异较大的调查对象;便于管理与实施控制。缺点是必须对总体各单位的情况有较多的了解,否则无法科学分类,抽样难度加大。

分类的收益与组内相关成正比,选择正确的分类标准很重要。

4. 整群随机抽样

整群随机抽样又叫聚类随机抽样或集体随机抽样,先将总体各单位按一定标准分成许多群体,并将每一个群体看成一个抽样单位;然后,按照随机原则从这些群体中抽出若干群体作为样本;最后对样本群体中的每个单位逐个进行调查。

例如,某中学有1 200个学生,分为6个年级24个班。采取整群随机抽样方法调查该校学生健康状况。可随机从中抽取6个班调查,被抽中的班每个学生都参与调查。

整群随机抽样的优点是样本单位比较集中,调查工作比较方便,可以节省人力、物力、财力和时间。缺点是样本分布不均匀、代表性差,与上述几种抽样方法相比较,在样本数量相同的情况下抽样误差较大。

5. 多阶段随机抽样

多阶段随机抽样又称多级随机抽样或分段随机抽样,就是把从总体中抽取样本的过程分成两个或两个以上阶段进行的抽样方法。

具体抽样过程分三个步骤:

第一步:先将总体各单位按一定标志分成若干群体,作为抽样的第一级单位。然后将第一级单位又分成若干小群体,作为抽样的第二级单位。依此类推,还可以分为第三级、第四级单位。

第二步:依随机原则,先在第一级单位中抽出若干群体作为第一级样本,然后再在第一级样本中抽出第二级样本,依此类推,还可以抽出第三级样本、第四级样本。

第三步:对最后抽出的样本单位逐个进行调查。

> 假定某县有20个乡镇,平均每个乡镇有10个行政村,每个行政村有10个自然村,每个自然村有50户。这样全县共有200个行政村、2 000个自然村、10万户。现在决定采用随机抽样方法对该县计划生育状况按户做5%的抽样调查,共抽取样本500户。
>
> 首先,确定抽样单位,根据该县社会组织的4个层次,即乡镇、行政村、自然村、户,应采取4段随机抽样方法抽取样本,并确定乡镇为第一级单位,行政村为第二级单位,自然村为第三级单位,户为第四级单位。然后采取不同的抽样方法,分四阶段逐步抽取样本。
>
> 第一阶段抽样,从县到乡镇,采用分类抽样。20个乡镇,经济发展较好的4个,一般的12个,较差的4个。确定样本数量,一级单位抽25%的单位即5个乡镇。较好1个,一般的3个,较差的1个。
>
> 第二阶段抽样,从乡镇到抽行政村,采用等距抽样。5个乡镇50个行政村,抽20%,即10个行政村。
>
> 第三阶段抽样,从行政村到自然村,采用整群随机抽样。10个行政村所属的100个自然村,两个临近的自然村构成一个群体,共50个群体,从中抽取10个群体。
>
> 第四阶段抽样,从自然村到户,采用简单随机抽样。编制10个群体,20个自然村,1 000户的名单,编号,每个群体抽50户,10个群体,抽出500户。[1]

---

[1] 水延凯.社会调查教程(第三版)[M].北京:中国人民大学出版社,2003.

多阶段随机抽样的优点是有利于把各种抽样方法的优点综合起来,从而达到以最小的人、财、物消耗和最短的时间获得最佳调查效果的目的;特别适合于调查总体范围大、单位多、情况复杂的调查对象;样本个体相对集中,易于实施操作。

6. PPS抽样

PPS抽样的全称是按与规模的度量成比例抽样(probability proportional to size, PPS)。PPS抽样实际上是一种整群抽样与简单随机抽样或者等距抽样相配合的两阶段抽样。在第一阶段,根据样本所在群的大小,给予各个群不同的中选概率,然后在第二阶段的各个群内以等样本量的方法抽取样本。它属于随机抽样的一种。

假如我们要在一个街道进行家庭收入状况调查,这个街道共有10 000个家庭,分属于10个居委会(见表3-2)。

表3-2 居委会与家庭数量对应关系表

居委会编号	1	2	3	4	5	6	7	8	9	10
家庭数量	500	500	1 000	1 500	500	2 000	400	600	2 400	600

准备在这10个居委会中采用PPS抽样的方法抽取5个居委会、1 000个家庭进行调查。那么第一步要根据各居委会家庭数量给予不同居委会不等的中选概率,比如以10个居委会中规模最小的居委会的权数为1(见表3-3)。

表3-3 居委会与权数及中选概论对应关系表

居委会编号	家庭数量	权数	中选概率(%)
1	500	1.25	5
2	500	1.25	5
3	1 000	2.50	10
4	1 500	3.75	15
5	500	1.25	5
6	2 000	5.00	20
7	400	1.00	4
8	600	1.50	6
9	2 400	6.00	24
10	600	1.50	6
总计	10 000	25	

第二阶段,在抽中的5个居委会中,每个居委会各随机抽取200户家庭作为调查样本。

四、样本量大小的确定

确定样本量大小,必须考虑以下几种因素:

1. 抽样的精确度

一般地说,抽样调查的目的是通过样本推断总体,而推断的可靠性和精确度与样本规模有密切关系。置信度和置信区间是说明样本规模与抽样可靠性、精确度关系的两个重要概念。置信度又称置信水平,是指总体参数值落在样本统计值某一区间的概率,反映抽样的可靠程度;置信区间是指在一定置信度条件下,样本值与总体值之间的误差范围,反映抽样的精确程度。

如对某市的居民收入进行调查,要求调查的人均收入误差不超过 50 元,这是绝对数表示法,这个绝对误差也就是置信区间半宽 d。

一般来说,在其他条件不变的情况下,置信度越高,即推断的可靠程度越高,所要求的样本规模就越大;置信区间越小,即样本值与总体值之间误差范围越小,所要求的样本规模就越小。在简单随机抽样中,样本规模与置信度、抽样误差之间的关系为:

$$N = \frac{(Z)^2(P)(1-P)}{(\text{SE})^2}$$

$P = 0.5$;取置信区间为 95% 时;Z 值为 1.96;抽样误差 SE(Sampling Error)定为 3%:

则

$$N = \frac{(1.96)^2(0.5)(1-0.5)}{(0.03)^2} = 1\,067.11$$

也就是说,当抽样误差为 3%、置信度为 95% 时,最低样本规模是 1 067 个。

2. 研究对象总体的性质

总体的大小及其分布的离散程度(异质性程度)是决定样本大小的首要条件。一般来说,总体越大,相应需要的样本容量越大。总体的离散程度(异质性程度)越大,相应需要的样本容量也越大。当总体规模达到一定程度时,样本规模的增加对抽样误差的影响就微乎其微了。当研究组别必须分成次要组别时,需要的样本规模大。当预期变量间的差异或相关性很小时,需要的样本规模大。实际操作中,样本容量的确定还要考虑调查者的人力、财力和时间。例如,进行访谈法调查只能选取容量有限的研究样本。

另外,样本量大小还要根据所研究课题的类型,一般来说对经济现象进行研究通常采用大样本;实验研究因为设计控制严密,采用小样本。

五、抽样误差与抽样偏差

1. 抽样误差

抽样误差(sampling error),是指抽样估计值与总体参数值之差。一是登记性误差,即调查过程中由于登记差错而造成的误差;二是代表性误差,即样本各单位的结构不足以代表总体特征而形成的误差。代表性误差又有两种:一种是违反随机原则抽取样本(如有意多选较好单位或较差单位作为样本)而形成的代表性误差;另一种是按照随机原则抽取样本,但受样本规模、总体变异程度等影响而形成的偶然的代表性误差。

抽样平均误差就是抽样平均数的标准差。它反映抽样平均数与总体平均数(或总体成数)的平均误差程度。

抽样误差与总体标准差(总体成数)成正比,与样本单位数成反比。对于特定调查总体而言,在总体标准差(总体成数)不变的情况下,要减少抽样误差,就必须增加样本单位数量,即多抽一些样本进行调查。当样本单位增加到与总体单位一样多时,就不存在抽样误差了。

在样本单位数确定的情况下,总体各单位标志值离散程度越小,抽样误差就越小;反之,抽样误差就越大。

2. 抽样偏差

抽样偏差(sampling bias)是指抽样过程中有系统的偏离总体普遍特征的倾向,即样本没有代表性,与总体不同质,并且导致样本成为有偏差的样本。抽样偏差与抽样误差的区别在于抽样误差是随机形成的,误差是无法避免的;而抽样偏差则是人为因素造成的,是可以避免的。例如,本章引导案例中提到的1936年美国总统大选,《文学文摘》杂志按汽车牌照和电话号簿登记地址抽样获取的样本,就是抽样偏差的典型例子。

要避免抽样偏差必须了解偏差的主要来源。一般而言,导致抽样偏差的原因主要有三个[①]:

(1)不适当的抽样方法。一般非随机抽样所选择的样本往往是有偏差的样本,应避免使用。不要为了方便、省事,而导致最后结果无效。即使是随机抽样方法,如果运用不当,也有可能形成抽样偏差。例如,简单随机抽样未能按照抽样的随机原则行事;分层抽样的层次标准不明确,划分层次不妥当;等距抽样时没有注意总体的排列顺序是否随机;整群抽样时未能确定群体之间是否同质;等等。因此,在使用具体抽样方法时,要切实了解和掌握各种抽样方法的适用条件,结合研究总体的特点和结构灵活加以运用。

(2)志愿者参与研究。志愿者构成的样本往往是有偏差的样本,因为志愿本身代表了某种倾向,代表某一类对象的特征。志愿者往往比非志愿者更积极努力、更投入,因此当采用志愿者参与研究时,一定要了解志愿者的背景资料,以及与研究变量有关的特征,并分析这些特征对研究结果可能产生的影响,以此确定样本的取舍。

罗森塔尔(Rosenthal)和罗斯诺(Rosnow)的研究发现,志愿者与非志愿者的参与,对于研究结果存在差异,并将志愿者的特征概括为11种:

① 志愿者大多数比非志愿者受过更好的教育;
② 志愿者大多数要比非志愿者社会地位更高;
③ 志愿者比非志愿者更聪明;
④ 志愿者比非志愿者更渴望得到社会认同;
⑤ 志愿者比非志愿者更加善于交际;
⑥ 志愿者比非志愿者更易引起注意;
⑦ 志愿者比非志愿者更具开放性;
⑧ 女性比男性更易志愿参加一般性的研究;
⑨ 志愿者比非志愿者少一点权威主义色彩;
⑩ 犹太人比新教徒更乐意参加;
⑪ 参与一般研究时,志愿者不及非志愿者来得顺从。

当研究采用志愿者作为被试时,应仔细考虑以上11种志愿参与者的特征。这些特征与研究变量有多大程度的相关性?志愿者与非志愿者特征上的差异将怎样影响研究结果?具体操作应更多地考虑怎样使样本具有代表性。

---

① 吴明清.教育研究——基本观念与方法分析[M].台北:五南图书出版公司,1991:238—240.

(3) 样本流失现象。在实际研究过程中,常常会有部分被试由于种种原因中途退出研究,或未给予回应(如未填写问卷,未接受访问)导致原来计划获得的样本数量减少,从而使样本失去代表性。通常样本流失大多具有特殊的原因,有可能代表了某种意见或倾向,如果将这些人从样本中剔除,那将使研究样本失去具有某种意见或倾向的个体,使样本成为有偏差的样本,导致研究结果不具有普遍性。仍以本章引导案例中的样本选取为例,该调查除了样本有偏差,还有一个原因是问卷回收率太低。调查共发了1 000万份问卷,最后回收仅200万份,流失率非常高。一般问卷调查的回收率要求达到70%以上,少于50%要考虑放弃调查。

对于样本流失,研究者一方面可以从研究工具和实施程序的改善着手,力求减少被试的心理负担和时间压力,避免引起被试的反感和抗拒;另一方面可以做些补救措施,对流失者追踪,继续寄送问卷、电话联系、鼓励回应等。总之要适当运用抽样方法,避免抽样偏差,使样本具有代表性。

六、抽样调查的评价

1. 抽样调查的优越性
(1) 调查费用较低;(2) 调查速度快;(3) 可获得内容丰富的资料;(4) 准确性高。
2. 抽样调查的局限性
(1) 抽样调查对客观条件和抽样程序的要求十分严格,使它的应用范围受到限定。例如,当调查总体范围不十分明确时,就不能使用抽样调查。
(2) 抽样调查需要较多的数理统计知识,在缺乏这类人才的情况下,不宜实施抽样调查。
(3) 由于抽样调查是用部分来代表总体,推算全面,而部分和总体之间,总是或多或少存在一些差别。部分顶多只能近似全体,而不能等于全体,样本和其所代表的总体之间总存在着误差。

第三节 个案调查研究

一、个案调查研究概述

(一) 个案调查研究概念
个案调查研究是指对某一个体、某一群体或某一组织进行深入而具体研究的方法,是一种个别的、深度的、描绘的调查研究。
个案调查研究的个案单位,可能是一个或几个乡村、城镇、商店、医院、工厂、小组等各种团体组织或社区;也有的是以个人为单位的,比如详尽地研究一个或几个人等。
(二) 个案调查研究法的特性
(1) 在自然环境(natural setting)中从事现象的研究。
(2) 使用多种数据收集方法。
(3) 分析单位(收集的对象)可能是一个(单一个案)或多个(多个案)实体,如人、群体或组织。

(4) 对于每一个实体都深入了解其复杂性。

(5) 个案研究比较适合运用在问题仍属探索性阶段(探索 why 或 how 问题),尚未有前人研究可循的情况下,为分类性研究及假设或命题的提出奠定基础。

(6) 没有变量操纵(manipulation)或控制。

(7) 主要研究当前的现象,解决当前的问题。

(8) 个案研究比较适合研究"为什么"或"如何做"的问题,并且可以作为未来相关研究的基础。

(9) 研究结论(果)跟研究者的整合能力有相当大的关系。

(10) 可以发展一些新的假说。

(三) 个案研究法的哲学基础

个案研究法作为质化研究方法中重要的一种,它的哲学基础主要是现象学与阐释学。

个案研究法强调的是收集一切与研究对象相关的资料,从中发现个案发展的过程及原因,进而找出问题的解决方法。也就是说,个案的发展是个连续有机的复杂过程,而不是单个部分间的简单组合,研究强调要注重研究对象的整体性、情境性和关联性,不能孤立地看问题。根据现象学的立场,在研究中要收集多方面资料,对现象要进行"深描",以揭示管理或社会行为的实际发生过程以及事物各种因素之间的复杂关系。描述越具体,越"原汁原味",就越能够显示现象的原貌;对"问题"本身构成的展示就包含了对问题的解决。[1]

阐释学也深刻地影响了个案研究法。首先,理解是个案研究中的一个主要目的和功能,也是解决问题的基础。但这种"理解"不是对某一个"客观实在"的事物的直接观察或即时辨认,而是通过研究者的"阐释"把该物"作为某物"的结果。个案研究不是通过实验证实,而是强调通过研究者对个案资料的"理解"。对个案进行分析、推论,从而提出研究发现、结论及解决问题的途径。

此外,阐释学强调"阐释"过程不是完全客观中立的,它本身与研究者的态度、倾向有着密切的联系。在社会科学中,价值中立的事实是不存在的,因而主体与客体之间是不可能截然分离的,二者之间是一个互为主体、互相渗透的过程。研究者个人的生活经历、价值观等都会对研究产生很大影响,否则就不可能对研究对象做出有意义的解释。研究者本人对研究对象所持的态度很大程度上影响到研究问题的提出、理论框架的设计、对资料的分析和对结果的解释。[2]

(四) 个案调查研究分类

个案研究大致可分为五类:(1) 纯描述性专题研究;(2) 解释性个案研究;(3) 启发性个案研究;(4) 测试理论合理性个案研究;(5) 关键个案研究。现对前三种加以解释。

1. 纯描述性专题研究

纯描述性专题研究(configurative idiographic study)是指研究者对一个个案只做出纯描述性的报告。换言之,如果研究对象是某一个国家,那么这类研究就只会详细描写该国家的政治制度、政府架构、政党、利益团体等各方面的资料,而当中并没有运用任何现有的理论去解

---

[1] 陈向明. 质的研究方法与社会科学研究[M]. 北京:教育科学出版社,2001:34.
[2] 王京生. 对定性研究的重新评价[J]. 教育理论与实践,2000(2).

释或支持所研究的对象(个案),也不会产生任何新的理论。一般学生在撰写论文时,都会采用这种方法。其原因是纯描述性专题研究非常简单易用,而且可以使研究者对其研究对象有一个清晰和深刻认识的,同时又可以让读者们深入了解个案。另外,这类研究方法提供了大量的研究资料,有些甚至可能是一手资料(first hand information),这不但能为其他的研究提供丰富和可靠的资料作为补充,也可以保存一些珍贵的资料。

可是,这类研究方法也有一些缺点。首先,由于这类方法只是详细地描述一个个案在某一时段上所有的资料,故未必适合研究者用在其他个案的研究上。其次,这类研究方法没有涉及任何理论在其中,因此,它不能够测验现有的理论,也不能够建立新的理论。

2. 解释性个案研究

由于纯描述性专题研究只着重描写所研究的对象(个案)本身的数据,当中不涉及任何测验或建立理论的成分。故此,出现了解释性个案研究法(disciplined configurative study),是指用一个现有的理论去解释一个个案,使个案表达更清楚,而且也可以使理论更具体化。例如,在组织管理学中,管理人员在了解员工的需求和设计激励员工的系统时,会运用到不同的理论去解释,包括马斯洛(Maslow)的需求层次论、赫茨伯格(Herzberg)的双因素模型等。这种个案研究法的好处是使现有的理论更加具体简明。因为解释性个案研究中每一个个案都会用现有的理论去解释和支持,换言之,个案本身已经成为理论的真实例子,这不但可以令读者更容易明白该理论的内容,更能有助于研究者补充和解释已有的理论。

不过,这种方法也有很多不足之处。首先,一般现有的理论是学者已经确立或是凭空推测,而研究对象(个案)也会因各种不同的内在或外在因素而未能绝对符合一套理论。所以,很多时候研究者未必能以一套完整的理论去解释一个个案。例如,上述解释员工需求的理论未必适合每一个公司内的员工,故管理层有时很难设计出合适的员工激励系统。其次,由于要用理论去解释个案,研究者有时会将一个理论硬套在个案中,加上要使抽象的理论变得具体化,有时,研究者会不知不觉出现误解和误差的情况,在撰写报告时会有一定的困难。最后,这类研究法最大的特点是以一套现有的理论去解释个案,这也是一种限制,与纯描述性专题研究一样,它也不能建立新的理论。

3. 启发性个案研究

针对上述两类个案研究法的缺点,形成了第三类研究方法,这就是启发性个案研究(heuristic case studies)。简单来说,启发性个案研究是在现有的理论下,发展出新的理论,并借用一个个案作为新理论的起点去加以验证。例如,在地理学的城市架构模型(models of urban structure)中,霍伊特(Hoyt)在1939年提出霍伊特因素模型(The Hoyt Sector Model),他的理论是基于另一位学者博格斯(Burgess)的博格斯中心模型(The Burgess Concentric Model),而且霍伊特用了142个在美国的城市作为独立个案以证明他的理论。后来学者曼恩(Mann)在1965年也以博格斯和霍伊特的理论作为基础,发展了他的比较模型(Compromise Model),并用了3个英国工业城镇去验证他的理论。由此观之,启发性个案研究确实有不少可取的地方,它最大的优点是有助于理论的建立。因为这类研究方法不用停止研究现有的理论,而是继续将其发展和研究,并以个案去实证,在补充现有理论的同时也可以形成新理论。此外,这类方法颇简单,它可以以解释性个案研究作为起点,继续发展个案内的理论,从而建立出新的理论。

其实，启发性个案研究仍有些缺点，由于这类个案研究方法所输出的结果是一些新形成的理论，即使有很多个案去支持这些新理论，也很难避免面对严格的质疑，甚至推翻。由以上的例子可见，虽然霍伊特已经用了百多个的个案去证明自己的理论，但仍不能应用到英国的城市，这才有了曼恩的新理论。

总之，以上五种个案研究方法是一个资料和理论研究的发展过程，由完全不能测试理论的纯描述性专题研究到可以测试和补充现有理论的关键个案研究，对理论建立有很大的贡献。不能否认，每一类个案研究方法都有其不同的优点和缺点，因此，在研究时，我们要选择适合研究对象(个案)的种类来进行研究。此外，我们也可以同时运用多种方法互相搭配进行研究，力求可以将资料分析得更仔细、结果更准确。

二、个案调查研究法的实施

(一) 个案调查研究法的实施步骤

基本上，个案调查研究的实施流程可简单地归纳为以下三个步骤：先确定个案研究对象，再透过各种方式调查并搜集所需数据，最后进行个案分析研究并写出分析报告(见图3-2)。具体来说，个案研究法的实施步骤主要包括九个阶段。

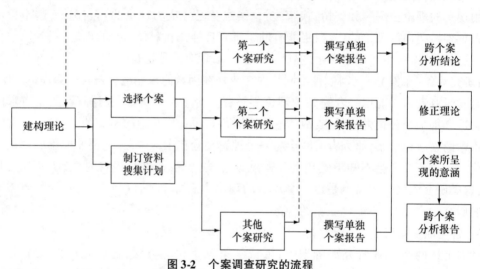

图3-2　个案调查研究的流程

具体来说，个案调查研究法完整的实施步骤如下：

1. 选择问题
2. 确定对象、确定目标及分析单位

根据课题正确选择特定对象进行研究，如研究智力超常儿童的教育问题，选择对象必然是高智商、具有创造力者。

3. 参考相关已有研究文献
4. 设计程序，可采用单一个案或多个个案
5. 收集资料

个案研究收集资料的方法可谓多种多样，不同的个案收集的方式与内容也不一样，总体来说资料的主要来源如下：

(1) 文件。一般而言,信函、备忘录、其他公报、会议的议程及其记录报告、行政管理文件,以及提案、进度报告及其他内部文件、正式的研究或对同样"场所"的评鉴、剪报及其他大众媒体上出现的文章等,都能为个案研究者提供具有应用价值的信息。事实上,使用文件必须要小心,而且不应该把文件当成发生过之事件的原样记录。文件的最重要用途,在于为其他的数据源提供佐证,或增加数据之用。

(2) 档案记录。档案记录有文本形式也有计算机数据形式,可能包括:服务记录,如显示在一段特定时间内,所服务顾客的数目;组织记录,如组织结构以及一个时期的预算;记录一个地方地理特征的地图和路线图;名称和其他相关商品的列表;调查报告数据,如人口普查记录,或是先前对一个"场所"所收集的资料;个人记录,如日记、行事历和电话通讯簿。档案记录可以和个案研究的其他信息来源链接,然而跟文件证据不同,这些档案记录的有用性会因不同的个案而有所差异。对某些研究而言,这些记录相当重要,因此可能成为广泛检索和分析的对象;但在其他研究中,它们却只有粗略的相关性。档案的证据是相关且重要的,调查者必须小心地确认档案数据产生时的状况以及其正确性。

(3) 访谈。访谈是个案研究最重要的基本信息来源之一。访谈可以采取多种形式:① 开放式访谈,我们可以问关键被访者有关的事实,或是问被访者对于事件的看法。在一些情境中,甚至可以要求被访者提出他自己对于某些事件的深入看法,并利用这些命题作为进一步探究的基础。② 焦点式访谈,一种在一段短时间中(如 1 小时)访谈一位被访者的方法。在这种情况下,访谈可能仍旧维持开放式并以谈话的方式进行,但是我们很可能会遵循一组由个案研究的计划书所衍生的特定问题来访问。③ 延伸自正式的问卷调查,限定于更为结构化的问题,这种问卷可以设计为个案研究的一部分。该类型的调查应该包含抽样的程序以及一般调查中所用的工具。

(4) 直接观察。当实地拜访个案研究的"场所"时,就创造了直接观察的机会。假设想要研究的现象并不全然是历史性的,透过观察,就可以取得一些相关行为以及环境条件的信息,这种观察可以作为个案研究的另一种证据的来源。这种观察包括了正式的和非正式的资料收集活动。对最正式的观察来说,观察计划会成为个案研究计划书的一部分,计划中可能要求研究者观察一段时间内某种类型行为发生的次数,这可能包括观察会议、街头活动、工厂作业、教室和其他类似的场所;比较不正式的观察中,直接观察可能是在实地拜访的过程中进行的,包括了在收集如访谈等其他证据期间的机会。举例来说,建筑物的状况或是工作空间会指出一些有关组织气候或是组织衰退的事情。同样地,被访者办公室的位置或内部陈设,也可能指出其在组织中的地位。由于观察可能有很高的价值,我们可能甚至会考虑在个案研究的场所拍照,这些照片至少将有助于传达给外界观察者一些重要的个案特征,不过要注意在某些情境中,可能需要事先得到书面的许可。

(5) 参与观察。参与观察的方法最常被用在不同文化或次文化群体的人类学研究中,这个技术也可以用在日常生活的环境中,如组织或是其他小群体。参与观察提供了收集个案研究资料的某些特殊机会,不过也有一些重要的问题。其中最特殊的机会是我们能够接触某些透过其他的科学调查方法所无法触及的事件或团体。换句话说,对某些研究主题,除了参与观察之外可能没有其他搜集证据的方法。另一个特殊的机会,是由个案研究的"内部"人,而非外人的观点,来理解现实的能力,许多人认为这种观点对"准确的"描绘而言是没有价值的。最后,有些机会来自我们可能有能力操弄一些次要的事件,如在个案研究中召集一群人开会。这种操弄只有在参与观察时才会发生,在其他比如文件、档案记录、访谈等数据收集方法中,调查者都是被动的。参与观察的操弄不像实验研究一样准确,不过可以产生更多不同的情境来收集数据。

(6) 实体人造物。实体的或是文化的人造物是最后一种证据的来源,包括了技术的设备、一个工具或仪器、一件艺术作品或是其他实体的证据。这些人造物可以在实地拜访时收集或观察,而且也已经广泛地应用在人类学的研究中。实体的人造物可能跟最典型的个案研究关系比较少,然而在有关系的时候,人造物可以是整个个案中一个重要的要素,可以建立一个在短时间内直接观察的范围之外,更为广泛的观点。

以上各类资料收集方式的优缺点,可比较整理如表3-4所示。

表3-4 各种个案研究收集资料种类比较

资料种类	优点	缺点
文件	(1) 稳定:可以重复查看 (2) 非涉入式:不是个案研究所创造的结果 (3) 确切的:包含确切的名称、参考数据,以及事件的细节 (4) 范围广泛:长时间,许多事件和许多设置	(1) 可检索性低 (2) 如收集不完整,会产生有偏见的选择 (3) 报告的偏见:反映出作者的(未知的)偏见 (4) 使用的权利:可能会受到有意的限制
档案记录	(1) 同以上文件部分所述 (2) 精确的和量化的	(1) 同以上文件部分所述 (2) 由于个人隐私权的限制而不易接触
访谈	(1) 有目标的:直接集中于个案研究的主题 (2) 见解深刻:提供了对因果推论的解释	(1) 因问题建构不佳而造成的偏见 (2) 回应的偏见 (3) 因无法回忆而产生的不正确性 (4) 反射现象:受访者提供的是访谈者想要的答案
直接观察	(1) 真实:包含实时的事件 (2) 包含情境的:包含事件发生的情境	(1) 消耗时间 (2) 筛选过的:除非涵盖的范围很广 (3) 反射现象:因为事件在被观察中,可能会造成不同的发展 (4) 成本:观察者所需花的时间
参与观察	(1) 同以上直接观察部分所述 (2) 对人际间的行为和动机有深刻的认识	(1) 同以上直接观察部分所述 (2) 由于调查者操弄事件所造成的偏见
实体人造物	(1) 对于文化特征有深刻的理解 (2) 对于技术的操作有深刻的理解	(1) 筛选过的 (2) 可取得性

6. 资料分析

(1) 个案研究的定性分析方法

- 内容分析(content analysis)
- 口述语义分析(verbal protocol analyze)
- 脚本分析(script analysis)

(2) 个案研究的定量分析方法——卡方检验法

7. 解释资料

8. 导出结论

9. 撰写报告

(二) 个案法研究结果的评价

1. 研究目标与研究问题

(1) 有无清楚交代研究问题及研究目标,并且研究内容与结论是否与主题相符。

(2) 研究问题是否为了探索某一新的问题领域,或其变量数的数目多、复杂度高。变量的操控是否很困难,或是在找特定个案以否定(限制)既有理论的适用范围。若是基于上述考虑,研究者因而没有采用其他研究法,此时改为个案研究才是适当的。

2. 理论基础

(1) 研究问题最好具有相关的理论基础,以免漫无方向地搜寻。

(2) 研究假说是否由相关理论所演绎出来,研究模式中所有变量是否都已完全掌握。

(3) 有没有研究命题来引导研究方向、资料收集及分析。

3. 分析单位

分析单位(人、组织、信息系统等)是否理清并交代清楚。

4. 资料收集

(1) 数据收集方式是否恰当。

(2) 是否有采用三角验证法(不同资料、研究者、理论、方法之间的交互验证)。

(3) 是否清楚交代多个个案之间资料收集的先后关系。

(4) 有否交代访谈对象是如何挑选的,挑选的对象是否合理。

(5) 是否有受访者、研究者的偏误产生?

5. 资料分析

(1) 有没有建立数据分析的标准,以使不同研究者的比较分析具有一致性?

(2) 有没有充分应用可以采用的资料分析方式?包括内容分析、口述语意分析、脚本分析。

6. 文章格式

(1) 架构要清晰。(2) 用词要恰当,文字说明要容易理解。

7. 研究推论

(1) 推论合乎逻辑吗?

(2) 推论前有无界定其研究命题,或对既有理论加以限制?

(3) 结论是否与研究主题相呼应?

(4) 区位谬误:将研究结论应用到不同分析单位上。

(5) 过分强调某变量,导致忽略了其他重要的变量。

(6) 是否采用理论来解释及串联证据。

(7) 结论是否具有创新性。

三、个案调查研究法的优点和局限性

(一) 个案法的优点

(1) 个案法的推论是由对整个情况、整个个体的调查研究分析得来的,并非任意由挑选过的单一方面或少数情形而来。

（2）个案法是对真实的状况或事实加以描述；而统计调查仅是对真实的简述。

（3）个案调查可以得到更正确的资料。因为研究者和被调查者有较长时间、较亲密的接触,这样可以降低对标准化问卷的依赖。

（二）个案法的局限性

（1）由于个案法牵扯到对整个实际状况的详细描述,要想设计出一种正式的观察和记录方法是很不容易的。非正式的方法很容易变成主观的东西,造成调查者只能发现他所希望看到的现象。这类缺乏客观性的现象也造成了个案中分析步骤的差异。

（2）每一个个案中的现象不能完全保证它具有一般性的特质。

（3）花费时间。为了弄清个案的来龙去脉,特别是要搞清一些细枝末节,往往要耗费大量的调查时间。

[复习思考题]

1. 说明普遍调查的应用范围。
2. 典型调查的含义与特点如何？
3. 说明重点调查的含义与适用情况。
4. 举例说明随机抽样的各种类型的特点。
5. 确定随机抽样样本量大小的影响因素有哪些？
6. 举例说明个案研究法实施的具体步骤。

[实训题]

"益阳纸贵"——2004年4月1日发生在湖南益阳的报纸收购事件

当地政府部门在对机关作风进行民意测评时,采用把调查问卷刊登在《益阳日报》上,群众填完后再寄回的做法。由于该报是当地政府机关报,报刊零售量及居民订阅量都很小,阅读对象主要是机关干部,普通老百姓没有机会在这次测评中发言。相反,为了争夺问卷,一些部门公开收购报纸,给自己打高分,给对手打低分。

请利用本章有关抽样的知识评价这一事件。

第四章 问卷法

引导案例

A 类问卷:
1. 在球类运动中,您喜不喜欢棒球?为什么?
2. 您通常收看什么球类比赛节目?为什么?

B 类问卷:
1. 您喜不喜欢棒球运动?
   □ 很不喜欢　　　　□ 不太喜欢　　　　□ 有点喜欢　　　　□ 很喜欢
2. 您通常喜欢收视哪种球类比赛节目?
   □ 篮球　　　　　　□ 足球　　　　　　□ 棒球　　　　　　□ 其他

以上是两种常用的调查问卷,A 类属开放式的问卷,让作答者有较大的发挥空间,研究者可以比较深入地了解作答者心中的想法,但需要较长的时间作答;而 B 类属于封闭式的问卷,让作答者能在最短的时间内作答完毕,而且答案明确,易于统计,但其缺点是无法得知作答者选择该答案的原因。通常一份问卷是以封闭式的题目为主,另辅以若干开放式的题目(研究者比较想深入知道的问题)。问卷法是社会调查中最常用的方法。

第一节　问卷法概述

一、问卷法的概念与种类

(一) 问卷法的概念

问卷法是调查者运用统一设计的问卷向被选取的调查对象了解情况或征询意见的调查方法。

(二) 问卷法的种类

1. 按问卷的传递方式分

按问卷的传递方式不同,可分为送发问卷、访问问卷、电子邮箱发送问卷、网上点击问卷、报刊问卷、邮政问卷等。

(1) 送发问卷。送发问卷是调研人员直接将调查问卷发送到选定的被调查者手中,待被调查者填写完毕后,再派专人收回问卷。

(2) 访问问卷。访问问卷是由调研人员按照统一设计的问卷,向被调查者当面提出问题,然后再由调查者根据被调查者的口头回答来填写问卷的一种调查方式。

(3) 电子邮箱发送问卷。它是把设计好的电子版问卷通过电子信箱发送到被调查者手中,被调查者在电子文稿中进行回答,然后把所回答的电子问卷再通过电子邮箱发回调查者手中,这是目前非常省时、省力、方便、简易、快捷的调查方式。

(4) 网上点击问卷。近年来,网上问卷调查是调研人员经常采用的方法,它是将设计好的调查问卷通过各种网络页面传递给被调查者,被调查者通过点击来回答网上问卷的问题,如问卷星网站(http://www.sojump.com)、问道网站(http://www.askform.cn)。

(5) 报刊问卷。报刊问卷是随着报刊传递分发的问卷,它鼓励报刊的读者对调查问卷做出回答,并按照规定的时间将问卷通过邮局寄回报刊编辑部。

(6) 邮政问卷。邮政问卷是调查者通过邮局向选定的被调查者寄发问卷,它希望被调查者按照问卷要求进行填写,并通过邮局寄还给调查者的调查方式。

2. 按问卷的题目形式分

按问卷的题目形式,可分为开放式问卷、封闭式问卷(结构型问卷)和半封闭式问卷。

(1) 开放式问卷,也称无结构型问卷。它往往用于以下情况:一是较深层次的问题研究。被调查者不受研究者和题目答案选择范围已界定的限制,按各自对问题的理解回答。这种问卷能如实地反映出被调查者的态度、特征、对有关情况的了解程度以及所持看法的依据等。因此,用于探讨那些只能进行描述性分析的较复杂问题,以及获得有关人士对某些问题的看法。二是在研究初期,对所研究的问题或研究的对象的相关情况还不十分清楚的情况下,采用开放式问卷,来帮助研究人员设计封闭式问卷。一般做法是:在小范围内进行问卷调查,并对搜集的资料进行归纳分析。在掌握相当的资料后,再采用结构型问卷进行较大规模的调查和进行定量分析。因此,在一定意义上,开放式问卷调查正是封闭式问卷调查的基础。

当你对某一方面的问题不是专家时,要用开放问题。例如,在美国1981年有一项大型研究,调查公众认为美国当时的最大问题是什么,用开放式问卷时,很多人认为最大问题是能源短缺,而用封闭式问卷时,由于调查者没有考虑到能源问题,99%的被试在问卷提供的5个备选答案中选择。

在有关敏感问题、社会不赞许行为方面,尽量用开放式问卷。有研究表明,在关于饮酒的封闭式问卷调查中,被试报告的频率低于实际频率,但使用开放式问卷,被试报告的频率高于封闭式问卷。[1] 在调查突出的问题或捕捉时尚时,开放式问卷也好于封闭式问卷。

开放式问卷可以是问答式的,也可以是填空式的。

---

[1] Converse J M, Presser S., *Survey Questions: Handcrafting The Standardized Questionnaire*, Beverly Hills, CA: Sage, 1986.

> 一项对中学生目前兴趣倾向的情况调查。
> 请你用最简洁的语言,回答你在日常生活学习中
> 最希望的问题是什么?＿＿＿＿＿＿＿＿＿＿＿＿＿＿＿＿
> 最关心的问题是什么?＿＿＿＿＿＿＿＿＿＿＿＿＿＿＿＿
> 最担心的问题是什么?＿＿＿＿＿＿＿＿＿＿＿＿＿＿＿＿
> 最不满意的问题是什么?＿＿＿＿＿＿＿＿＿＿＿＿＿＿＿
> 最苦恼的问题是什么?＿＿＿＿＿＿＿＿＿＿＿＿＿＿＿＿
> 最感兴趣的问题是什么?＿＿＿＿＿＿＿＿＿＿＿＿＿＿＿
> 最高兴的事情是什么?＿＿＿＿＿＿＿＿＿＿＿＿＿＿＿＿
> 最痛恨的事情是什么?＿＿＿＿＿＿＿＿＿＿＿＿＿＿＿＿
> 最想干的职业是什么?＿＿＿＿＿＿＿＿＿＿＿＿＿＿＿＿
> 最崇拜的人是谁?＿＿＿＿＿＿＿＿＿＿＿＿＿＿＿＿＿＿

开放式问卷搜集到的材料丰富、具体,往往能得到许多意想不到的很有价值的资料。但由于答案不集中,材料分散,难于对答案进行横向比较,所以不易进行统计处理。

(2) 封闭式问卷,也称结构型问卷,是将问题的内容和可供选择的答案列于问卷中,被调查者通常只能在所列出的选项中选择最符合自己意见的一或多项。

封闭式问卷的优点是易理解、易回答、易整理、无效回答少。

封闭式问卷的缺点是设计难度高,容易流于表面化,没有设计成问题的内容,无法收集到。可能产生"顺序偏差"或"位置偏差",即被调查者选择答案可能与该答案的排列位置有关。研究表明,对陈述性答案被调查者趋向于选第一个或最后一个答案,特别是第一个答案;而对一组数字(数量或价格)则趋向于选取中间位置的。为了减少顺序偏差,可以准备几种形式的问卷,每种形式的问卷答案排列的顺序都不同。

(3) 半封闭式问卷。半封闭式问卷有以下三种形式:

第一种,在选择答案中增加"其他"选择项。

但若调查对象经常填写"其他"这一栏,说明这份问卷的题目编得不好,因为主要的项目没有列出来。

> 你的学习方法主要受哪种因素影响而形成:
> ① 家人或亲友的指导;② 周围同学的影响;③ 学校老师的影响;④ 自学实践摸索形成;⑤ 其他。

第二种,在列出的答案后加上了解动机、理由类问题。这类题目可以了解调查对象回答的原因与动机,弥补封闭式问卷的不足。

一般在以下情况用这种方式:① 有些问题的答案调查者难以全部想到;② 列出全部答案太烦琐;③ 需要进一步了解调查对象的动机、愿望或理由。

> 你平时在评价周围的人和事时,主要标准的来源是:(仅选一项)
> ① 权威思想;② 舆论宣传;③ 传统习俗;④ 团体倾向;⑤ 亲友意见;⑥ 个人好恶。
> 你这样做的理由是_____。

第三种,整份问卷一般以封闭型为主,根据需要加上若干开放性问题。也就是说,将研究者比较清楚、有把握的问题作为封闭性问题提出,而对那些调查者尚不十分明了的问题作为开放性问题放入,但数量不能过多。经调查,在积累一定材料的基础上,问卷中的某些开放性问题就有可能转变为封闭性问题,这也是问题设计时常常使用的技巧。

3. 按问卷填答方式分

按问卷填答方式,可分为自填式问卷和访问式问卷。

(1) 自填问卷:是指发下去由被调查者自己独自填写的调查问卷。

(2) 访问问卷:是指调查者按统一设计的问卷或问卷提纲向被调查者当面提问,再由调查者根据被调查者的口头回答来填写的调查问卷。

自填式问卷和访问式问卷的比较如表 4-1 所示。

表 4-1 自填式问卷与访问式问卷比较

	自填式	访问式
敏感问题	适宜	不适宜
访问员暗示	无	有
真实性控制	差	优
成本	低	高

二、问卷的一般结构

(一) 标题

标题是对调查内容的高度概括,它既要与调查研究内容一致,又要注意对被调查者的影响。有时为了避免被调查者知道了调查意图而做假,题目中可故意不体现研究意图。

(二) 卷首语与填答说明

1. 卷首语

每一份问卷的开头,必须有一段简短的前言,用来向被调查者说明调查的主办单位、组织或个人的身份、调查的目的和意义、调查的内容、对被调查者的希望和要求,等等。

具体来说,卷首语的内容一般包括下列几个方面:

(1) 称呼、问候。如"××先生、女士(或同学、同志):您好!"。具体到某项调查用什么称呼,则根据受调查对象来确定。

(2) 调查人员自我说明调查的主办单位和个人的身份。如"我是××研究所的访问员"。

(3) 简要说明调查的内容、目的。如"我们想了解一下您对××等有关问题的看法"。

（4）说明作答的意义或重要性。如"您的回答十分重要,将有助于我们改进管理制度,为您提供更优质的服务"。

（5）说明回答者完成问卷所需的时间。如"耽搁您半小时……"。

（6）保证作答对被调查者无负面影响,并替他保守秘密。

（7）对被调查者的合作与支持表示感谢。如"谢谢您的合作与支持"。

当然以上七条不一定全要,要根据具体情况而定。卷首语的篇幅不宜过长,文字要简洁、准确,语气要谦虚、诚恳。卷首语在问卷调查中具有特殊作用,被调查者能否认真地接受调查,在很大程度上取决于卷首语。

大量的实践表明,几乎所有拒绝合作的人都是在开始接触问卷的前几秒钟内就表示不愿意参与的。如果潜在的调查对象在听取介绍调查来意的一开始就愿意参与的话,那么绝大部分都会合作,而且一旦开始回答,就几乎都会继续并完成,除非在非常特殊的情况下才会中止。

例如,下面是一段关于奶制品的调查问卷卷首语：

> 上午好/中午好/下午好/你好！（问候语）
> 我是A研究所的访谈员（访问员的身份）。我们正在进行一项关于奶制品方面的市场调查（调查主题介绍）。您的回答将有助于厂家对市场的研究,并决定产品的开发、特色、品质和服务质量（调查用途）。您的资料仅供研究参考,绝不公开（承诺信息）。在完成访问后,我们将赠予您一份纪念品以示感谢（礼品信息）。现在,我能麻烦您抽5分钟时间回答问题吗？非常感谢您！（所需时间、访问邀请）
>
> ××单位

2. 填答说明

填答说明又叫指导语,它是调查者指导被调查者正确填写问卷的说明。指导语一般既可以放在卷首语之后,集中对问卷的填答方法、要求、注意事项等加以总的说明,也可以放在某类或某个需要特别说明的问题之前,用括号括起来,对该类问题的填写加以说明。

指导语一般要说明以下两点：

（1）说明调查对象的回答不存在对错,以减小调查对象顾虑自己的回答是愚蠢的或不正常的。

（2）通俗简明地阐述回答的具体要求。

（三）问卷主体

正文中问题的顺序一般如下：

1. 有关事实性问题

事实性问题是指要调查了解客观存在或已经发生的行为事实,它包括存在性事实和行为性事实两个方面。

存在性事实问题是用于调查"是否有"、"有多少"这方面的事实的。

行为性事实问题是用于调查曾经发生过的行为,包括发生行为的时间、地点、行为方式等多方面的内容。

2. 有关态度方面

态度调查大多用测量形式题目(详细见第五章)。

3. 个人基本资料

在问卷设计时,个人基本资料往往是作为自变量而被使用的。个人特征变量是所有调查问卷都必须具有的,因它是对被调查者分类和对不同类型被调查者进行对比研究的重要依据。只是不同的调查目的和内容所收集的个人特征信息的侧重点不同。

研究中常常以下列的一些个人特征因素作为自变量,在问卷设计时,可根据研究课题和研究假设选择使用。

X_A = 个人基本因素(年龄、性别、工作所在地、职业、岗位或职务、工作年限等)

X_B = 教育条件因素(教育程度、在学年级、成绩等级、生源地、所修专业等)

X_C = 家庭环境因素(家庭人口总数及构成、父母职业、父母教育程度、家庭经济状况等)

(四) 结束语

有的自填式问卷还有一个结束语放在问卷的最后面。结束语可以是简短的几句话,一般采用以下的表达方式:

(1) 结束语要对被调查者的合作再次表示感谢,以及提醒被调查者不要漏填与复核的请求。这一表达方式的目的,在于显示调查者的礼貌,督促被调查者消除无回答问题、差错的答案。

> 问卷到此结束,请您再从头到尾检查一次是否有漏答与错答的问题。最后,衷心地感谢您对我们调查的热情支持!

(2) 顺便征询一下对问卷设计和问卷调查的看法或提出本次调查研究中的一个重要问题,以开放性问题的形式放在问卷的结尾。

> 您还有需要补充的吗? 如有,请写在下面:＿＿＿＿＿＿＿＿＿＿＿＿＿＿＿＿

第二节　问卷的编制

一、设计问题的原则

(1) 客观性原则。设计的问题必须符合客观实际情况。

(2) 必要性原则。必须围绕调查课题和研究假设选择最必要的问题。

(3) 可能性原则。必须符合被调查者回答问题的能力。

(4) 具体性原则。具体特定的问题比一般性问题好。同一个问题对不同的人其意义是不同的,一般性问题尤其如此,问题越一般越抽象,对它的解释越多样,行为和态度也越不易区分。特定的、具体的问题的意义对每个人都会比较明确。当然,一般性问题不能完全排除,因为有时要比较一般观点和具体观点,有时要了解一般状况。

二、问卷中问题表述应注意的问题

（1）问题的内容要具体,不要提抽象、笼统、过大的问题。如果问题的本来目的是求取某种特定资料,问题过于一般化、笼统,就可能使应答者所提供的答案资料无多大意义。

> "您对某超市的印象如何？"这样的问题过于笼统,不能提供有价值的、有助于改善超市管理的具体信息。可具体提问"您认为该超市商品品种是否齐全、营业时间是否恰当、服务态度怎样"等。
> "您认为企业绩效考核制度怎样？"这样的问法题目太大,但可分解成许多细的问题进行调查,如"您认为绩效考核时间安排是否合理、考核方式是否恰当、考核指标选择及权重的设计是否合理"等。
> "您在哪里读的大专？"问的是地名、省份还是校名？被调查者不知道。
> "您认为大众传播工具会对高中生产生影响吗？□会 □不会"。这样问太笼统,可以改为"您认为看电视会对高中生的功课产生不良影响吗？□会 □不会"。
> 有人做了这样的调查："你看电视新闻节目的时间在你晚上的闲暇时间里所占的比例是多少",53个人里只有14个知道这是什么意思。① 这类题看起来回答很容易,实际效果很差。

（2）问题的内容要单一,而不要把两个或两个以上的问题合在一起问。

> 在过去的一年里,您对房屋质量或物业管理问题有过投诉吗？□有 □没有

避免这类错误的有效办法是检查一下已设计好的问卷,看看是否存在带有"和"、"同"、"与"、"或"的题目,如果有这种题目,就要小心地审查、修改。例如可以把上述题目改为两个题目,先问"房屋质量"再问"物业管理",被调查者就容易回答了。

（3）不要使用模棱两可、含混不清或容易产生歧义的词或概念。

> 您是否经常看电影？
> □经常 □有时 □偶尔 □从不
> 回答者不知道"经常"是指一周、一个月还是一年看一次。
> 可以改为问"您大约多久看一场电影？"
> □一周 □一个月 □三个月 □六个月 □一年以上 □从未

（4）问题的文字要尽量简短,修饰语较少,而不要冗长啰唆,少用复合句(但解释性语句例外)。

---

① Belson W R., *The Design and Understanding of Survey Question*. Aldershot, England: Gower, 1981.

(5) 提问的态度要客观,而不能有诱导性或倾向性的用词。

问题应该精心设计,按中性的方式来问,以便使诱导性问题减少到最低。

> 诱导性问题会使回答很不客观。例如,可以问"你觉得这种食品包装怎么样?"而不能问"你觉得这种食品包装很精美吗?"
>
> 又如,为了研究"报酬与工作态度之间的因果关系",有人为报酬设计了这样的问题:"丰厚的报酬对于增加我的工作积极性十分重要。(非常不同意=1,非常同意=7)"。这样在收集数据的过程中已经预设了立场。预设立场会产生以下问题:一是调查对象会沿着调查者的立场去回答,因而不反映他们的实际行为;二是这样的直接测试虽然可以测量到两个变量之间的关系水平,但在统计上无法说明这个关系水平的显著程度。如果得到的均值是5,这个值能说明什么呢?难道因为它大于中点4就表明两个变量之间有关系了吗?因为我们不知道在这两个变量真的没有因果关系时调查对象的均值是多少。当然有时为了特殊需要也可以出预设性的问题。①

在问题中,利用有名人物的话语或看法,会使人赞成某些意见的比率增加;采用描述现状或社会期望的引述,会影响受访者肯定或否定的支持答案;使用具有吸引力的语句,也会增进赞成或不赞成的看法。

> "通过这一段时间的学习,您的思想有提高吗?"这种设计给学生产生了一种误解:"如果回答没有提高,会受到批评",因此,都回答有提高,这个问题应该是研究者的结论,而不是问题。又如"消费者普遍认为××牌子的彩电好,你的印象如何"、"专家认为父母离异对小孩的影响很大,你对这一问题如何看待"。这些问题都带有倾向引导性,都会造成所收集到的信息缺乏客观真实性,从而误导认知决策。

(6) 少用或不用否定句,尤其是不要用双重否定句。

> "你是否反对不给迟到者惩罚?"(该表述不容易理解)。
> "你是否赞成对迟到者给以惩罚?"(该表述容易理解)。

(7) 避免提断定性的问题。

> "你一天抽多少支烟?"
>
> 被调查者如果根本不抽烟,就会造成无法回答。正确的处理方法是在此问题前加一条"过滤"性问题,即"你抽烟吗?"

(8) 不能询问超越大多数被调查者能力的问题。

① 不能询问太偏僻、过于专业化的问题,否则应答者可能对问题一无所知或者瞎答。

---

① 徐云杰. 社会调查设计与数据分析[M]. 重庆:重庆大学出版社,2013:63.

当然对专业工作者询问的专业问题除外。

要在回答者能懂的范围内提问。例如,"您家属于以下哪种类型:A 核心家庭　B 单身家庭　C 联合家庭　D 主干家庭　E 其他"。又如,"您赞成学校成绩评量采用标准分数计算分数吗"。这样的问题就是明显的专业词汇的不合适运用。

② 不要问距离调查时间太久的问题,时间太长,被调查者可能已经遗忘。

"您去年参加了多少次团体活动"、"参加的各是什么活动",这种问题除非被访者连续做记录,否则很难回答出来。一般应该问:"您上个月参加了哪些团体活动?"这样回忆起来较容易,回答也比较准确。

③ 当问题的要求过多时,被调查者一般不会回答。如"您今年去了多少次快餐店?"这个问题被调查者或拒绝回答或瞎答。

④ 要求过高的问题也容易遭到拒答或瞎答。如"请您按购买食品时考虑因素的重要性将以下 20 项排序",这个排序工作量很大,应当挑选前 5 项进行。

(9) 不要使用主观及情绪性的字眼,不要使用令人不悦、令人困窘及涉及隐私的话语。

例如"您是否经常上班迟到""您是否是有外遇"等。

问卷问句设计要有艺术性,避免对填卷人产生刺激而不能很好地合作。试比较下面两种问句:

A:您至今未买电脑的原因是什么?
(a) 买不起　　　　(b) 没有用　　　　(c) 不懂　　　　(d) 软件少
B:您至今未购买电脑的主要原因是什么?
(a) 价格高　　　　(b) 用途较少　　　(c) 性能不了解　　(d) 其他

显然 B 组问句更有艺术性,能使被调查者愉快地合作。而 A 组问句较易引起填卷人反感、不愿合作或导致调查结果不准确。

(10) 问题中出现褒义词、贬义词或否定问题都会影响被调查者的回答。

1941 年罗格(Rugg)进行的试验:
A:您是否认为美国应该禁止反对民主的公开言论?
B:您是否认为美国应该允许反对民主的公开言论?
结果问题 A 中 54% 的调查者回答"是",问题 B 中 75% 的被调查者回答"否",显然是过于严格的措辞"禁止"导致这两题结果的显著差异。

（11）避免问题与答案不协调。

您喜欢做哪些工作？

	喜欢	一般	不喜欢
（1）管理类工作	□	□	□
（2）技术性工作	□	□	□
（3）操作性工作	□	□	□

以上文法不强大，恰当的文法是：对于如下工作您的态度是：

	喜欢	一般	不喜欢
（1）管理类工作	□	□	□
（2）技术性工作	□	□	□
（3）操作性工作	□	□	□

（12）当要求受试者评定等级或比较时，需要一个参照点。

例如，"张露的数学成绩应该评定为：□优等 □中等 □劣等"。如果是与其他人比较来判断等级，应改为："与一般同学的平均表现比较，张露的数学成绩应该评定为：□优等 □中等 □劣等"。

另外，为了避免被调查者看错表述中的关键字词，可以考虑在特别需要强调的字词底下画线，如"在最近的3个月内，您业余平均每天用于上网的时间为（　）"。

表4-2列出了一些常见的问题设计的例子，并对其不恰当的原因进行了分析。

表 4-2　常见问题设计案例分析

不恰当的问法	恰当的问法	不恰当原因分析
您最喜欢哪个品牌	您最可能购买这些品牌中的哪一个	没有对准客户想要知道的问题
如果您拥有一台或多台电视机，请列出每一台的购买年代和型号，从最新的那台开始	请列出您拥有的每一台电视机的购买年代和型号	不简洁。没必要排顺序，可以事后再排；也没必要加条件，没有电视机者不用回答
近来您经历这种事的频度如何	最近这种事发生了几次	没有使用核心词汇或普通词汇
如果您想看某个节目而您的配偶想看另一个，而且你们两人都强烈地坚持己见，那么您会怎样解决	如果您和您的配偶在选节目时发生很强的分歧，您会怎样解决	是并列—复合句的结构，可采用不同的措辞来避免这种复杂的句型
报纸改版增加大量社会新闻的重要性如何	对您来说，您所订阅的报纸改版增加大量社会新闻的重要性如何	是针对一般读者，还是针对您个人，没有明确的判定标准
您昨天在上班的路上看到了哪些户外公益广告，例如关于遵守交通规则的广告	您昨天在上班的路上，除了商业广告外，看到了哪些户外公益广告	由于举了一个例子，就有可能诱导被访者更多地想到有关交通安全方面的广告，引起偏差

(续表)

不恰当的问法	恰当的问法	不恰当原因分析
在您结婚之前,您和您的配偶一共外出约会了多少次	在您结婚之前,您和您的配偶一共约会相处了几个月	过多要求的回忆,实际上是不太可能记住的,误差太大
当您购买饮料类食品时,参考广告的情况会占多大的比例	在您最近10次购买饮料类食品时,有多少次是参考了广告的	太笼统,不具体,到底是指过去的行为还是将来的行为
您赞同降低存款利息,以解决当前消费不旺的市场危机吗	您赞同降低存款利息,以解决当前消费不旺的市场问题吗	过于强化了问答题的条件,容易形成导向,有偏差
您家一般什么时间吃正餐	您家晚上一般什么时间吃饭	太含糊,会有很多不同的理解
您经常看报纸来消磨时间吗	您经常看报纸吗?(根据回答再问)为什么经常看?或者,为什么不经常看	双重含义,实际上包含了两层不同的问题,要分别提问
"快乐大本营"是您所喜欢的周末娱乐节目吗	下列节目中哪一个是您所喜欢的周末娱乐节目	有诱导性,可能得到有利于"快乐大本营"的答案
您赞成建立一个交互式有线电视系统吗	交互式有线电视系统是:它不但能接收正常的电视,还能将信息传回有线电视台。您赞成在您所在的社区建立一个这样的系统吗	用词太专业化

三、敏感性问题的提问方式

(一) 敏感性问题的种类

1. 社会期许行为问题

社会期许行为是指社会所期望、赞赏的行为。被调查者对这类问题的回答,往往会有夸大倾向。如"当你的同事遇到困难时你经常主动帮助吗?"一般人平时即使不经常主动帮助,这时候也容易回答经常主动帮助,从而夸大帮助的频率。因为社会期望人与人之间应相互帮助,否则会被视为自私。

2. 社会不期许行为问题

社会不期许行为是指社会所不期望、不赞赏的行为。被调查者对这类问题的回答,往往会有隐瞒倾向。例如,"你上个月迟到了几次?"如果企业没有平时记录的话,被调查者容易少回答迟到次数。

3. 隐私问题

隐私问题被调查者的回答会表现出"拒答倾向"。

(二) 敏感性问题的提问方式

对于敏感性问题的调查,匿名的自填问卷可以在一定程度上消除面对敏感问题的尴尬,从而可能得到更多的合作者,提高应答率。另外,还可以通过改进对敏感性问题的提问方式,来提升被调查者的应答率。

（1）释疑法：在问题前面写一段消除疑虑的功能性文字。

> 例如，"对于同一问题有不同的看法是一种正常现象，每一个人都应该有自己的观点。您认为'凡是没有感情的婚姻都应该离婚'这种意见对吗？"

（2）假定法：用一个假定条件句作为问句的前提，然后再询问被访者的看法。

> 例如，"假定允许各类人员自由调动工作的话，您会调动工作吗？"

（3）转移法：也叫人称代替法、间接法，即把直接回答问题的人转移到别人身上，然后再请被调查人对他人的回答做出评价。

> 例如，"多数人承认他们有过犯罪的冲动，你有过么？"

（4）模糊法：即对某些敏感性问题设计出一些比较模糊的答案，以便被调查者做出真实的回答。

> 例如，个人收入是一个比较敏感的问题，许多人不愿做出具体回答。但如果不让对方填实际工资水平，而是列出一些工资段让对方选择，就会好一些。"您目前的月收入状况：① 1 500元以下 ② 1 500—3 000元 ③ 3 000—5 000元 ④ 5 000—7 000元 ⑤ 7 000元以上"。

对于女性来说年龄是一个敏感因素，让其填具体年龄容易引起拒答，可以采用年龄段这种模糊的方式进行调查。

另外，对于敏感性问题，也可以采取不见面的电话或网上聊天的方式收集信息。

（5）用开放性问题：在有关敏感问题、社会不赞许行为方面尽量用开放式问卷。有研究[1]表明在关于饮酒和性生活的封闭式问卷调查中被试报告的频率都低于实际频率，但使用开放式问卷被试报告的频率高于封闭式问卷。

四、问卷常见题型的设计

（一）二项选择题

二项选择题主要适用于对态度、意见的测量，只列举两种答案，因此带有强迫性质，又可分为两类：

1. 穷尽的二项选择题 [2]

穷尽的二项选择题是为了更明确而简化地测量人们对某一行为或事物的态度而进行的

---

[1] Converse J M, Presser S., *Survey Questions: Handcrafting The Standardized Questionnaire*, Beverly Hills, CA: Sage, 1986.

[2] 刘德寰. 市场调查[M]. 北京：经济管理出版社，2000：102—117.

强迫分类设计。

> 你是否同意"人的本性是自私的"？ （1）同意 （2）不同意

这种设计不能测量人们意见的程度，而且使中立意见者偏向一方，但是它可以使不明确的态度明确化，并做到简化了的穷尽。

2. 不穷尽的二项选择题

此类选择题，不是为了了解被调查者在各种态度上的频率，而是要更真实地判断他们的态度。该题型强迫程度要高得多，题型中的答案没有穷尽所有可能的答案，在一定程度上也违背了问卷设计的最基本的准则——穷尽性。但是为了更清楚地了解人们的态度偏向，这种方法又不失为一种有效的方法。

> 为了了解大学生今后希望自己在社会中的地位而设计的一道题：
> 你希望做：（1）大城市中的小人物 （2）小城市中的大人物

这种设计没有包括"大城市中的大人物"、"小城市中的小人物"等内容，设计不穷尽，但却能真实地反映他们的基本生活准则和生活态度。

另外，为了避免被调查者趋向于"社会需要"答案，可根据不同程度的两种说法来让被调查者选择，以更真实地了解他们的态度。这种问题包括政治态度、性心理、收入状况等多方面。

(二) 多项选一题

该类型是问卷题型设计中最常用的一种题型，它要求必须满足问卷的穷尽性和互斥性。这种设计是为了了解人们在所问的问题上的态度差异和频率，在正常情况下，人们一般都采用这种设计。这种设计有几个注意事项：事先编号；包括所有答案；避免重复；答案不宜过多。

(三) 顺位法

1. 最重要顺位法

> 你的工作岗位对你最重要的意义在于：
> (1) 经济收入的来源
> (2) 为国家和社会做贡献的地方
> (3) 与社会联系和社会交往的场所
> (4) 学习技术和掌握本领之处
> (5) 获得社会地位和社会承认的位置
> (6) 开创事业的基地

2. 限制性多选题

限制性多选题是一种简化的多选题，它限制了被调查者选择答案的最多的数目而不是让他们无限选择。比如上例的题目改为:你的工作岗位对你的意义在于(限选三项),就成了限制性多选题。这种设计相对于多项选一题可以给被调查者更多的选择机会,相对于无限多选题则简化了变量的数目。

3. 无限多选题

无限多选题是多选题中最常见的题型,它不限制被调查者选择答案的最多数目,而让被调查者随意选择。

4. 排序题

排序题是为了解决各种多选题的缺点而出现的一种题型设计。它最主要的特点是使被调查者选择的答案呈现出顺序与程度。

下面的表中以随机顺序列出了10种人们想要的工作特征。请按对你的重要性进行排序。对于重要性排序,最重要的为1,其次为2,依此类推,最不重要的为10。

工作特征	重要性排序	工作特征	重要性排序
1. 独立地工作		6. 高收入	
2. 有晋升的机会		7. 社会地位	
3. 有灵活的工作时间		8. 工作压力小	
4. 有趣的工作		9. 健康保险与其他福利	
5. 学习新技能的机会		10. 对社会重要的工作	

排序式题型应注意,要求排列的答案不宜太多,一般不超过15项,否则调查对象会不愿回答或难以回答;允许调查对象将几个答案并列作为同一选择。

排序式题型有多种统计分析方法:

一是根据排序赋予的顺序值分别对每个选项计算平均数,最后再根据计算的平均数的大小对各选项呈现排序结果(这样利用的信息量最多)。

二是对每个选项分别计算排在第一位的百分数,然后根据百分数对各选项进行比较(这样利用的信息量最少,但它突出了排在第一位的概率)。

三是对每个选项只考虑排在前两位、前三位的(这样利用的信息量在以上二者之间)情况,可以比较排在前两位或前三位的百分数,其具体计算方法为:如计算排在前三位的百分数,某选项的百分数 =(排在第一位的百分数×3 + 排在第二位的百分数×2 + 排在第三位的百分数×1)/6。

(四) 数值分配法

所谓数值分配法实际上就是让被调查者为某些问题打分,可采用"5"分制,也可采用10分制、百分制。数值分配法又可分两类。

1. 固定总和常数法

这类方法是指,所有选项所分配的分数加起来,总和是一个固定的常数。

例如,您在做部门经理的过去两年中,工作时间在以下活动种类中平均分配情况是:请在( )中填写所占用的时间比例(%)
(1) 跟下属员工沟通 （ ）
(2) 跟企业外部客户沟通 （ ）
(3) 跟上司沟通 （ ）
(4) 专心于业务工作 （ ）
(5) 行政管理工作 （ ）
(6) 其他 （ ）
合计　　　　　　　　　　　　　　　100 %

又如,总分为100点,请以分配的方式指出您在选择香皂时,对下列五个特性的重视程度。
香味　　　　　　　　　　　　　　　_____
颜色　　　　　　　　　　　　　　　_____
形状　　　　　　　　　　　　　　　_____
大小　　　　　　　　　　　　　　　_____
泡沫的质地　　　　　　　　　　　　_____
总点数　　　　　　　　　　　　　　100

2. 非固定总和常数法

请对当代大学生的以下意识进行评分。(5分制)
(1) 竞争意识
(2) 自立意识
(3) 时间意识
(4) 创新意识
(5) 批判意识

这种方法可以使原来只能用文字中的模糊性语言表达的内容数量化,有利于统计中运用较高级的方法进行分析。

数值分配法可直接比较每个选项的平均数大小。

(五) 等级法

等级法是提出问题,让调查对象回答其程度。根据表示程度的方式不同可分为数字式、线段式和文字式。

(1) 数字式,即用数字来表示其程度。

我只要有一段时间没有上网,就会觉得心里不舒服。"1"表示完全不符合;"2"表示不太符合;"3"表示比较符合;"4"表示完全符合。调查对象可任选一个数字表示其程度。

（2）线段式，即用可见的直线坐标表示其程度。

你认为你的上司是：专制的 |　|　|　|　|　|　| 民主的

该坐标从左到右各点依次表示：很专制、较专制、有点专制、说不清、有点民主、较民主、很民主。调查对象在相应的坐标上圈一个坐标点以表示自己的看法。

（3）文字式，即用文字来表达其程度。

你喜欢这次的培训吗？非常喜欢（　）较喜欢（　）一般（　）较不喜欢（　）不喜欢（　），调查对象在某个程度后的括号内打"✓"。

当询问若干个具有相同答案形式的问题时，我们可以将问题设计成矩阵的形式，放到表格中统一呈现，比较清晰直观。同时这样设计也可以节省问卷的篇幅，节省回答者阅读和填写的时间。

您对××电信的下列服务看法如何？（请在所选方框内打✓）

	很满意	满意	基本满意	不满意	很不满意
① 装机移机服务					
② 话费查询服务					
③ 电话障碍修复					
④ 公用电话服务					

等级式的分析比较方式也有多种：

一是分别计算每一题每个选项的百分数，然后比较，如"话费查询服务"统计很不满意的百分数，或统计很满意的百分数。

二是把不满意和很不满意作为同性质的一类——"不满意以上"来处理，这样就把不满意和很不满意选项合并起来计算百分数。

三是根据等级高低给每个等级赋予相应数值，比较每个题目所有人选择结果的平均数，这种比较容易出现不同类型平均数差异不大（这种计算方法用得比较少）。

（六）配合法

所谓配合法实际上是从英语考试中得出的一种方法，这种方法非常简单，例如把左栏中的物名称与右栏中的用处连线，被调查者认为符合哪一种就连哪个。这种方法运用很广，但用者寥寥。此方法的好处是节省问卷的篇幅。

例如,你认为下列职业与什么联系在一起?请用直线或斜线联在一起。其中一个职业最多与三个词相连。

职业	相关因素
教师	收入多
高级干部	受尊重
医生	名声好
知识分子	思想落后
公司员工	品德高尚
公检法干部	门路广
工商税务干部	为人实在
农村乡镇干部	工作踏实
农民	有权
	有势力
	名声坏
	腐败
	表面尊重,心理讨厌

又如,你认为下列保健品与什么功效联在一起?请用直线或斜线联在一起。其中一个品牌最多与三个功效相连。

品牌	功效
甲	解酒
乙	除疲劳
丙	强肝
	健胃
	养颜美肌
	促进血液循环
	健肾

配合法题型实质是单选题、多选题或限选题,其统计分析方法也与该类题一样。

(七) 回忆法

1. 完全回忆

回忆法的应用范围比较小,多用于市场调查,在社会调查中较少。这种方法是通过一个直截了当的带有限定性的问题,让被调查者回想他知道的内容。

请列举你所知道的巧克力糖的名字:
_____、_____、_____、_____、

这种方法多用于品牌名、公司名、广告印象强度等。需要注意的是,这种方法的问题刺激要直截了当,如果回忆的内容能够预料到,可以把回答的内容列举出来。

这种方法需要用到统计第一回忆率、第二回忆率……依次类推。

在社会调查中也会用到完全回忆法,主要用于社会流动、重大事件对个人的影响、心态回忆等。

请列举对你影响最大的人及他们的主要背景:

姓名	职业及专长	在什么方面影响你	你当时的年龄
第一人			
第二人			
第三人			

注:职业及专长包括:政治家、学者、企业家、英雄人物、明星、家长、亲朋及其他;在哪些方面影响你,如生活、事业、人生、信仰及其他。

2. 提示性回忆

提示性回忆法是为了测量被调查者对某一事物的认知与记忆程度而形成的类似填空答题的收集资料的方法。这种方法是通过给被调查者提供一定的线索,如文字、图画、照片等,用于调查公司名、广告注目语句、广告文案的知名度、认知度等。

以下是电视广告的一些注目语句,请根据你的记忆将里面的空格填写清楚:
_____,天天见!
送礼要送_____!
好空调_____!

该方法能够通过这一简单的问题,准确地判断某一品牌产品广告成功与否,及消费者对这一品牌的市场认知度,并可以估计这一品牌的市场占有率。

(八)投射法

投射法(projective method)是一种无结构的、非直接的询问方式,可以激励被调查者将他所关心的问题的潜在动机、态度和情感反应出来。严格来说投射法不属于客观题型。投射法主要有四种。

1. 联想法

这类方法中最常用的是词语联想法(word association test),即向被访者提供一些刺激词,让其说出或写出所联想的东西,调查者通过回答者的不同反应,分析其态度。词语联想法具体分以下三种:

(1)自由联想法。自由联想法是不限制联想性质和范围的方法,回答者可充分发挥其想象力。

> 例如,请您说出由下面的词所引发的联想。
> 同事＿＿＿＿＿＿＿＿＿＿＿＿＿＿＿＿＿＿＿＿＿＿＿＿＿＿＿
> 应答者可能回答嫉恨、竞争、合作、朋友、对手等,这些词从不同侧面反映了一个人对同事关系的看法,可以分析其人际关系、人格等方面的特征。
> 又如,请您写出(或说出)由"酒"所引发的联想。
> 回答者可能回答豪爽、醉、浓烈、营养、暴力等。这从不同侧面反映了酒的特点,为改进工艺和市场定位提供有关信息。

(2) 限制性联想。通过一定的语言提示对联想的方向给予一定的控制和引导。

> 例如,请您说出由下面的词语所联想到的工作特征。
> 快乐＿＿＿＿＿＿＿＿＿＿＿＿＿＿＿＿＿＿＿＿＿＿＿＿＿＿
> 又如,请您写出(或说出)由"电视"所联想到的食品＿＿＿＿＿＿
> 由电视所联想到的食品,有的是电视广告中出现的食品,有的是看电视时消费的食品,有的兼而有之,有的则什么也不是。对此,研究者在分析结果时可加以区分。

(3) 引导联想法。引导联想法是在提出刺激词语的同时,也提供相关联想词语的一种方法。

> 例如,请您就所给的词语"自行车"按提示写出(或说出)所引发的相关联想。
> 联想提示:代步、健身、娱乐、载物、运动、其他＿＿＿＿＿＿＿＿

采用联想技法时,要将被访者对每个词的回答按原义记录下来,再分析它们的含义。对回答的分析可采用下述几种方式:回答中某词出现的频率;作出回答前用的时间;对某被测词汇在规定的时间内根本没能做出反应的人数。

2. 完成法

完成法一般是给出一种不完全的刺激情景,要求被调查者快速完成。常用的方法有句子完成法和故事完成法。

句子完成法是提出一些不完整的句子,让被调查者完成该句子。

> 例如,如果"工作是＿＿＿＿＿＿＿＿＿＿"
> 有的受访者会说"工作是非常有趣的",而其他人可能会说"工作是乏味的事"。这些回答也许会对工作的感觉与态度提供一些信息。
> 又如,如果我有十万元,我会＿＿＿＿＿＿＿＿＿＿＿＿＿＿＿＿

句子完成法与词语联想法相比,其优点是具有足够的引导性来使回答者产生一些联想。

故事完成法是提出一个能引起人们兴趣但未完成的故事,由被访者来完成,从中看出其态度和感情。

某位消费者在一家商场花了很长时间才选中一组价格适宜、造型新颖的家具,在他即将下决心购买时,却遇到售货员的怠慢,这位消费者将做出何种反应?为什么?

3. 结构法

结构法与完成法很接近,最常用的是主观统觉测验(thematic apperception test,TAT),它是让被访者看一些内容模糊、意义模糊的两可图形,然后根据图编一段故事并加以解释。由于这种图本身没有特定含义,被访者往往会通过对意义的解释,将其性格和态度反映出来,据此反映其内心活动及潜在需求。

上张图的目的是了解人们对报纸的态度。"如果家境贫寒后,你是停止订报,还是继续订报?"当采用问卷调查法进行这种提问时,若现在家计没有出现赤字,就不会懂得其实际感受。通过观看这幅图片,可以暂时改变被调查者的处境,多少会在一定程度上真实地反映被调查者处于这种危机状况的态度。

4. 表现法

在表现法中,给被访者提供一种文字的或形象化的情景,请他们将其他人的态度和情感与该情景联系起来。具体方法有角色扮演法(role play methods)和第三者法。

角色扮演法是请被访者以他人的角色来处理某件事,以间接反映其真实动机和态度。

美国某公司在20世纪50年代就曾用这种方法调查速溶咖啡滞销的原因,他们向被访者展示两张购物单,让其说出购买速溶咖啡和新鲜咖啡的两个家庭主妇的特点。结果是:被访者普遍认为,购买速溶咖啡者的家庭主妇懒惰、不会理财、不称职。这个结果帮助公司了解消费者不愿购买速溶咖啡的真实原因。被访者在形容购买速溶咖啡的家庭主妇的特点时,不知不觉地将自己的看法投射了进去。

第三者技法与角色扮演法有所不同,它是给被访者提供一种文字的或形象化的情景,让被访者将第三者的态度与该情景相联系。

> "这是一套待售的住房。如果您的同事有意购买,那么当他去观看这套住房时,您认为他会如何表现?"

研究者可以判断被访者如何把他自己投射到这个第三者身上,从而揭示出被访者的真实想法。

第三者法的最主要优点是有助于揭示被访者真实的态度和情感,对那些秘密的、敏感的问题的了解尤为有效。但分析调查信息需要一定的专业训练才能胜任。

第三者法适用于了解以下问题或情形:某种行为的原因;拥有或使用某产品对消费者意味着什么;当人们不清楚其情感和意见,或不愿意承认对其形象有影响的方面时,或出于礼貌不愿批评他人时。

五、客观性问题中选项的设计原则

1. 互斥性原则

互斥性原则是指同一问题的若干个答案之间的关系是互相排斥的,不能有重叠、交叉、包含等情况。

> 您平均每月支出中,花费最多的是:
> ① 食品　② 服装　③ 书籍　④ 报纸杂志　⑤ 日用品　⑥ 娱乐　⑦ 交际　⑧ 饮料　⑨ 其他

在答案设计时,一定要用同一标准在同一层次上分类,避免答案之间有交叉或包容的现象。

2. 完备性原则

完备性原则是指所排列出的答案应包括问题的全部表象,不能有遗漏。

> 例如,若对"您的婚姻状况"这个问题只设计"已婚、未婚、丧偶"三个答案,对于那些已离异而未婚的人就无法回答。若难以表述完,可加一项"其他"选项。
> 又如,"你通常在哪里上网学习?"家里( )、电大( )、单位( ),此外可能还有朋友处、网吧等选项。

设计题目类型时,要考虑后期如何去处理数据,要根据研究设计中数据处理的要求设计题目类型及其度量尺度。

六、问卷的编制程序

问卷的总体设计构思至关重要,设计时必须事先考虑好统计方法、技巧。

1. 确定调查的目的和内容

在问卷设计中,最重要的一点,就是首先必须明确调查目的和内容,这不仅是问卷设计的前提,也是它的基础,为什么要做调查,而调查需要了解什么。调查的内容可以是涉及被调查者的意见、观念、习惯、行为和态度的任何问题。还要将所需要的资料一一列出，分析哪些是主要资料，哪些是次要资料，哪些是可要可不要的资料，淘汰哪些不需要的资料，再分析哪些资料需要通过问卷取得、需要向谁调查等，并确定调查地点、时间及对象。

2. 构建问卷框架

如果所要研究的内容理论性不强，强调实际所需，则根据内容的性质分成几个层面设计调查问卷就可以。但如果所研究的内容理论性很强，有的有研究假设，就需要考虑以下方式构建问卷框架。

（1）分解核心概念，构建问卷框架。如我国研究者研究中小学生的社会适应能力，把社会适应能力分解为生活自理能力、人际交往能力、应激反应能力和挫折承受能力。又如有学者研究教师职业倦怠问题时，把职业倦怠分解为情绪衰竭、去个性化和自我成就感三个方面。如果研究中涉及几个核心概念，要通过调查探讨几个核心概念间的关系，则每个核心概念的调查可以作为问卷中的一个层面。比如要探讨情感对工作满意度和组织公民行为的影响，这就涉及三个概念的测量，即情感量表、工作满意度量表和组织公民行为量表。

（2）以理论为根据，构建问卷框架。如前所述的教师职业倦怠感研究，就是根据国外学者 Maslach 等将职业倦怠分为三个方面，即情绪衰竭、去个性化、降低的自我成就感的观点。

（3）设计开放性问题，做试探性的小规模调查，构建问卷框架。如一项关于大学生就业情况的调查，做"大学生就业素质调查量表"时，进行了开放性问卷调查，并对调查结果加以分析归纳，得到自我效能、应聘素质、思维品质、情绪调控能力、工作态度、人际关系能力、岗位适应能力、竞争进取与自我发展素质、个体人力资本九大方面，编制量表时就以这九个方面为框架。

（4）也可以通过文献查阅、个案研究等方式收集资料，构建问卷框架。

3. 在建立框架基础上，进一步将大问题分解，直至提出具体的问题

例如，在编制"大学生就业素质调查量表"时，在确定了量表的框架后，对九大方面进行分解，每一个方面选择一些代表性的行为取样作为测查题，设计成具体的题目。设计具体题目时要考虑问卷的形式。

4. 确定问卷形式

一份问卷中问题的形式可以多样，至于每类问题用什么样的题型，用客观题型还是用主观题型，则需要考虑研究目的对于数据、题型的优点与缺点、统计方法的要求。

一般来说如果研究对于数据要求非常高，就要用比较高级的统计分析方法，最好用客观题型，用分数来表示选项的差异。

5. 编制题目

首先构想每项资料需要用什么样的句型来提问，问题与答案的表述方式可用选择式、评价量表式或排序等方式。

6. 确定问题的排列顺序

问题合理的顺序，一方面要便于被调查者顺利地回答问题，问题的排列次序会影响被调查者的兴趣、情绪，进而影响其合作积极性；另一方面要便于调查者在调查后对资料进行整理和分析。一般应考虑如下几点：

（1）总体上把同一性质和同类别的问题排列在一起。这样被调查者可以按一定思路连贯地回答问题，否则就容易产生思路中断或跳跃，不利于顺利回答问题。这样排列也便于问卷的编码和后期的录入分析。一般是先排列事实、行为方面的问题，后排列观念、态度意见方面的问题。

（2）按问题的难易程度排列。一般把比较容易回答的问题放在前面，比较难的放在后面；把被调查者熟悉的问题放在前面，比较生疏的、专业性强的问题放在后面；把比较好答的封闭式问题放在前面，比较难答的开放式问题放在后面；把被调查者比较感兴趣的问题放在前面，比较严肃、敏感、威胁性大的问题放在后面。这样可以给被调查者一种轻松、愉快的感觉，以便于他们继续答下去。

（3）按问题的时间顺序排列。有的问题涉及时间先后，可以采取由过去到现在，也可以采取由现在到过去的顺序排列，使被调查者连贯地回答问题。

（4）中间部分最好安排一些核心问题，即调查者需要掌握的资料，这一部分是问卷的核心部分，应该妥善安排。结尾部分可以安排一些背景资料，如职业、年龄、收入等。个人背景资料虽然也属事实性问题，也十分容易回答，但有些问题，诸如收入、年龄等同样属于敏感性问题，因此一般安排在末尾部分。当然在不涉及敏感性问题的情况下也可将背景资料安排在开头部分。

（5）排版要注意，题干与选项同时出现在一页，行间距不要过密。

7. 广泛征求意见与试测

在广泛征求意见的基础上，完成题目的编辑与排列组合后，不宜立即分发，而应该在小范围内进行一次试测，通过试测检查问题是否能被调查者理解，所列举的限制性答案是否完善。通过试测，发现问题，征求意见，及时修订完善。

8. 印刷，正式施测

第三节　问卷调查的实施及问卷法的优缺点

一、问卷调查的一般程序

实施问卷调查可分为三种方式，即团体回答式、个别回答式和邮寄式（包括电子邮件和信件）。其一般程序为设计问卷、选择调查对象、分发问卷、回收问卷和审查问卷。

二、提高问卷调查回收率的方法

$$问卷回收率(R) = \frac{实际回收的问卷数}{发出问卷总数}$$

$$问卷有效率(K) = \frac{实际回收的问卷总数 - 无效回答数}{实际回收的问卷总数}$$

影响调查问卷回收率的因素很多，包括调查主办者的客观地位、调查对象的具体情况、调查课题的吸引力、问卷设计的质量和问卷调查方式等。

要提高问卷的有效回收率,必须从下述几个方面努力:

(1) 要争取知名度高、权威性大的机构的支持。一般来说党政机关的回收率较高,上级机关和高级机构主办的调查回收率高。

(2) 要挑选恰当的调查对象。调查对象的合作态度、理解和回答书面问题的能力,对问卷的回收率往往产生巨大影响。一般来说,对问卷内容比较熟悉的调查对象,有一定文字理解能力的调查对象,初次或较少接受问卷调查的调查对象,回答问卷的积极性较高。

(3) 要选择具有吸引力的调查课题。那些重大社会问题,关系人们切身利益的问题,已成为社会舆论中心的问题,以及那些具有新鲜感或特异性的问题,往往会引起被调查者的浓厚兴趣和回答的积极性。

(4) 提高问卷的设计质量。一般来说,比较简短、版面清晰的问卷,回收率和有效率较高。

(5) 要采取回收率较高的问卷调查方式。一般来说有:

报刊问卷的回收率 < 邮政问卷的回收率 < 送发问卷的回收率 < 访问问卷的回收率

另外,通过报刊发放的问卷调查,可以采用一些奖励的办法来刺激广大读者填答问卷和回复问卷的兴趣和积极性,如抽奖、赠送礼品、赠阅报刊等。还可以说明"您是一个经过我们仔细挑选的样本之一,您的回答对我们的研究计划非常重要"等类似语言。

三、问卷法的适用范围

(1) 问卷调查法与抽样调查方式配合用于较大型的调查,特别能发挥问卷法的优点。

(2) 问卷调查法特别适用于数量问题的调查和进行定量分析。

(3) 问卷调查可行的基本条件,是被调查者普遍具有一定的文化水平。

四、问卷法的优缺点

(一) 问卷法的优点

(1) 问卷法最大优点是,它能突破时空限制,在广阔范围内,对众多调查对象同时进行调查。

(2) 以客观题为主的大样本调查问卷便于对调查结果进行定量研究。

(3) 匿名性是自填式问卷调查的特点和优点。它有利于调查者询问那些不宜于当面询问的敏感问题、尖锐问题和隐私问题。

(4) 问卷调查特别是自填式问卷调查,对调查双方都比较方便。

(5) 自填式问卷调查可以排除人际交往中可能产生的种种干扰。

(6) 节省人力、时间和经费。

(二) 问卷法的缺点

(1) 问卷法最突出的缺点是它只能获得书面的社会信息,问卷上没有设计到的信息不能收集到,不能了解生动、具体的社会情况。对新事物、新情况、新问题的研究,问卷调查难以单独完成。

(2) 缺乏弹性,很难做深入的定性调查。

(3) 自填式问卷的调查者难以了解被调查者是认真填写还是随便敷衍,是自己填写还是请人代劳;被调查者可能对问题不理解、对回答方式不清楚,无法得到指导和说明。

[复习思考题]

1. 比较开放式问卷与封闭式问卷的优缺点。
2. 请描述问卷的一般结构。
3. 问卷中问题表述应注意哪些问题?
4. 敏感性问题可以采取哪些提问方式以提升被调查者的应答率?
5. 问卷常见的题型有哪些?
6. 请说明问卷的编制程序。

[实训题]

请指出下列调查设计中的问题:

1. 你家属于以下哪种类型:
① 核心家庭　　② 单身家庭　　③ 联合家庭　　④ 主干家庭　　⑤ 其他

参考答案:答案是社会学专业术语,过于抽象,被调查者很难理解,也无法回答。

2. 无偿加班是良好员工素质的体现,你认为员工加班应要加班费吗?
① 应该　　　② 不应该　　　③ 说不清

参考答案:问题有倾向性,应该把前半句去掉。

3. 　　　　　　　　　　　　　　　正确　错误　不知道
① 以工作为中心的领导是好领导　□　　□　　□
② 关心员工的领导是好领导　　　□　　□　　□

参考答案:该问题的提法不恰当,正确的提法应是 同意/不同意/不知道

4. 你和你的配偶的文化程度是:
① 初中以下　　② 高中　　　③ 大专　　　④ 本科及以上

参考答案:包含双重问题,可以改成两道题。

5. 你对上司的评价是:
① 优　　　　② 良　　　　③ 中　　　　④ 差

参考答案:选项不具体,不同人对选项的理解不一样,易造成较大误差,对什么是"优"等应做一个标准性说明。

6. 你觉得你所在的单位几年来情况怎样?
① 几乎没什么变化　　　　② 变化不大
③ 变化较大　　　　　　　④ 变化很大

参考答案:到底问的是什么情况的变化? 问题指代不清楚,也法回答。即使回答了所搜集的信息也没有多大应用价值。

7. 请你以购买新车时考虑因素的重要性将以下20项排序(项目略)。

参考答案:不要让人们为20项排序,应让他们挑选出前5项或前3项等;还可以改成,对每个因素打分1—5或1—10。

第五章 测 量 法

引导案例

三种方便面品牌名称分析

指导语：

1. 这里有14对形容词，代表事物的性质、力量、行动三方面。请您根据每对反义词，在七个等级上对三种方便面品牌名字——美厨、麦穗香、华丰做出评价。

2. 每对反义词由积极到消极，其程度由7—1排列。

3. 就每对反义词，请您按个人意愿分别对三种方便面品牌的等级做出评价，并在相应等级上画"○"。

	美厨	麦穗香	华丰
亲切(7)—疏远(1)	7 6 5 4 3 2 1	7 6 5 4 3 2 1	7 6 5 4 3 2 1
上口(7)—拗口(1)	7 6 5 4 3 2 1	7 6 5 4 3 2 1	7 6 5 4 3 2 1
响亮(7)—低沉(1)	7 6 5 4 3 2 1	7 6 5 4 3 2 1	7 6 5 4 3 2 1
高雅(7)—庸俗(1)	7 6 5 4 3 2 1	7 6 5 4 3 2 1	7 6 5 4 3 2 1
精美(7)—粗糙(1)	7 6 5 4 3 2 1	7 6 5 4 3 2 1	7 6 5 4 3 2 1
直观(7)—含蓄(1)	7 6 5 4 3 2 1	7 6 5 4 3 2 1	7 6 5 4 3 2 1
可信(7)—可疑(1)	7 6 5 4 3 2 1	7 6 5 4 3 2 1	7 6 5 4 3 2 1
独特(7)—平常(1)	7 6 5 4 3 2 1	7 6 5 4 3 2 1	7 6 5 4 3 2 1
生动(7)—刻板(1)	7 6 5 4 3 2 1	7 6 5 4 3 2 1	7 6 5 4 3 2 1
开放(7)—封闭(1)	7 6 5 4 3 2 1	7 6 5 4 3 2 1	7 6 5 4 3 2 1
轻松(7)—严肃(1)	7 6 5 4 3 2 1	7 6 5 4 3 2 1	7 6 5 4 3 2 1
昂贵(7)—低廉(1)	7 6 5 4 3 2 1	7 6 5 4 3 2 1	7 6 5 4 3 2 1
丰满(7)—贫乏(1)	7 6 5 4 3 2 1	7 6 5 4 3 2 1	7 6 5 4 3 2 1
感强(7)—感弱(1)	7 6 5 4 3 2 1	7 6 5 4 3 2 1	7 6 5 4 3 2 1

用量表进行测量是社会调查中对某些研究变量进行精确调查的研究方法，因为该方法不是用一道题，而是用一组题目就人们对某一事物的态度或观念进行测量，统计分析时这一组题目是作为一个研究变量进行分析的，所以相对较为准确。

第一节　测量的概念与测量的四种尺度

一、测量的概念

史蒂文斯(Stevens)曾说:"就其广义来讲,测量是按照法则给事物指派数字。"简单地说,测量就是依据一定的法则用数字对事物加以确定。该定义包括三个元素:

(1) 事物。指的是我们要测量的对象,更准确地说,就是引起我们兴趣的事物的属性或特征(心理能力、人格特点等)。

(2) 数字。是代表某一事物或事物某一属性的量。这些数值具有自然数的特点,如区分性,即1就是1,2就是2。数也有序列性或等级性,如1<2<3;数也具有等距性,1和2、2和3之间的差的绝对值总是相等的。

(3) 法则。代表的是测量所依据的规则和方法。例如,用秤量物体的重量,依据的是杠杆的原理;用温度计测物体的温度,依据的是热胀冷缩规律;用尺子量物体的长度,是以相等的小单位构成刻度,把尺子的零点对准物体的一端,看物体的另一端所对着的刻度,即得出长度。而人的心理特征的测量,如智力测验,就是根据智力理论编制,以得分多少衡量智力水平。法则有好坏之分,使用较好的法则可以得到比较理想的结果,而较差的法则所获得的结果则不令人满意。心理现象难以测量,是因为我们很难设计清晰而良好的法则。随着人类认识的不断深入,测量法则不断完善,测量也就越来越精确。

二、测量的四种尺度

1. 类别尺度

类别尺度又叫命名尺度(nominal scale)的测量,是针对被观察者的某一种现象或特质,评估所属类型种类,并赋予一个特定的数值。由类别尺度测量得到的变量称为类别变量。测量中的数字分配,仅仅是用于识别不同对象或对这些对象进行分类的标记。例如,在一个调研项目中,回答者可能勾选"男性"或"女性"一词表示性别,在编码时可能给男性分配数字代码1,给女性分配数字代码2。在这个例子中,数字并非代表数量,仅仅是"男性"和"女性"类别的名称。不代表任何数量的数据值被称为命名数据。在社会研究中,类别尺度常用来标识不同的受访者、不同的性别、不同的职业、不同的班级、不同类型的企业等。

对类别尺度中的数字,只能计算发生频度,以及和频率有关的一些统计量,如百分比、众数、卡方检验、二次检验等。计算平均数是没有任何意义的。

2. 顺序尺度

顺序尺度(ordinal scale)的测量,是分配给对象的数字表示对象具有某种特征的相对程度。顺序尺度测量可以让我们确定一个对象是否比另一个对象具有较多(较强)或较少(较弱)的某种特征,但并不能确定多多少或少多少,顺序尺度规定了对象的相对位置,但没有规定对象间差距的大小。排在第1位的对象比排在第2位的对象具有多的某种特征,但是只多一点儿还是多了很多则无从得知。由顺序尺度测量所得到的变量称为顺序变量。例如,比赛的名次、教育程度、职位的等级、社会经济地位等都属于顺序变量。

顺序变量除了计算频度,还可用来计算百分位数、四分位数、中位数、秩相关系数等。

3. 等距尺度

等距尺度(equal interval scale)的测量中,相等的数字距离代表所测量的变量相等的数量差值。等距尺度包含顺序测量提供的一切信息,并且可以让我们比较对象间的差别,它就等于量表上对应数字之差。等距测量中相邻数值之间的差距是相等的,1和2之间的差距就等于2和3之间的差距,也等于5和6之间的差距。有关等距变量最典型的例子是温度计。还有如智商、考试成绩等。由等距尺度测量得到的变量称为等距变量。在社会问题研究中,利用评价量表得到的态度数据一般经常作为等距变量来处理。

等距测量中原点不是固定的(没有绝对0),测量单位也是人为的。对于等距变量可采用类别变量和顺序变量适用的一切统计方法。此外,还可以计算算术平均值、标准方差以及其他有关的统计量。

4. 等比尺度

等比尺度(ratio scale)具有类别尺度、顺序尺度、等距尺度的一切特性,并有固定的原点(有绝对0)。测量值之间的比值也是有意义的。不仅"2"和"5"的差别与"10"和"13"的差别相等,并且"10"是"5"的2倍,身高、体重、年龄、收入等都是以等比尺度来测量得到的等比变量。

所有的统计方法都适于等比变量,包括几何平均数的计算。

类别尺度、顺序尺度、等距尺度、等比尺度构成了测量的层次,它们一个比一个等级高而且次序不可逆。换句话说,处于高一等级上的测量不仅可以测量低等级测量可以度量的东西,而且还可以度量低等级测量所无法度量的东西。以上四种测量层次,后一种测量都包含着前一种测量的反应功能和运算功能。

邱皓政认为[①]:等距尺度与等比尺度的差异在于零点的特性,但在研究过程中,研究者重视的是如何将变量数值以特定的公式进一步转换成各种统计数,进行描述或推论,零点的意义并非统计方法与数据处理所关心的问题,因此,一般研究者并不会特别去区分等距与等比尺度,而是将两者一视同仁,以相同的数据分析与统计方法来处理。实际操作过程中,顺序变量的取值比较多且间隔比较均匀时,也可以近似作为连续变量如等距变量处理。

第二节 量表与问卷的区别

一、量表的含义

量表是适用于较精确地调查人们主观态度的测量工具,它由一组问题构成,用以间接测量人们对某一事物的态度或观念。量表是用多个问题来测量一个概念(或变量),因此我们也可以把量表视为衡量某一概念(如"歧视程度"、"工作积极性"、"生育态度"等)的综合指标。一般一个心理变量要用三个或三个以上的题目来测量。

---

① 邱皓政.量化研究与统计分析[M].重庆:重庆大学出版社,2009:26.

一个量表实际上就是一把"尺子",它的作用在于精确度量一个较抽象的或综合性较强的概念,特别是度量态度和观念的不同程度或不同倾向。量表比单一指标或单个项目的测量能获得更多、更真实、更精确的信息,它能通过间接的方式衡量那些难以直接观测的、难以客观度量的社会现象。

形象地说,一个量表类似于一份考卷。例如,衡量一个人的"数学成绩",是通过几道或十几道考题来测试,每道题的得分综合为一个总分,这一总分就说明这个人的数学程度。

二、量表与问卷的区别

问卷与量表都是研究者用来搜集数据的一种技术,也可以说是对个人行为和态度的一种测量技术。不严格地说,量表也是问卷的一种,是一种特殊类型的问卷,但量表与问卷还是有很多不同。

1. 在编制架构上的差异

(1) 量表需要理论的依据,问卷则只要符合主题即可。通常量表的编制都是根据学者所提的理论来决定其编制的架构,譬如若要编制教练的领导行为量表时,可根据运动心理学者 Chelladurai 和 Carron 的运动情境领导理论来编制。此项理论将教练的领导行为分为"训练和教学的行为"、"民主的行为"、"权威的行为"、"社会支持的行为"及"奖励及赞赏的行为"五个向度,因此编制者可依照这五个向度编成一份有五个分量表的领导行为量表。并且量表的编制,要做许多的数据收集工作,还涉及信度和效度的问题,都需要经过长期检验,并得到广泛认可才能正式使用。在编制问卷时,只要研究者先将所要研究的主题理清,并将所要了解的问题罗列出来,然后依序编排即可。

(2) 量表的各分量表都要有明确的定义,问卷则无此要求。在编制量表时,若没有分量表,编制者就直接将此量表的定义加以说明。若所编制的量表包含有若干个分量表,各个分量表也需将其定义界定清楚。一方面让编制者在编题时能切合各个分量表的主题,另一方面是让阅读者能了解此量表的各个分量表究竟是做何解释。

2. 在计分上的差异

(1) 量表是以各个分量表为计分单位,问卷是以各个题目为单位来计次。假如一个量表有若干个分量表,其计分的方式是以各个分量表为单位。由于量表通常是以点量尺的形式呈现,研究者只要将分量表中每一题的分数相加即可得到分量表的分数。问卷则不同,它是以单题为计算单位,亦即以每一题的各个选项来计算其次数。

(2) 量表的计算单位是分数,而问卷的计算单位是次数。量表是将各题的分数相加而得到一个分数,因此所得的分数是属于连续变量。而问卷是以各题的选项来计次,所得的结果是各个选项的次数分配,属于间断变数。

3. 在统计分析上的差异

(1) 量表在描述统计方面有平均数、标准差、积差相关;在推论统计方面有 t 检验、变异数分析、共变量分析、回归分析等。

(2) 问卷在描述统计方面有次数分配、百分比;在推论统计方面有 χ^2 检验(如适合度检验、百分比同构型检验、独立性检验等)。

4. 在编制步骤上的差异

量表在编制步骤上有严格的要求,时间比较长;问卷编制较为宽松,所用时间较短。具体差异如表5-1所示。注意这里关于量表的编制步骤没有详细介绍,其实编制一个科学的心理量表的过程是非常复杂的,只是一般调查中的量表编制没有心理量表那么严格。

表5-1 问卷与量表在编制步骤上的差异

问卷的编制	量表的编制
(1) 确定调查主题:包括确定调查目的和内容等	(1) 确定测验目的:包括明确测量的对象、测量的目标(测什么,是能力还是态度)等
(2) 编辑题目:包括搜集资料、选择题目形式、编写题目等	(2) 编辑题目:包括搜集资料、拟定量表的架构、选择题目形式、编写测验题目等
(3) 试测	(3) 试测
(4) 修改定型	(4) 用多种统计方法做项目分析和结构分析
	(5) 合成量表
	(6) 量表标准化
	(7) 信度与效度检验

第三节 态度测量及常见量表类型

量表在现代社会调查研究中应用十分广泛,其类型也多种多样。从内容上看,最主要和最常用的类型是态度量表,此外还有能力量表、智力量表、性格量表、工作成绩量表、社会地位量表等多种类型。从形式上看,目前最流行的是总加量表、瑟斯顿量表和累积量表等。

一、态度测量

(一) 态度测量的方向性和强度指标

(1) 态度的方向性:喜欢或厌恶、肯定或否定的正负方向。

(2) 态度的强度:喜欢或厌恶、肯定或否定的程度。态度的强度以态度等级来衡量,通常分有几种不同的等级:

两等级式:如同意/不同意。

三等级式:如同意/无所谓/不同意。

四等级式:如很同意/同意/不同意/很不同意。

五等级式:如很同意/同意/无所谓/不同意/很不同意。

还有分得更细,如七等级、十一等级的。每个等级都给予不同的分值,要求被试者根据自己的真实想法,选择其一,打上记号,便可了解一个人对某个事物所持的态度的强度。

(二) 态度性问题可以由四个反应类型来测量

态度与个人的基本价值观和基本需要有联系,这会造成自我卷入程度上的差别。态度不是直接观察到的,它的存在是通过可见反应显示出来的。可见反应可区别为四类:

(1) 认同反应:指人对某一事物或对别人的某项意见的赞同倾向,通常用同意/不同意、赞成/不赞成等一类词语来表达。

(2) 评价反应:指人对人,人对事、物的某种品质的判断,通常用很好/好/不好、优/良/中/差等一类词语来表达。

(3) 情感反应:指人对人,人对事、物的好恶及情绪等行为事实,通常用喜欢/不喜欢、有兴趣/无兴趣等一类词语表达。

(4) 行为反应(支持或反对):指人对他人做法或事情的行为倾向,通常用支持/反对等一类词语来表达。

(三) 态度量表设计中应注意的问题

1. 量级层次的个数的确定

在决定量级层次的个数时,要考虑两方面的因素。首先,量级越多,对测量对象的评价就越精确;其次,大多数受访者只能应付较少的类别。

一般用五个等级的比较多。但是并不能简单地规定几个量级层次是最优的。决定最优的量级层次数要考虑以下许多因素:

(1) 回答者对于所要测量的问题的感兴趣程度和已掌握的知识程度。感兴趣、掌握的知识多,量度可多些;反之,则应少些。

(2) 要测量的问题本身的区别度高低。

(3) 资料搜集的类型或模式。如电话调查量度太多,容易引起混乱;邮寄调查由于受空间限制,也不要太多。

(4) 被调查者的学识水平。一般学识水平低的调查对象区分能力低,等级要少一些。

(5) 资料分析模式。初步分析,可少;高级统计分析,宜多。分类数的多少,会影响到相关系数的大小。相关系数会随着类别数量的减少而减少。

2. 采用平衡量表还是不平衡量表

在平衡量表中,"有利"的层次数和"不利"的层次数是相等的,而在不平衡量表中,它们是不等的。一般来说,为了保证结果数据的客观性,应该采用平衡量表。但在某些情况下,回答的分布很可能向"有利"或"不利"的方向偏斜,这时,就可以采用不平衡的量表,在偏斜的一方多设几个层次。如果采用不平衡量表,在数据分析时要考虑到量级层次不平衡的方向和程度。

3. 采用奇数还是偶数个量级层次

对于奇数个层次的量表,中间位置一般被设计成中立的或是无偏好的选项。中立的选项可能会带来很大的反应偏差,因为有许多人在拿不准自己的感觉、不了解被测对象或是不愿意表露态度时倾向于选这种较"保险"的答案。

到底采用奇数层次还是偶数层次,取决于是否有反应者会对被测对象持中立态度。即使只有少数持中立态度的反应者,也必须使用奇数层次的量表。否则,如果调研人员相信没有反应者会持中立态度,或是想要强迫受访者做出有利或不利的选择,就应该使用偶数层次的量表。与此相关的一个问题是,是采用强迫性的还是非强迫性的量表。

4. 采用强迫性量表还是非强迫性量表

在强迫性量表中,没有"没有意见"、"一般"等不明确表明态度的选项,受访者被迫表明自己的态度。有时反应者并非没有意见,只是不愿意暴露,此时强迫选择将能提高量表测量结果的精确性。

5. 量级层次的描述方式

量级层次有许多种不同的描述方式,这些方式可能会对测量结果造成影响。量级层次可以用文字、数字甚至图形来描述。而且,调研人员还必须决定是标记全部层次、部分层次还是只标记两极的层次。对每个量级层次加以标记并不能提高收集数据的准确性和可靠性,但却能够减少理解量表的困难。对于量级层次的描述应尽可能靠近各层次。

对量表两极进行标记时所使用的形容词的强度对测量的结果会有所影响。使用语气强烈的形容词,如"1=完全不同意"、"7=完全同意",受访者不大可能选择靠近两端的答案,结果的分布将比较陡峭和集中。而使用语气较弱的形容词,如"1=基本不同意"、"7=基本同意",将得到较为扁平和分散的结果分布。

二、常见量表类型

(一) 总加量表

1. 总加量表含义与特点

总加量表(summative scale),即量表的总分由个别题目加总而得。它是由一组句子所构成,这组句子是从围绕所要测量的问题搜集到的众多句子中,采用项目分析方法筛选出辨别力较强的句子组成。根据被调查者对这组句子的各项回答,使用总和计分方式,以判明其态度的强弱。

总加量表是由美国心理学家李克特(Likert)于 1932 年创制的,故又称李克特量表(Likert scale),是最常用的定距量表,常用于测量观念、态度或意见。这种量表形式主要有 5 点法、7 点法和 3 点法。基本假设数字与数字间的距离是相等的。

总加量表是现代调查研究中普遍采用的一种测量量表,它的基本形式是给出一组陈述,这些陈述都与某人对某个单独事物的态度有关(例如,对某个教学软件的教学效果所持的态度)。要求调查对象表明他是"强烈赞同"、"赞同"、"反对"、"强烈反对"或"未决定"。当然,根据需要,有时词语可以略有不同(如把"赞同"改为"同意")。

总加量表有积极式陈述和消极式陈述两种陈述方式。如答案选择是完全同意/同意/不一定/不同意/完全不同意,积极式陈述选择"完全同意"的赋值为5,"同意"的为4等。消极式陈述评分则相反,即对"完全不同意"的给5。

使用总加量表,在做答后,把分数相加就可得出总分。因此,总加量表有时也称求和量表(summated scales)。

总加量表的例子如表 5-2 所示。

表 5-2 学生人际关系量表

内容	非常同意	同意	不一定	不同意	非常不同意
1. 我在校内有许多好朋友	5	4	3	2	1
2. 只要我需要,我相信大多数同学会帮助我	5	4	3	2	1
3. 对周围的同学我很少关心	5	4	3	2	1
4. 我很难和同学们交朋友	5	4	3	2	1
5. 我经常和同学们聊天	5	4	3	2	1

(续表)

内容	非常同意	同意	不一定	不同意	非常不同意
6. 班里的同学我几乎都讨厌	5	4	3	2	1
7. 大部分同学会为了大家的利益牺牲个人利益	5	4	3	2	1
8. 我很少关心别人说什么,我只相信自己	5	4	3	2	1
9. 我跟同学们都谈得来	5	4	3	2	1
10. 我没有一个好朋友	5	4	3	2	1
您是否同意下列说法,请在合适的回答栏中打"√"					

注:3、4、6、8、10属于反向题,算总分时反向计分,即非常同意记1分,同意记2分,不同意记4分,非常同意记5分。总分是从10到50分,分越高说明人际关系越好。

2. 制作总加量表的步骤

根据安德森(Anderson)的论述,如果设计者遵从了以下八个步骤,就能制定出令人满意的总加量表,这八个步骤是:

(1) 收集和编写大量围绕研究问题的陈述或说法。各种陈述和说法应当比较分散,以覆盖所研究问题的一个足够宽的范围。把态度作为对象时,所写出来的陈述要么是积极的(正向的),要么是消极的(负向的)。

(2) 请评判员检查已写好的陈述。评判员应从设计该量表的专业人员中选择。他们应检查每个陈述,并将其分为积极的、消极的,或二者都不是的陈述。

(3) 去掉绝大多数评判员认为既非积极的也非消极的陈述。

(4) 把留下来的陈述记在一张纸上,不必考虑顺序,加上合适的使用说明和答案选择。使用说明指出被调查人如何表明他们对每个陈述的看法。如完全同意,就标记为 A;如同意,就标记为 B;如看法不一致,就标记为 C;不同意,就标记为 D;如完全不同意,就标记为 E。使用说明也可以指出该量表的目的,并提醒人们:回答没有正确与错误之分。到此,总加量表的初稿就制定好了。

(5) 在打算使用总加量表的总体中抽样,把这个初稿在被试样本中试用。为了逐个地或成批地采集有关这些陈述的有意义和可靠的数据,应采用比陈述的数据大几倍的样本含量。

(6) 计算对每个陈述所做的回答与量表总分之间的相关值。注意在计算累加的态度总分时,需要对负向说法的得分做逆向计分处理。

(7) 删去在统计上与量表总分相关性不显著的陈述。收入在量表最终定稿中的每个陈述都必须与量表总分相关。

另外,还可以根据受测对象的全体的总分排序;然后取出总分最高的25%的人和总分最低的25%的人,并计算这两部分人在每一条陈述上的平均分;将两个平均分相减,所得出的就是这一条陈述的分辨力系数。分辨力系数越小就说明这一题的分辨力越低,这种题目应当删除。

(8) 定出该量表的最后审定稿。

(二) 瑟斯顿量表

1. 瑟斯顿量表的含义与特点

瑟斯顿(Thurstone)量表又称等距量表法(method of equal-appearing intervals),是由在测

量态度的尺度上间隔相等地排列的一组题目组成,但是每一个问题具有不同的强度。实施时,受试者就量表的各项目表示赞同或不赞同,将每个受试者赞同的量表项目依分数高低排列,选择居中的项目分数为受试者的态度分数。该方法主要用于测量被访者对特定概念的态度。

瑟斯顿量表的每条语句被赋予不同的分值,受测者指出量表中同意的语句即可(见表5-3)。

表 5-3 瑟斯顿量表举例

你同意下列说法吗？　　（请在相应的说法后面的同意格内画钩）	
	同意
1. 赠品券是伟大的	
2. 我希望每个商店都附赠品券	
3. 赠品券是购买者的福利	
4. 赠品券还不错	
5. 赠品券有好处,也有坏处	
6. 赠品券是羊毛出在羊身上,能省则省	
7. 赠品券抬高了价格	
8. 赠品券是令人讨厌的	
9. 我痛恨赠品券	

注:左边一列的数字为各种说法的编号;对应"同意"的得分分别为9、8、7、6、5、4、3、2、1。

2. 制作瑟斯顿量表的主要步骤

(1) 收集和编写大量与所测概念有关的陈述或说法(至少 100 种),其表述应有正向的、中间的和负向的。

(2) 选定 25—50 位评分者或裁判,按照 11 级的定距量表给出他们对每一种说法的赞成程度的得分,其中 1 表示"最不赞成"、11 表示"最赞成",得分越高,赞成该说法的程度就越强。

(3) 计算每种说法的平均得分和标准差,按平均值的大小分布将这些说法分成若干组,有些学者建议分成 20—30 组,有些认为可以少一些。删除那些标准差过大的语句。

(4) 从每一组中筛选出一种说法,原则是评分差异较小的(标准差小)能代表某种态度的说法;同时这些说法的平均得分之间的差异间隔是相近的。例如可考虑取平均得分分别接近 1.5,2.0,2.5,3.0,…,10.5 的 20 种说法。

(5) 以筛选出来的说法组成新的定距量表,其中每一种说法对应一个"同意"的得分("不同意"对应 0 分),被访者只需选出其同意的说法,则所有说法得分的平均值即为该被访者对所测概念的态度得分。

(三) 累积量表

1. 累积量表的含义

累积量表(cumulative scale)又称古特曼量表(Guttman scale),由一组具有不同程度的题目所组成,题目由浅至深排列,只有达到第一个问题测定的态度强度后,才有可能在第二个问题上表现出更强的态度。凡达到第二个问题测定的强度者也一定达到第一个问题测定的态度强度,即每个问题测定的强度是累积的。累积量表强调一致性,测出的态度在实质内容上保持一致,避免了总加量表中总分相同而内容不一致的矛盾。

累积量表可以看成是一种定距量表或定序量表,也要通过相当复杂的程序才能编制成功。

鲍格达斯社会距离量表(Bogardus Social Distance Scale)就是一种累积量表,用于定量地测量人与人之间相互交往的程度、相互关系的程度或者对某一群体的态度及所保持的距离等。

根据你对黑人的感觉,指出你的意愿。

你愿意让黑人	愿意	不愿意
1. 生活在你的国家吗?		
2. 生活在你的社区吗?		
3. 住在你们的那条街吗?		
4. 做你的邻居吗?		
5. 同你的子女结婚吗?		

根据对下列国家的人的印象,指出你愿意接受的关系类型。

	日本人	英国人	俄罗斯人	美国人
婚姻				
朋友				
邻居				
同事				
国民				
旅游				
驱逐				

2. 累积量表的特点

(1) 按被访者的态度强度来排列各种说法的次序。

(2) 如果某位被访者同意或接受某种说法,那么也会同意或接受该说法之前(之后)的说法。

(3) 被访者的答案呈阶段形或金字塔形。

(4) 编制和测试十分复杂,一般性的社会调查研究中很少使用,在社会学和人类学的研究中比较常用。

3. 累积量表的编制步骤

(1) 根据所需调查的内容,搜集一组问题,对于每个问题一般规定为"同意"和"不同意"两种答案。

(2) 测试受试者,根据回答予以记分。

(3) 进行项目评估。凡有 80% 以上受试者表示同意或不同意的问题视为辨别力低的项目,应予删除。剩下的问题按受试者得分的高低由上而下排列,然后再按每题得分多少由左到右排列。

(4) 计算量表的一致性系数 R。$R = 1 -$ 反常回答数/总回答数。如果一致性系数不小于 0.9,可认为反常现象是态度的不同表现形式造成的,该量表是可行的。如果一致性系数小于 0.9,就要从量表中的题目上去寻找原因。

(四) 语义差异量表

1. 语义差异量表的含义与特点

语义差异量表(semantic differential scale)又叫语义分化量表,设计一系列形容词和它们的反义词,作为极端对立的两端,在每一对形容词和反义词之间又设计若干等级(一般约 7—11 个),分别赋予一定分值,让被调查者选择,以此了解人们对观念、事物或人的态度和看法。

语义差异量表属于定距量表,主要用于测量某种事物、概念或实体在人们心目中的形象。语义差异量表被广泛用于文化的比较研究、个人及群体间差异的比较研究,以及人们对周围环境或事物的态度、看法的研究等。其基本方法是用成对的两极形容词,如好/坏、聪明/愚笨等来评价态度对象。每对两极形容词中间,从肯定的一极到否定的一极,一般平均分为 7 个等级,分别以 7、6、5、4、3、2、1 的数字表示。其中 7 为最肯定评价,1 为最否定评价,4 表示没有明确倾向的中性态度。记录被试在所有回答上的得分并累加,就可以得到其有关对象态度的测量。得分越高,反映被测者对态度对象越肯定。

许多研究者认为语义差异量表的形容词包括三个维度:(1) 评价,比如好/坏、善良/残酷等;(2) 力量,比如强/弱、软/硬等;(3) 活动,比如快/慢、主动/被动等。

语义差异量表被广泛地用于市场研究中,用于比较不同品牌商品、厂商的形象,以及帮助制定广告战略、促销战略和新产品开发计划。

2. 制作语义差异量表的步骤

(1) 确定描述、判断或评价所研究对象时使用的重要属性。例如,评价报纸的主要属性可能包括客观、公正、诚实、时效、好看等。尽量确保既不遗漏重要的属性,又不包括与所测概念无关的属性。

(2) 确定若干对描述这些属性的语意相反的形容词,例如客观的/主观的、公正的/偏袒的、诚实的/欺骗的、及时的/过时的、有意思的/乏味的,等等。

(3) 将各对形容词分别置于一系列有 7 个或 9 个刻度的标尺的两端,将正反形容词之间的差距分成 7 个或 9 个等级,中间的那一级表示态度中立。

(4) 被调查者按照对所测对象的第一印象,在每一个标尺上勾选相应的答案。

3. 语义差异量表的分析方法

语义差异量表的数据分析有多种方法,下面结合本章相关案例就常用的三种分析方法加以说明。

(1) 概念间分析。假设某企业要对最后备选的三个方便面的名字确认到底哪个更好(见本章引导案例),通过调查帮助判断。如果抽样调查了 300 人,通过概念间分析,即通过对三种不同方便面品牌名称的平均数和统计显著性检验,以区分被调查者对这三种名字的评价是否有差异,哪个好哪个差,从而分析出哪个名字听起来总体效果更好(见表5-4)。

表5-4 概念分析表

量表项目	概念		
	美厨	麦穗香	华丰
1	6	2	6
2	5	2	5
3	6	1	4
4	7	1	5
5	5	3	5
6	6	2	7
…	…	…	…
平均值	5.83	1.83	5.83

（2）被试间分析。对不同类型的被试如男、女,就每个品牌名字的评价差异进行比较,可以看出不同测量对象对不同名字的偏好。

（3）画图分析。

每位被调查者对两个餐馆所画线条点值分别录入电脑,计算出每对形容词的平均值,根据平均值画出两个餐馆的最终折线图(见下图),就可以清晰地看出两个餐馆各自的特点,从而制定出有针对性的改进措施。

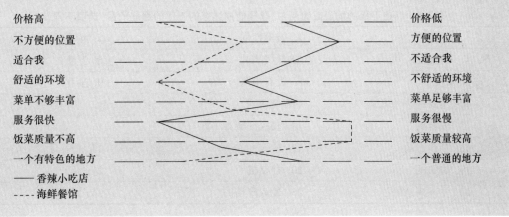

> 把每位被调查者对两个餐馆所画线条点值分别录入电脑,计算出每对形容词的平均值,根据平均值画出两个餐馆的最终折线图,就可以清晰地看出两个餐馆各自的特点,从而制定出有针对性的改进措施。

(五) 强迫选择量表

利用两个立场相反的描述句,其中一句代表正面的立场,另一句代表反面的立场,要求受测者从两者中挑选出较接近自己想法的题目,正面题项勾选题数加总即为该量表的总分。

> 1. □甲:我喜欢狂热的、随心所欲的聚会
>   □乙:我比较喜欢可以好好聊天、安安静静的聚会
> 2. □甲:有很多电影,我喜欢一看再看
>   □乙:我不能忍受看过的电影还要一看再看
> 3. □甲:我常常希望自己能成为一位登山者
>   □乙:我不能理解为什有人会冒险去登山

强迫选择量表主要在改善总加量表对于两极端强度测量敏感度不足的问题,当受测者对两个立场相左的陈述句做二选一的选择时,即明确地表明了个人的立场。此外,强迫选择问题能够回避一些反应心向(即答题的习惯倾向)的问题,减少受试者以特定答题趋势去回答问题。

强迫选择量表的缺点之一是量表的长度比总加量表多出一倍,增加了编题者的工作量。强迫选择量表的数学原理也是以总加量表法来进行量表分数的使用。

(六) 形容词核对名单

1. 形容词核对名单

形容词核对名单(adjective check list)是一种简化的总加量表的测量格式,针对某一个测量的对象或特质,研究者列出一组关键的形容词,并要求受测者针对各形容词的重要性进行评估,加总得分即代表该心理特质的强度。

该类量表是定类量表(生成二分数据),用于测量某种事物、概念或实体在人们心目中的形象。如表5-5 所示。

表5-5 请在下面的词汇或短语中,选择能描述您的工作的那些项目(选项不限)

1. 容易的	2. 技术性的	3. 烦人的
4. 有意思的	5. 低报酬的	6. 紧张的
7. 常规的	8. 没有出路的	9. 变化的
10. 重要的	11. 苛求的	12. 临时性的
13. 安全的	14. 使人筋疲力尽的	15. 困难的
16. 值得做的	17. 安定的	18. 慢速度的
19. 愉快的	20. 严格的	21. 合意的
22. 令人满意的	23. 使人降格的	24. 冒险的

2. 形容词核对名单的主要步骤

（1）确定描述、判断或评价所研究对象时使用的重要属性。例如，评价工作的主要属性可能包括难易性、趣味性、安全性、报酬、价值、社会评价等等。尽量确保既不遗漏重要的属性，又不包括与所测概念无关的属性。

（2）确定若干描述这些属性的形容词，每一个属性可以用一个或几个形容词。

（3）被调查者按照对所测对象的第一印象，勾选相应的答案。

各种测量量表各有特点和优缺点，具体比较如表5-6所示。

表5-6 各种测量量表之比较①

测量格式类型		编制难度	应用价值	量化精密度	分数的运用	测量尺度
非结构式问卷		低	低	低	需经转换	
结构开放性问题	数字型	低	高	高	连续分数	顺序、等距、比率
	文字型	低	低	低	需经转换	
结构化封闭式问题	类别性测量	低	高	—	个别题目（类别次数）	名义或顺序
	总加量表	中	高	高	总加法（连续分数）	等距量表
	瑟斯顿量表	高	高	高	等距法（连续分数）	比率量表
	累积量表	高	高	高	累积法（连续分数）	比率量表
	语义差异量表	中	高	高	总加法（连续分数）	等距量表
	强迫选择量表	中	高	高	总加法（连续分数）	等距量表
	形容词核对名单	低	高	高	总加法（连续分数）	等距量表

第四节　测量的信度与效度

对量表的评价涉及信度与效度。

一、信度

（一）信度的定义

信度（reliability）是指测验结果的可靠性、稳定性、一致性，即测验结果是否反映了被测者的稳定的、一贯的真实特征。这种可靠性体现在：测验结果跨时间的一致性；不同评分者之间的一致性。

（二）信度的评估方法

信度指标多以相关系数来表示，大致可分为三类：稳定系数（跨时间的一致性）、等值系数（跨形式的一致性）和内在一致性系数（跨项目的一致性）。以信度系数来表示信度的大小，信度系数越大，表示测量的可信程度越大。究竟信度系数要多少才算有高的信度？学者De Vellis（1991）认为，0.60—0.65（最好不要）、0.65—0.70（最小可接受值）、0.70—0.80（相当好）、0.80—0.90（非常好）。因此，一份信度较好的量表或问卷，信度系数最好在0.80以

---

① 邱皓政. 量化研究与统计分析[M]. 重庆：重庆大学出版社，2009：33.

上,0.70—0.80 也算是可以接受的范围;分量表信度系数最好在 0.70 以上,0.60—0.70 可以接受。若分量表的信度系数在 0.60 以下或者总量表的信度系数在 0.80 以下,应考虑重新修订量表或增删题项。

1. 重测信度

用同样的量表对同一组被调查者间隔一定时间重复施测,计算两次施测结果的相关系数,即稳定性系数,或称重测信度。

2. 复本信度

复本信度法是让同一组被调查者一次填答两份量表复本,计算两个复本的相关系数。复本信度属于等值系数。复本信度法要求两个复本除表述模式不同外,在内容、格式、难度和对应题项的提问方向等方面要完全一致,而在实际调查中,很难使调查问卷达到这种要求,因此采用这种方法者较少。

3. 内部一致性信度

内部一致性信度又分为折半信度和 α 信度系数。

(1) 折半信度。折半信度法是将调查项目分为两半,计算两半得分的相关系数,进而估计整个量表的信度。折半信度属于内在一致性系数,测量的是两半题项得分间的一致性。这种方法一般不适用于事实式问卷(如年龄与性别无法相比),常用于态度、人格量表的信度分析。态度测量最常见的形式是 5 级总加量表。进行折半信度分析时,如果量表中含有反意题项,应先将反意题项的得分做逆向处理,以确保各题项得分方向的一致性,然后将全部题项按奇偶或前后分为尽可能相等的两半,计算二者的相关系数(r_{hh},即半个量表的信度系数),最后用斯皮尔曼—布朗(Spearman-Brown)公式 $[r_u = 2r_{hh}/(1 + r_{hh})]$ 求出整个量表的信度系数 (r_u)。

(2) α 信度系数。Cronbach α 信度系数是目前最常用的信度系数,其公式为:

$$a = \left(\frac{K}{K-1}\right) \times \left(1 - \frac{\sum S_i^2}{S_h^2}\right)$$

其中,K 为量表中题项的总数,S_i^2 为第 i 题得分的题内方差,S_h^2 为全部题项总得分的方差。从公式中可以看出,α 系数评价的是量表中各题项得分间的一致性,属于内在一致性系数。这种方法适用于态度、意见式问卷(量表)的信度分析。

α 系数在评价量表的信度时用得较多,一般来说评价某一概念或变量的题目越多,则其内部一致性越高。

二、效度

(一) 效度的定义

效度(validity)即有效性,是指测量工具或手段能够准确测出所需测量的事物的程度。

(二) 效度的评估方法

效度分为三种类型:内容效度(content validity)、效标效度(criterion-related validity)和结构效度(construct validity)。效度分析有多种方法,其测量结果反映效度的不同方面。常用于量表效度分析的方法主要有以下几种:

1. 内容效度分析

这种方法用于测量量表的内容效度。内容效度又称表面效度或逻辑效度,是指所设计的题项能否代表所要测量的内容或主题。对内容效度常采用逻辑分析与统计分析相结合的方法进行评价。逻辑分析一般由研究者或专家评判所选题项是否"看上去"符合测量的目的和要求。统计分析主要采用单项与总和相关分析法获得评价结果,即计算每个题项得分与题项总分的相关系数,根据相关性是否显著判断是否有效。若量表中有反意题项,应将其逆向处理后再计算总分。

2. 效标效度分析

效标效度分析是根据已经得到确定的某种理论,选择一种指标,分析量表题项与该指标的联系,若二者相关显著,或者量表题项对效标的不同取值、特性表现出显著差异,则为有效的题项。效标效度的方法是相关分析或差异显著性检验。

3. 结构效度分析

结构效度是指测量结果体现出来的某种结构与测值之间的对应程度。量表的效度分析主要方法有:

(1) 因子分析。结构效度分析所采用的方法是因子分析(factor analysis,FA)。有的学者认为,效度分析最理想的方法是利用因子分析测量量表或整个量表的结构效度。因子分析的主要功能是从量表全部变量(题项)中提取一些公因子,各公因子分别与某一群特定变量高度关联,这些公因子即代表了量表的基本架构。透过因子分析可以考察量表是否能够测量出研究者设计量表时假设的某种架构。在因子分析的结果中,用于评价结构效度的主要指标有累积贡献率、共同度和因子负荷。累积贡献率反映公因子对量表的累积有效程度,共同度反映由公因子解释原变量的有效程度,因子负荷反映原变量与某个公因子的相关程度。

(2) 团体差异的分析。以"员工成就动机量表"为例,编制者可请管理者从其员工中选出高成就动机及低成就动机的员工,然后以高、低成就动机组的员工对成就动机得分的平均数进行差异性显著检验。假如高成就动机组的平均得分显著高于低成就动机组的平均得分,即代表此份量表能有效地区别高、低成就动机的员工。

又如检验"表达能力量表"的团体差异性分析,可以比较企业销售部、研发部的员工在此量表得分的平均数,若销售部的员工的得分显著高于研发部的员工的得分,即代表此量表具有良好的效度。因为从一般经验可知,销售部员工的表达能力都显著高于研发部员工。因此若销售部员工的得分显著高于研发部员工的得分,则符合日常经验,可由此说明此量表具有结构效度。

为了提升调查量表的质量,进而提升整个研究的价值,量表的信度和效度分析绝非赘疣蛇足,而是研究过程中必不可少的重要环节。

三、信度与效度的关系

信度与效度二者既有联系又有区别,信度高效度不一定高,而效度高则信度必定高,换句话说,可信的不一定是有效的,有效的则必是可信的。以尺子量布,量了几次结果都一样,证明其信度高,但尺子若不符合标准,测量无效;若尺子是标准的,测量又有效,则无论测多少次,结果必定可信。在进行测量时,我们要尽量减少误差,使测量既有效又可信。

信度与效度的关系可以用图 5-1 形象地来描述:情况一,弹痕分散于靶内各处,并无一致性可言,既无信度也无效度。情况二,虽然弹痕很集中,即具有一致性,但是并没有在靶中心,则有信度而无效度。情况三才是好的,信度高效度也高。

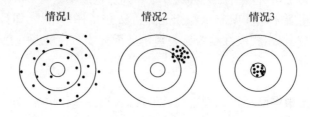

图 5-1　信度和效度的关系图示

资料来源:Duane Davis, *Business Research for Decision Making*, sixth edition, 2004:188。

[复习思考题]

1. 说明测量的概念和要素。
2. 说明测量的五种量表类型的各自特点。
3. 量表与问卷的区别主要体现在哪些方面?
4. 请对总加量表、瑟斯顿量表、累积量表和语义差异量表的特点进行比较。
5. 说明信度的含义及其评估方法。
6. 说明效度的含义及其评估方法。

[实训题]①

研究者对资料的处理方式依赖于问卷中备选答案的形式与和测量尺度的选择。因此,在选择答案的形式和测量尺度时一定要考虑你准备用什么样的统计处理方式。测量尺度有类别、顺序、等距、等比四种形式。例如,当调查人们的月收入时,选择不同的测量尺度,备选答案的形式也会有很大差别。请判断一下测量"月收入"的三种形式的备选答案分别属于哪种测量尺度?各适合用什么样的统计分析方法?

形式一:请问您的月收入是_____元。

形式二:请问您的月收入属于下列哪项?(　　)

(1) 1 500 元以下　　(2) 1 500—2 500 元　　(3) 2 500—3 500 元　　(4) 3 500—4 500 元

(5) 4 500—6 000 元　　(6) 6 000—8 000 　　(7) 8 000 元以上

形式三:请问您的月收入属于下列哪一类?(　　)

(1) 3 000 元以下　　(2) 3 000 元以上

---

① 张彦,吴淑凤.社会调查研究方法[M].上海:上海财经大学出版社,2006:81.

第六章 访 谈 法

引导案例

霍华德(1726—1790),英国著名的法官、慈善事业家和社会改革家。他广泛地调查欧洲各国监狱状况,使用访谈的方法,直接同犯人谈话。他使用同犯人谈话所调查的确凿事实,来说服英国的众议院,要求改善犯人的待遇。最后使英国通过了监狱改革法案。通过访问,他调查了欧洲200座监狱的情况,写出了《英格兰和威尔士监狱状况,以及外国监狱的初步观察和报告》。他是欧洲使用访谈方法进行系统社会调查的先驱。

访谈法以其问题的开放性、询问的相对灵活性,成为对所研究问题进行深入研究的一种社会调查方法。

第一节 访谈法的概念和种类

一、访谈法的概念与功能

1. 访谈法的概念

访谈法就是访问者通过口头交谈等方式直接向被访问者了解社会情况或探讨社会问题的调查方法。

2. 访谈法的功能

(1) 与观察法相比,访谈法可以了解受访者的所思所想和情绪反应。
(2) 与问卷调查法相比,访谈法具有更大的灵活性以及对意义进行解释的空间。
(3) 与文献法相比,访谈法更具有灵活性、即时性和意义解释功能。

二、访谈法的种类

1. 按访谈内容及过程划分

根据访谈内容及其过程有无统一的设计要求和一定的结构,访谈法可分为结构式访谈、无结构式访谈和半结构式访谈。

(1) 结构式访谈,又称标准化访谈、控制式访谈。它要求由访谈员按事先设计好的访谈调查问卷依次向被访者提问,并要求被访者按规定标准进行回答,即这种访谈是严格按照预先拟定的计划进行的。它的最显著的特点是有统一设计的访谈问卷,访谈内容已在计划中做了周密的安排。对每个受访者都用同样的方式进行,是标准化的。这样访谈结果便于统计分析,对于不同访谈对象的回答易于进行对比,运用这种方法比较节省时间。结构式访谈的不足是可能使受访者感到拘束、产生顾虑;此外,根据双方的具体情况,灵活地采用适当的方式、程序进行,因而访谈结果可能缺乏深度,这是结构式访谈的缺点。

(2)无结构式访谈,又称无控制访谈、非标准化访谈。这种访谈是通过访谈者和受访者之间自然的交谈方式进行的。它没有事先设计好的固定结构,没有固定的访谈问题和程序,对受访者的反应也没有严格的限制。虽然访谈围绕一定目的进行,但访谈的内容、顺序、语言都可以由访谈的双方自由选择。这种方法有利于发挥访谈者和受访者的主动性、创造性,由于气氛随和轻松,受访者不存戒心,能在不知不觉中吐露出自己内心的真情,使访谈者获得较深层的材料。但是,这种方法费时、费事,对谈话过程难以控制,要求访谈者具有较高的访谈技巧和丰富的访谈经验,否则,要么海阔天空、无边无际,得不到有价值的资料,要么受访者不知所云,出现冷场、尴尬的局面。此外,访谈的结果难以进行定量分析,对不同受访者的回答也难以进行对比分析。

(3)半结构式访谈,是介于结构式访谈和非结构式访谈之间的一种访谈形式,访谈员虽然对访谈结构有一定的控制,但给被访者留有较大的表达自己观点和意见的空间。访谈员事先拟定的访谈提纲可以根据访谈的进程随时进行调整。半结构式访谈兼有前两者的优点,既可以避免结构式访谈缺乏灵活性、难以对问题进行深入探讨的局限,也可以避免非结构式访谈的费时、费力,难以定量分析的缺陷。

2. 按是否借助中介物划分

根据访谈时是否借助一定的中介物,可分为直接访谈和间接访谈。

(1)直接访谈,又称面对面的访谈,即访谈者与受访者进行面对面的交谈。直接访谈的突出特点是,访谈者与受访者直接发生相互影响、相互作用。这种方法的优点在于,访谈者不仅能广泛、深入地探讨有关问题,了解受访者的思想、态度、情感和其他各种情况,而且还能亲自观察受访者的有关特征和他们在访谈过程中的许多非言语信息,从而加深对谈话内容的理解,有利于判断访谈结果的真实可靠性。但是,运用这种方法对访谈者的要求较高,同时,访谈者与受访者相互直接作用的情况又易于影响访谈结果。此外,该方法还比较费时费力。

(2)间接访谈,是访谈者通过一定的中介物(如电话、网络)与受访者进行非面对面的交谈。间接访谈的主要方式是电话访谈。电话访谈适用于访谈内容较少、较简单的调查研究。其优点是收集数据资料时间快,节省费用,对访谈者的要求不太高,保密性较强,对于某些不适于面对面交谈的问题,受访者可以通过电话向访谈者说明。但是,电话访谈问题一般应少且简单,访谈时间短,因而,访谈者难以深入探讨有关问题,更不能直接观察受访者的有关特征和各种非言语信息,从而不利于对访谈结果的分析与解释。

另外根据访谈对象的数量可分为个别访谈(individual interview)、集体访谈(group interview)即座谈会。

第二节 个人面访的实施

个人面访是指以个人接触的方式，由访谈员协助被调查者完成问卷。个人面访调查的回答率最高，但费用也最高。访谈员可以进行直接观察，但管理人员很难对面访进行监督。

下面谈一下个人面访的程序与技巧。

一、访谈前的准备工作

访谈者充分做好访谈前的一系列准备工作，是保证访谈成功的重要前提。具体来说要做好如下准备：

1. 选择合适的访谈方法，掌握与调查内容有关的知识

访谈准备工作的第一步就是根据研究目的选择适当的访谈方法。通常，如果研究的目的是某种假设或要获得多数人的某种态度、观点，一般使用标准化访谈，即使用设计好的统一的调查表或问卷，以便获得大量便于分析的数据。如果是探索性研究，则更适合非标准化的访谈，以便扩大研究者关心的问题范围，加深对研究者关心的问题的理解。

在调查与某个专业领域相关的问题的时候，要求访谈员必须了解该专业的一些术语，掌握一定的相关的知识。因为访谈员对相关内容的了解，能对受访者的回答做出积极的反馈，增强双方在谈话中的交互性，确保资料收集的全面和真实。

2. 准备好详细的访问提纲和问题

调查研究中最经常出现的问题是，研究者的研究目的并不明确，他们有一个大致的目的，但往往很笼统、模糊，不十分清晰。有时，他们只是知道要研究的问题，比如说学生的学习动机问题、心理健康问题，但是并不明确"我要通过研究达到什么目的？回答什么问题？解决什么问题？"因此，访谈前首先明确"我要干什么？"还应当把这个目的加以具体化，"我提这个问题，是想了解什么情况？了解这方面的情况，是为了说明什么问题？"

根据研究的目的和具体分析，研究者要设计出具体的访谈提纲。

提纲应该列出研究者认为在访谈中应该了解的主要问题和应该涉及的内容范围。把研究者关心的研究问题具体化成访谈中的访谈问题，要简明扼要、操作性强。当然，在实际调查中还有很多事先无法预料的问题，所以访问员在使用访谈提纲时一定保持一种开放灵活的态度。访谈提纲还应该进行及时的修改，前一次（或者是对前一个受访者）的访谈的结果可以为下一次（或者后一个受访者）的访谈设计提供依据（程向明，1999）。

> 下面是为了了解优秀女性科技人才的成长过程和成功条件而设计的访谈提纲（这个提纲只是半结构式访谈的提纲）：
> 1. 在您的成长历程中，有什么重要的转折和变化对你现在的事业有重要的影响？是什么因素造成的？
> 2. 您进行过哪些科研项目？有哪些成果和成绩？获得了哪些荣誉和奖励？
> 3. 您认为，您个人有哪些特点、能力或素质，对做好您现在的研究工作有促进意义？您认为要做好科研工作哪些能力是最重要的？

4. 您认为促使您成功的外部条件主要有哪些(如家庭的、教育的、社会的、机遇的、组织支持环境等)?

方便面的消费形态访谈大纲

1. 您在选购方便面时,优先考虑的主要因素是什么?
2. 您曾经看过的方便面广告中,哪一个令你印象最深刻?
3. 就方便面的包装而言,您会选择何种的包装形态?
4. 就方便面而言,你会偏好哪种面条?
5. 对于方便面内的调味包,你的期待为何?
6. 当调理好一碗方便面,你对于其整体感觉有什么期望(如色、香、味)?
7. 你心中理想的方便面是怎样的?合理的价格是多少?
8. 如果方便面是采用地方有名的小吃产品,是否会提升你的购买欲望?
9. 您觉得目前市面上方便面最大的缺陷是什么?

3. 尽可能了解访谈对象

访谈前尽可能收集有关被访者的材料,对其经历、个性、职位、职务、专长、兴趣等有所了解,这对于有针对性地选择适当的访谈方法、建立良好的人际关系、取得受访者的配合是很有好处的。

4. 访谈员的选择和训练

访谈员的选择要考虑被访对象的特点。训练内容主要有:使访谈员对调查内容和调查工具有充分的了解;进行必要的方法训练;使访谈员对整个调查工作的组织有充分了解。

5. 访谈前的预约

访谈前的预约,即事先与被访者约定访谈的时间、地点和场合。访谈时间、地点的选择应以有利于访谈对象准确回答问题、畅所欲言为原则。一般来说,最佳访谈时间是受访者学习、工作、劳动、家务不太繁忙,而且心情比较舒畅的时候。至于访谈地点,则视情况而定。如果是有关工作方面的问题,可考虑在工作地点清静的地方访谈。

6. 带齐进行访谈所需要的有关材料

如访谈提纲、访谈记录表、各种证明材料、证件、录音工具等。

二、接近访谈对象

在访谈前表示礼貌称呼、自我介绍,简要说明访谈研究的目的,强调访谈的重要性,以此消除被访者的疑虑,激发受访者接受访谈的动机,提高他们的兴趣,获得信任、理解和支持。

为了创造有利于访问的气氛,在进入正题之前,可以先谈谈调查对象较熟悉的事情,以消除对方紧张戒备的心理,然后逐步地把话题引向调查的内容。开始时,调查员提问的速度应相对慢一点,使被调查者有一个逐步适应的过程。在开始和受访者接触时,就应采取积极进取的态度,不要给受访者以拒绝的机会。比如,不宜采用"如果您太忙的话,我想……""不知能不能占您几分钟时间,向您了解……"等方式,而应采用"我想向您了解一下……谢谢您的帮助和支持"的方式,即不要让受访者顺口用"不"字来回答你,而要让他难以拒绝你的要求。成功的访谈经验表明,这样可以极大地提高受访者的合作效果。

三、对付拒绝的技巧

由于种种原因,一些受访者可能会拒绝交谈。遇到这种情况,访谈者要机敏,迅速分析遭到拒绝的原因,并设法加以克服。如果受访者是出于安全的考虑,对访谈者有怀疑,访谈者就要立即提供有关介绍信和身份证、工作证等,并说明有关访谈的保密规定;如果受访者是对研究的问题不感兴趣或认为没有价值,访谈者就应当更详细地向对方说明研究的重要性;如果受访者确实很忙,则应与其另约时间。

四、谈话与提问的技巧

在访问的过程中,访谈员要始终注意控制访问的进程。要通过提问、插话以及表情和动作等方式,达到控制的目的,比如当与调查者的话题扯远时,可以适时地礼貌地通过插话和转问来控制。

提问时,访谈员要面向被调查者,目光要直接与其交流,不要只顾自己低头照着问卷念问题,全然不看被调查者;提问的语气要平和、语句要表达清楚,要以平常人们交谈时的方式进行陈述和提问。

具体访谈技巧为:敏感问题迂回谨慎;第一句话闲聊(国家大事、衣服、个人兴趣);多问开放型问题,少问封闭型问题;一句话问一个问题(您认为工作中什么最重要?你有比较关心的事情吗?这是两个问题,要分开问);问题要具体,避免过于抽象(你对学校的感觉怎样?该问题太抽象,可以问:你喜欢上学吗);追问不要在刚开始就频繁进行;把自己的前见悬置起来留待追问。

五、倾听的技巧

当受访者在回答问题的时候,必须有礼貌地耐心听,做到边听、边问、边记录。同时,访谈员应该运用言语的"嗯"、"对"、"好的"、"挺有意思"等和非言语的点头、目光和手势来鼓励对方的回答,表示自己对受访者回答的重视。

当受访者提到与自己的观点不同的想法时,访谈员也应该做到如实记录,同时避免自己在言语和非言语行为上暗示受访者,影响受访者的回答。所以,在访谈过程中,访谈员既要积极鼓励受访者的回答,也要注意不要误导受访者的回答,应保持客观、中立的态度,不要做出肯定或者否定的评价,更不要去故意迎合或企图说服对方。

访谈过程中的"听"还有两条基本规律应该遵循:其一,不轻易打断对方的谈话;其二,合适处理谈话中的沉默。

六、确认和追问的技巧

当被访者的回答含糊不清或不够完整时要注意确认和追问。但是,由于追问很容易引起被访者反感,因而特别要注意追问方式的选择。

(1) 复述问题,用以确认被访者是否正确理解了问题,一般做法是让受访者根据他的理解对调查的问题进行复述,由调查者来确认受访者是否真正理解了问题。

(2) 复述回答,用以确认调查者是否正确理解了受访者的回答,即调查者根据自己的理解进行复述,由受访者来确认。

(3) 停顿,表示等待受访者继续说下去。

(4) 使用中立的问题,如"您是否能给我多讲一些?"等。

追问中要注意的事项:

(1) 要以非指导性的态度。追问语应该是中性的,不要诱导被访者的回答方向,不做评论,不发表见解,更不可采取责怪的语气或态度要求被访者做进一步的回答。

(2) 避免论说型与评价型。评价型的追问会影响受访者回答问题的方向,影响受访者说出自己的真实想法。

(3) 追问要适时适度。追问时必须尊重受访者,以不伤害受访者的感情为原则。追问中最忌讳的是不考虑被访者的情感,不管对方正在说什么和正在想什么,一股脑地把事先设计好的问题一个一个地抛出去,强行把自己的访谈计划硬塞给被访者,强迫对方回答。

(4) 用被访者的言语和概念追问。有时候被访者在谈话过程中,用了某个访谈员不熟悉的言语或者带有专业性的概念,访谈员为了弄清言语或概念的意义,应该尽可能地使用被访者所用的言语和概念追问。

七、访谈的记录

无论是结构式访谈还是非结构式访谈,一般在访谈过程中都需要做记录。受访者对访谈者当场记录是否产生顾虑,与交谈的内容和受访者的个性特点有关。对于有顾虑的受访者,应认真做好其思想工作,讲明研究结果的保密性,即它们的统计处理、呈现方式将不会对他们产生任何不利影响。如果有个别人还是不能消除顾虑,则可交谈时不记录,待交谈结束后再记录。记录的方式有两种:笔记和用录音工具记。一般来说,受访者都不愿意被录音,故使用前必须征得对方同意。否则,容易引起对方误会和不安,影响访谈过程的顺利进行。当然对于某些并不敏感的访谈内容进行录音,一般不会受到拒绝,但在这种情况下也需向对方说明。

八、访谈的结束

访谈活动的最后一步就是做好访谈的结束工作。为此,应严格控制和掌握访谈时间。访谈者应尽可能按预定时间准时结束访谈。时间对于受访者和访谈者来说,都是十分宝贵的。如果因种种原因未能完成访谈内容,须推迟结束访谈,则应征得对方的同意,如对方已有其他活动安排,则只能另约时间。访谈最好在良好的气氛中结束。结束访谈时,访谈者应真诚地感谢受访者对调查工作的支持、合作和帮助,感谢对方奉献宝贵时间和提供有价值的信息资料。

第三节 电话访谈

一、什么是电话访谈

电话访谈调查,是指选取一定的受访者样本,通过拨打电话的方式,询问问卷上所列出的一系列问题。它是访谈法中的一种调查方法。由于彼此不见面,是一种间接的调查方法。电话访问在中国民意测验和市场调查中的使用率仅次于入户访问。

二、电话访谈的抽样方法

在电话调查中,抽选电话号码的方法有两种:一种是使用电话号码清单进行抽选;另一种是随机拨号产生电话号码。从电话号码簿抽样的好处是可以很容易地得到电话号码清单,并通常可得到较高的接通率。缺点是未列上去的电话号码——这些号码是有意没被列上去的,或者是新号码就没有被抽中的机会,这样导致抽样框涵盖不全,从而产生有偏结果。随机数字拨号的优点是能选择未列入电话号码簿的号码,然而,它的接通率很低。随机数字拨号有各种方法,目前已经做了很多研究来改进电话抽样。

三、电话访谈的注意事项

电话访谈自身特点决定了要成功地进行访问,必须首先解决好以下几个方面的问题:

1. 问卷设计要简明易懂

电话访谈的问题设计要尽可能地简明扼要,整个访问时间要控制在15分钟以内;同时由于受通话时间和记忆能力的约束,大多采用封闭式选择题向被访者进行提问,尽量避免半开放式或全开放式问题的出现,以减少受访者回答问题的难度。

2. 对访谈员进行电话访问技巧的培训

电话访问的访谈员要口齿清楚、语气亲切、语调平和,而且要对问卷的内容有充分的了解。这样一方面选择沟通能力强的访问员,另一方面还要加强问卷内容以及访问技巧的培训,以带给受访对象良好的沟通体验,提高访问的成功率。

3. 访问时间的选择

电话访问容易受到拒绝,访问时间的恰当选择非常重要。访问时间的选择要根据调查内容而定,比方说访问年轻人有关民意测验的问题最好选择在工作日的晚上;而对老年人的访问,则可以选择白天。

四、电话访谈的技巧

电话访问除了要注意以上事项外,访问员还要掌握一定的访问技巧。

(1) 直接请求转接到合适被访对象。如果电话第一接听人不是受访对象,不要同电话第一接听人做过多解释,而要用肯定语气请其接转到受访对象。

(2) 主动介绍自己的身份。访问员要主动向选定受访对象介绍自己的身份,包括单位名称、项目内容(简单介绍)等。

(3) 模糊访问时间长短。如果需要说明访问时间，则最好用模糊语言表达，或说的时间相对短些。但也不要说得太离谱。

(4) 避免用"调查"一词。"调查"一词在汉语里比较敏感，建议多使用"访问"、"请教"、"听取意见"等软性词替代"调查"，从而减少被访者的顾虑和不必要的误解。在人称方面建议多用"您"或"贵单位"等，少用"你"。

五、电话访谈的优点和局限

（一）电话访谈的优点

(1) 速度较快（在各种数据收集方法中是最快的）；
(2) 适合于总体和样本在地理上比较分散的情况，适用于文化程度较低的调查总体；
(3) 管理起来比较容易；
(4) 覆盖面广，可以对任何有电话的地区、单位和个人进行调查；
(5) 节省调查时间和经费。

（二）电话访谈的局限

(1) 电话访谈的时间长度不及问卷，复杂程度也受到限制，调查内容的深度远不及其他调查方法；
(2) 电话访谈的结果只能推论到有电话的对象这一总体，因而存在着先天母体不完整的缺陷，不利于资料收集的全面性和完整性；
(3) 电话访谈是通过电话进行的，调查者不在现场，因而很难判断所获信息的准确性和有效性等。

第三节　小组访谈法

一、什么是小组访谈法

小组访谈法又称焦点访谈法（group/focus groups discussions）或小组座谈法、集体访谈法，就是调查者邀请若干被调查者，通过小组座谈的方式了解社会情况或研究社会问题的方法。此分析方法以定性为主，辅以有限的定量分析，但要弱化数字的作用。

二、小组访谈的实施

（一）小组访谈前的准备

1. 明确会议主题

座谈会主题要简明、集中，最好一个会议一个主题，且应是到会者共同关心和了解的问题，这样才能使座谈始终围绕主题进行讨论。

2. 准备座谈提纲

座谈提纲的特点：(1) 以开放性问题为主；(2) 题量远远少于问卷；(3) 有的需要提供必要的多媒体辅助材料；(4) 为准确控制节奏，注明各部分所需时间。

3. 确定会议规律

参会人数也要适中,一般为5—12人。如果参会者过少,难以取得应有的互动效果;参会者过多,发言机会就会减少,意见容易分散。

4. 选择参加人员

对参加者应做预先筛选,要考虑他们的相似性和对比性。比如市场调查中参加者都是来自同一目标市场的消费者,其中包括某种产品的使用者和非使用者。最好不要把不同社会层次、不同消费水平、不同生活方式的人放在一组,以免造成沟通障碍,影响讨论气氛。

5. 确定会议主持人

主持人对于座谈会的成功与否起关键作用,要求具备丰富的研究经验;掌握与所讨论的内容有关的知识;并能左右座谈会的进程和方向。

6. 选好会议的场所和时间

会议场所和时间应对大多数与会者来说是方便和适当的。会场的环境十分重要,应安静,场地布置要营造一种轻松、非正式的气氛,以鼓励大家自由、充分地发表意见。座谈会的时间应比较充裕,时间长度可为1.5—3个小时。

7. 准备好座谈会所需的演示和记录用具

如录音、录像设备等。

(二) 小组访谈的程序

(1) 参加者签到。

(2) 主持人自我介绍。

(3) 被访者自我介绍,以8—10分钟为宜。由于被访者均是陌生人,因此开场介绍非常重要。这一过程往往在很大程度上影响甚至决定下一步的讨论效果。主持人应力求在最短的时间内让被访者相互熟悉起来,以便创造一种活跃的气氛。

(4) 介绍座谈会目的。介绍座谈会目的时应使用标准语言,如"这次座谈会是某某公司受一家企业委托进行的,目的是请大家来评价一种新的信息终端产品"。

(5) 注意事项。

① 请大家关掉手机。

② 希望大家踊跃发言,向被访者提示:随意交谈,不要有什么顾虑。我们所讨论的问题并没有一个唯一正确的答案,一个人的意见谈不上什么对与错。我们只想知道您的真实想法和观点。实际上,您所说的就是最有价值的。我们鼓励就某一问题进行争论,鼓励发表不同意见。

③ 请大家说话声音大一点。

④ 发言的时候请一个一个说话,否则我会听不见有些人的意见。

(6) 询问是否有疑问。最后不要忘记补上一句:"请问各位还有什么问题?如果没有的话,我们就正式开始进入正题。"

(7) 按事先拟定的提纲座谈。时间可为1.5—3个小时,最多不超过3个小时。

(8) 座谈结束,致谢,发放纪念品。

（三）小组访谈后的各项工作

（1）及时整理、分析小组访谈记录。
（2）回顾和研究小组访谈情况。
（3）做必要的补充调查。
（4）分析和解释结果，形成报告。

三、小组访谈过程中的注意事项

（1）在带受访者进会议室前，要搞清楚准确的人数，把多余的椅子拿走。因为空椅子会使受访者感觉好像有人缺席，而且椅子是视觉障碍物。

（2）在被访者自我介绍阶段，不要问受访者有关他们的职业、职位和其他社会经济信息。因为这样会使受访者不自觉地把大家分成层次。当他们认识到别人比他更有知识、财富、地位或经验的时候，就会产生潜意识的不平衡。当然主持人和客户可以知道受访者的职业、收入等问题，但让他们互相知道这些没有任何好处。

（3）要善于把握小组访谈的主题。为避免讨论离题太远，主持人应善于将与会者的注意力引向讨论的主题，或是围绕主题提出新的问题，使座谈会始终有一个焦点。

（4）尽量使每一个参与座谈的被调查者有相同的机会发言。

（5）避免意见领袖的引导。

（6）只适合少数人回答的题目，尽量放在座谈的最后部分询问。

（7）在一些关键问题上，当你不想让他们互相影响的时候，可以让他们把自己的观点和态度写下来。

四、小组访谈法的优缺点

（一）小组访谈法的优点

（1）突出优点是资料收集快、工作效率高；
（2）人多见识广；
（3）有利于把调查与研究结合起来，把认识问题与探索解决问题的办法结合起来；
（4）可以就一个问题进行多角度、深入的探讨；
（5）简便易行，适用于各种调查对象，有利于与调查者交流思想和感情，有利于对访谈过程进行指导和控制。

（二）小组访谈法的缺点

（1）最大缺点是无法完全排除被调查者之间社会心理因素的影响；
（2）容易造成判断错误，小组访谈的结果与其他调查方法的结果相比，更容易被错误地判断，受主持人的影响而出现偏差；
（3）参与者少，易受参与者个人特征或主持人的影响；
（4）通常只做定性分析，不做精确的定量分析；
（5）信息整理困难，费时费力，结论代表性差。
（6）有些涉及隐私、保密等问题，也不宜在会上多谈。

[复习思考题]

1. 请比较结构式访谈、无结构式访谈和半结构式访谈的各自特点。
2. 个人面访的准备工作有哪些?
3. 电话访谈有哪些优缺点?
4. 小组访谈过程中应注意哪些事项?
5. 小组访谈有哪些优缺点?

[实训题]

速溶咖啡的尴尬

速溶咖啡在进入美国市场时,这种在使用时方便、省事、省力的产品并不受欢迎,但消费者却说不出不购买的原因。美国加州大学的海尔教授认为,消费者并没有回答拒绝购买的真正原因,实际上是一种潜在的心理在起抵制作用。于是他用间接的方法进行调查,设计两种购物清单,然后对家庭主妇进行调查,让 50 位家庭主妇说出该清单购买者的个性。分析结果显示,家庭主妇们认为 A 清单的购买者是懒惰的、没有家庭观念、无家庭购物计划的,而 B 清单的购买者是有生活经验的、勤俭持家的、有家庭观念的人。因此,该产品的不畅销不是产品本身的问题,而是由于情感偏见造成的。

购物单 A	购物单 B
汉堡牛肉饼	汉堡牛肉饼
面包	面包
胡萝卜	胡萝卜
发酵粉	发酵粉
速溶咖啡	新鲜咖啡豆
桃子罐头	桃子罐头
土豆	土豆

请讨论分析该案例中访谈设计与分析的巧妙之处。

第七章 观 察 法

引导案例

对真维斯专卖店的暗访调查①

真维斯在武汉市区开设了20多家专卖店,为了督促各专卖店提高服务质量,真维斯经常派出调查员对各专卖店进行暗访调查,作为评比依据。以下就是中国纺织大学为此专门设计的调查评比表格。

神秘人暗访调查表

店铺地址:　　　　　　　　店铺编号:
访问日期:　　　　　　　　进店时间:　　　　　　　　店内顾客人数:
访问员:　　　　　　　　　调查表编号:　　　　　　　总得分:

调查项目	等级	评分标准
1. 营业员的礼貌		
(1) 顾客进店时,有营业员立即面对顾客打招呼	优 良 中 差	有营业员立即面对顾客热情自然地打招呼 有营业员面对顾客打招呼,但不自然、热情 有营业员打招呼,但不面对顾客 不打招呼
(2) 营业员衣着统一、佩戴胸卡、发饰整洁、化妆自然	优 良 中 差	衣着统一、佩戴胸卡、发饰整洁、化妆自然 四项中有一项欠缺 四项中有二项欠缺 四项中有三项以上欠缺或其中一项严重欠缺
(3) 营业员各就各位,无倚靠、聊天、干私事现象	优 良 中 差	营业员各就各位,无倚靠、聊天、干私事现象 四项中有一项欠缺 四项中有二项欠缺 四项中有三项以上欠缺或其中一项严重欠缺
(4) 能用普通话接待顾客,礼貌用语、面带笑容	优 良 中 差	礼貌用语、面带笑容(顾客讲普通话时,营业员也讲普通话) 四项中有一项欠缺 四项中有二项欠缺 四项中有三项以上欠缺或其中一项严重欠缺

---

① 徐明,仓平. 服装连锁店的服务水平如何提高?——真维斯公司采用神秘人暗访的方法有成效[J]. 中国商贸,1996:12。该案例还结合了网上资料.

(续表)

调查项目	等级	评分标准
（5）当顾客只想看看时,营业员没有板起面孔的现象	优 良 中 差	营业员态度热情,并适当推荐一些特色商品 营业员态度热情,但未推荐商品 营业员态度有较大变化,也未推荐商品 营业员板起面孔
（6）收银员的态度和蔼,唱收唱付,并说"谢谢"	优 良 中 差	态度亲切、和蔼,唱收唱付,并说"谢谢" 态度一般,并说"谢谢" 态度一般,不说"谢谢" 态度差
2. 营业员的推销技巧		
（7）同停留在货架前挑选货品的顾客主动打招呼并询问其需求	优 良 中 差	店员主动过来打招呼并询问需求 店员主动过来打招呼但不询问需求 店员未主动打招呼,但顾客招呼时,能迅速过来 店员未主动打招呼,当顾客招呼一遍以上时才过来
（8）主动热情地介绍商品的特性、面料及洗涤方式	优 良 中 差	全面详细地介绍商品的特性、面料及洗涤方式 顾客询问后,一问二答或以上 顾客询问后,被动解答,一问一答 顾客询问后,因反感而不答
（9）鼓励顾客试穿,乐意陪顾客到试衣间,并将待试服装为顾客准备好	优 良 中 差	鼓励顾客试穿,陪同顾客到试衣室,并将待试的服装准备好 鼓励顾客试穿,陪同顾客到试衣室,但未将待试服装准备好 不鼓励顾客试穿,顾客提出试穿后同意顾客试穿,但不陪同顾客到试衣室 不鼓励顾客试穿,也不同意顾客试穿
（10）告诉顾客售后服务的内容,包括免费修改裤长、更换颜色、尺码等	优 良 中 差	主动告诉顾客全部售后服务的内容 告诉顾客二项售后服务内容 告诉顾客一项售后服务内容 未告诉顾客售后服务内容
（11）如果服装不合适,则主动、热情地给顾客更换或介绍其他商品给顾客试穿	优 良 中 差	若顾客提出不合适,主动征询不合适原因,并能提供相应的合适货品给顾客 若顾客提出不合适,没有征询不合适原因,就为其提供其他货品 若顾客提出不合适,让顾客自己挑选其他货品 若顾客提出不合适,收回货品,不予理睬,或强行推销该货品
（12）如试穿满意,顺便向顾客介绍、配搭其他商品和饰品	优 良 中 差	主动介绍并主动引导顾客配搭其他货品 未主动为顾客配搭,当顾客提出配搭要求后,能热情帮助配搭 顾客提出配搭要求后,不情不愿地寻找相应货品 顾客提出配搭要求后,没有反应
（13）服饰配搭恰到好处,令顾客满意	优 良 中 差	服饰配搭恰到好处,顾客非常满意 服饰配搭水平较高,顾客比较满意 服饰配搭水平一般,顾客可以接受 服饰配搭水平太差,顾客不能接受

(续表)

调查项目	等级	评分标准
(14) 在不需同时接待其他顾客时,陪同顾客到收银处付款,并说致谢语	优 良 中 差	陪同顾客付款,并说致谢语 陪同顾客付款,不说致谢语 让顾客自己去付款,说致谢语 让顾客自己去付款,不说致谢语
(15) 顾客离店时,有营业员能立即主动地对每位离店顾客说送别语	优 良 中 差	顾客离店时,营业员热情、自然地招呼 顾客离店时,营业员打招呼,但不热情 有营业员偶尔对个别离店顾客打招呼 不打招呼
3. 购物环境		
(16) 在收银台附近,整洁摆放或张贴着"顾客服务热线"的标牌	优 良 中 差	店内收银台附近有标牌,且很整洁 店内收银台附近有标牌,但不够整洁 店内收银台附近有标牌,但很脏 无标牌
(17) 店内货架、橱窗、门面招牌、地面整洁	优 良 中 差	店内货架、橱窗、门面招牌、地面整洁 一项欠缺 二项欠缺 三项或四项欠缺,或有一项严重损害商店形象
(18) 货品摆放整齐、货架不空置、货品及模特无污渍、无损坏	优 良 中 差	货品摆放有条不紊,分门别类,货架不空置、货品及模特无污渍无损坏 有一个货架(或货品、模特)未达到要求 有两个货架(或货品、模特)未达到要求 货品乱放,或三个以上货品及模特有污渍、有损坏
(19) 试衣间整洁、门锁安全、设施齐全(配备衣钩、拖鞋)	优 良 中 差	试衣间整洁、门锁安全、设施齐全 三项中有一项欠缺 三项中有二项欠缺 三项均有欠缺或其中一项以上严重欠缺
(20) 灯光明亮、音响适中、温度适宜、走道通畅(无杂物堆放)	优 良 中 差	灯光充足、音响适中、温度适宜、走道畅通(无杂物堆放) 四项中有一项有欠缺 四项中有二项有欠缺 四项中有三项或四项有欠缺,或有一项以上严重欠缺

注:① 对每项调查内容,优 5 分、良 4 分、中 3 分、差 1 分,满分 100 分;
② 为使得调查顺利、有效地进行,中国纺织大学还设计出如下操作流程图。

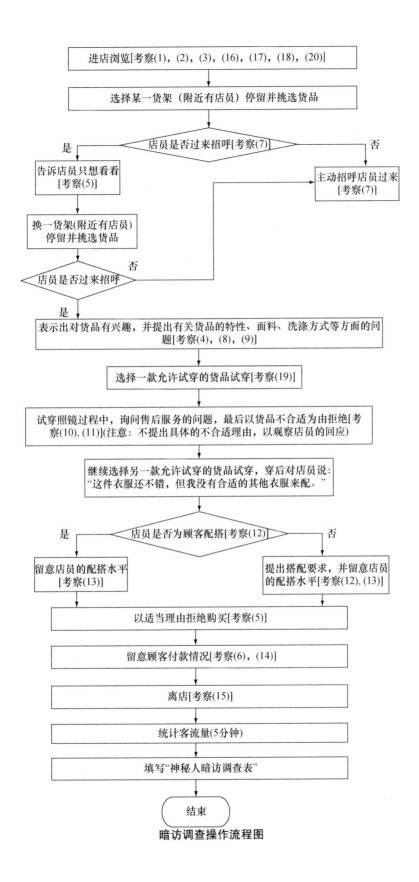

暗访调查操作流程图

真维斯委派调查员装作普通顾客对各专卖店进行调查评分,根据评分结果给予奖惩,有力地促进了各专卖店服务水平的提高。

观察是一种有目的、有意识的认识活动,观察结果是研究者形成判断和推理的依据。观察法主要用于描述性研究中。

第一节 观察法的含义与类型

一、观察法的含义与特点

1. 观察法的含义

观察法(observational method)是研究者通过感官或借助一定的科学仪器,在一定时间内有目的、有计划地考察和描述客观对象,并收集研究资料的一种方法。观察法属于一种实地调查法。

2. 观察法的特点

(1)客观性。指观察所获得的现象和过程能如实地反映客观事实,正所谓眼见为实。

(2)能动性。观察是研究者根据需要有目的、有意识地进行的一种活动,因而是自觉的不是盲目的,是主动的不是被动的。在观察中,既要按原计划进行,又要根据情况的变化对计划做出适当的调整,充分发挥观察者的主观能动性。

(3)选择性。科学观察要求观察者善于把自己的注意力有选择地集中在某一观察对象上,尽量排除外界无关刺激的影响。因此,观察只有在典型的时间、地点、条件下,从大量客观事实中选择典型的观察对象进行观察,才能获得预期的观察效果。

二、观察法的种类

(一)自然观察法和实验观察法

根据观察数据是在自然条件下取得还是在人为干预和控制条件下取得,可分为自然观察法和实验观察法。

1. 自然观察法

自然观察法(naturalistic-observation method)就是所要求的环境在自然状态下,作为研究者对观察对象不施加任何控制变量。可以看出运用自然观察法,观察者能收集到客观真实的材料,但这些材料往往是观察对象的外部行为表现。

自然观察法的优点是:自然观察能搜集到研究对象在日常生活中的真实、典型的行为表现。

自然观察法的不足是:研究者处于被动,难以揭示那些较少在自然状态下表现出来的心理特点。

2. 实验观察法

实验观察法(laboratory observation method)是在人工控制的环境中进行系统观察的方

法。其特点是要求对被观察者行为表现的一个或更多的因素进行控制,从而发现这些影响因素与被观察者的行为表现之间是否存在因果关系。

实验观察法的优点:实验观察能使研究者获得更全面、更精确、更深入的事实和资料。

实验观察法的不足:要求较高,难度较大。

> 1954年,加拿大一所大学的心理学家进行了一个实验:心理学家招募志愿者做被试,给其戴上半透明的护目镜,使其难以产生视觉;用一个装置发出的单调声音限制其听觉;手臂戴上纸筒套袖和手套,腿脚用夹板固定,限制其触觉。让被试单独待在实验室里,观察反映变化。几小时后被试开始感到恐慌,进而产生幻觉,在实验室连续待了三四天后,被试会产生许多病理心理现象,如出现错觉、注意力涣散、思维迟钝、紧张、焦虑、恐惧等,实验后需数日方能恢复正常。这就是有名的"感觉剥夺"实验。这个实验采用的就是实验观察法,对被试的视觉、听觉、触觉施加控制因素,然后观察其反应变化。

(二) 参与观察和非参与观察

根据观察者是否直接参与到被观察者所从事的活动中可分为参与观察和非参与观察。

1. 参与观察

参与观察是(participant observation)观察者直接参与到被观察者的实际环境中,并通过与被观察者的共同活动从内部进行观察。

参与观察者可以两种不同的角色进入:

(1) 作为观察者的参与者,即研究者的身份对其所研究的群体来说是公开的,同时,研究者又被这一群体所接受,允许他参与他们的成员关系和群体活动,使研究者能够进行观察和研究。

存在的问题:干扰因素——真实性问题。

(2) 完全的参与者,也叫隐蔽的观察者,即研究者将自己的真实身份隐藏起来,而以所观察社区或群体中一个真实成员的身份去参与其中并进行观察。

参与观察存在问题是:伦理道德问题——为了达到研究目的,你有权利欺骗研究对象吗?

参与观察常用于搜集较为完整并且具有深度的资料,目的在于对研究现象发生、发展的真实情况有较全面、直接和较深入的理解。

参与观察的适用条件是:

(1) 观察者自身条件。观察者有较充足的时间,能够和观察对象建立和谐关系,能客观、中立地记录信息,需要掌握一定的观察技巧。

(2) 观察对象条件。观察对象是开放的还是封闭的,与观察者的差异程度。

参与观察的优点:研究者在开始研究前不必使用特定的假设;能较深入地了解观察活动,并及时发现新的研究信息;可以搜集到观察对象的动态活动资料。

参与观察的不足:研究费时费力;搜集的资料琐碎,不容易系统化;研究的信度不高;研究推论的范围有限;研究对观察者的素质和技巧要求较高。

2. 非参与观察

非参与观察(non-participant observation)是观察者不参加被观察者的任何活动,从外部作为旁观者进行观察。它又分为两种情况,其一是自然状态下的非参与性观察,如研究者找借口每天花 1 个小时到教师办公室,观察教师与学生交互作用的行为,通过搜集到的观察事实资料的分析,比较教师与教师期望高的学生以及教师与教师期望低的学生之间是否存在不同的师生关系。其二是实验情境下的非参与观察。如研究者设置一个教育教学活动的场面,借助隐蔽的录音录像、单向隐视系统对学生的行为表现进行观察。

非参与观察的优点:非参与观察不影响被观察者的正常活动,使观察对象的活动真实、自然,搜集资料客观,从而提高观察结论的可靠性。

非参与观察的不足:观察者没有亲身体验活动,故具有内在价值的材料不容易获得。

(三) 非结构性观察和结构性观察

根据观察是否有统一设计的、有一定结构的观察项目和要求可分为非结构性观察和结构性观察。

1. 非结构性观察

非结构性观察(unstructured observation)指观察者只有一个总的观察目的和要求,或一个大致的观察内容和范围,但没有详细的观察项目和指标,亦无具体的记录表格,因而在实际的观察活动中常常是根据当时的具体情况而有选择地进行观察。非结构性观察根据是否参与到被观察者中又分为以下两种:

(1) 非结构无参与观察,主要有对情境环境、对人物、对事物的动因、对社会行为、对出现频率和次数等的观察。

(2) 非结构参与观察,是一种比较机动灵活的观察方法。这种方法的最大特点是不会引起被观察者的心理障碍,观察者完全掩饰了自己"研究者"的真实身份,作为"局内人"可以最大限度地获得真实的资料。

非结构性观察的优点:非结构性观察比较灵活,适应性强,而且简便易行。

非结构性观察的不足:观察所获资料较零散,难以进行定量和比较严格的对比研究,且获得的资料具有片面性。

2. 结构性观察

结构性观察(structured observation)指观察者事先设计好观察的内容和项目,制定出相关可量化的观察记录表格,并在实际观察活动中严格按照其进行观察记录。结构性观察的内容大概有三个方面:物质表征、动作行为、态度行为。结构性观察一般用于对某些特定的行为和特征的观察,所得资料大多可以进行定量分析。

结构性观察的优点:一般而言,结构性观察能获得大量确定和翔实的观察资料,并可对观察资料进行定量分析和对比研究。

结构性观察的不足:缺乏弹性,比较费时。

课堂教学过程中学生活动的行为观察

1. 观察的主要内容有

(1) 学生在课堂上的注意程度；
(2) 学生在课堂上回答问题的积极性和正确性；
(3) 学生参与课堂讨论的积极性；
(4) 学生在课堂上完成形成性练习的独立性与正确性。

2. 学生出现不集中注意行为的观察记录表(见表7-1)

表7-1 学生出现不集中注意行为的观察记录表

学生＼时间段(分钟)	0—5	5—10	10—15	15—20	20—25	25—30	30—35	35—40	40—45
S_1									
S_2									
S_3					✓				
S_4									
S_5							✓		
S_6									
⋮									
S_m									

3. 学生对教师提问响应行为的观察记录表(见表7-2)

表7-2 学生对教师提问响应行为的观察记录表

学生＼教师提问	提问1	提问2	提问3	提问4	…	提问n
S_1	✓+	✓+		✓−		
S_2		✓+	✓−			
S_3	✓+					✓+
S_4			✓−			
S_5		✓+				
S_6		✓+	✓−			✓−
⋮						
S_m						

4. 观察记录统计结果(见表7-3)

表7-3 观察记录统计结果

不集中注意人数\试验班\时间段(分钟)	0—5	5—10	10—15	15—20	20—25	25—30	30—35	35—40	40—45
1	0	1	2	0	0	2	2	0	1
2	1	2	0	1	1	3	4	1	2
3	1	1	1	2	3	1	5	2	3
4	0	0	2	1	2	0	1	0	0
5	1	0	3	2	0	2	4	5	6
6	1	1	1	1	2	0	3	2	0
合计	4	5	9	7	8	8	19	10	12
注意人数	92	91	87	89	88	88	77	86	84
注意率(%)	96	95	91	93	92	92	80	90	88

注意率 = $\dfrac{实际注意人数}{理论应注意人数} \times 100\%$

理论应注意人数 $N = 6 \times 16 = 96$(人)

5. 根据表7-3的数据,可画出学生注意率的分配曲线(见图7-1)

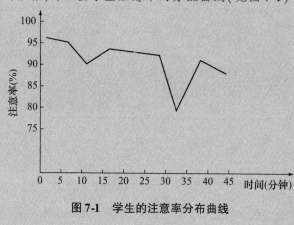

图7-1 学生的注意率分布曲线

(四)直接观察和间接观察

根据观察是否借助仪器分为直接观察法和间接观察法。

1. 直接观察

直接观察(direct observation)是凭借研究者的眼、耳等感觉器官去感知对象,从而获得感性材料的方法,如通过参观、参加活动等去获得对观察对象的感性材料。

直接观察的优点:身临其境、感受真切,观察者能得到直观、具体、生动的印象;容易形成对事物的有机整体性认识。

直接观察的不足:观察者各自的气质、自身条件不同,各人感受也不一样;受人体自然器官的限制,有一些现象无法观察到,被观察现象不能被完整地保存下来,甚至会产生错觉;有时,直接观察(如随堂听课活动)本身会影响观察对象的活动,从而影响搜集到的事实资料的客观真实性。

2. 间接观察

间接观察(indirect observation)是指观察者通过对自然物品、社会环境、行为痕迹以及照片、录音、录像等资料进行观察,以间接反映调查对象的状况与特征的方法。常见有以下两种方法:

(1) 累积物观察。就是指对物品的堆积物或积聚物所进行的观察。

> 美国的雷兹教授和他的学生在每次垃圾收集日都从土珊市所收集的垃圾中随意拿出两袋,然后把垃圾的内容按照200种产品的名称、重量、数量、成本、包装容器等进行分类。他通过对土珊市的垃圾进行研究,获得了有关当地食品消费情况的第一手信息,从而得到以下重要结论:① 劳动者阶层所喝的进口啤酒比高收入阶层还多;② 减肥清凉饮料和橘子汁却是高层次人士嗜好的消费品;③ 中等收入阶层人士比其他阶层人士要浪费更多的食物,这是因为双职工都要上班,以及没有时间来处理剩余的食物。[①]

(2) 腐损物观察。与累积物观察相反,它观察人们在活动时有选择地使用某物造成的磨损程度。这种间接观察获得资料的真实性往往高于访谈法和问卷法获得的资料。在书店通过看书的磨损程度可以了解书的销售情况。

间接观察的优点:克服人类感官的局限性,使获得的感性材料更加全面、精确;做到观察者的观察活动本身不影响被观察者的活动。

间接观察的不足:观察者缺乏身临其境的感觉,观察获得的资料欠生动、直观;操作比直接观察法麻烦。

(五) 持续观察、抽样观察和评价观察

根据观察内容是否连续完整以及观察记录的方式可分为持续观察、抽样观察和评价观察。

持续观察:详细观察和记录观察对象连续、完整的心理活动和行为表现。

抽样观察:研究者根据一定的标准选取被观察对象的某些心理活动和行为表现进行观察或者在特定的时间内进行观察来搜集研究资料。

评价观察:按照事先制定好的评价量表对被观察对象的心理活动和行为表现进行观察并做出判断。

(六) 时间抽样观察法和事件抽样观察法

按照对所要观察的对象及其行为表现的不同取样方式可分为时间抽样观察法和事件抽样观察法。

要对研究对象有全面的了解,最理想的办法当然是观察他们的全部行为表现。但是由于时间、人力、财力等方面的条件限制,研究者一般做不到这一点。于是就只能采用抽样观

---

① 刘德寰.市场调查教程[M].北京:经济管理出版社,2005:141.

察法,即选取一部分有代表性的事件或行为作为研究对象。抽样观察法一般可分为时间抽样观察法和事件抽样观察法。

1. 时间抽样观察法

时间抽样观察法指研究者根据事先确定的观察的维度,有选择地在某些时间段内观察某一特定行为,并把观察的结果记录在事先拟定的记录表上。具体来说要观察记录如下内容:

(1) 某一行为或事件是否出现或发生?
(2) 该行为或事件出现或发生的频率是多少?
(3) 该行为或事件出现或发生的持续时间有多长?

从这里可以看出时间抽样观察法的记录不是叙述性的,而是数点数的,即频率数。运用时间抽样观察法有下列前提与要求:

(1) 适用于经常发生的行为,频度较高,一般每15分钟不低于1次。
(2) 适用于观察外显行为,不宜观察内在行为。如研究思维方式就无法用直观的办法看到,也就不能用时间抽样观察法。
(3) 观察者要确定观察目的、观察对象、观察范围和时间,以及观察记录的格式。
(4) 观察者对所要观察的行为或事件给予明确的操作定义。

帕顿于1932—1933年发表的《儿童游戏的研究》,是采用时间抽样观察法最著名的早期成果之一。帕顿用8个月的时间观察了2岁至5岁的儿童在游戏中的表现,根据参与的情况将游戏分为6种(见表7-4),即无所事事、旁观、个体、平行、联系、合作游戏,并确定各类游戏的操作意义。

表7-4　6种游戏类型操作定义

游戏类型	操作定义
无所事事	儿童没有做游戏,只是碰巧观望暂时引起他们兴趣的事情,如没有可注视的就玩弄自己的身体,或走来走去、爬上爬下、东张西望
旁观	儿童基本上观看其他儿童的游戏,有时凑上来与正在做游戏的儿童说话、提问题、出主意,但自己并没有直接参加游戏
个体	儿童独自一人游戏,只专注于自己的活动,根本不注意别人在干什么
平行	儿童能在同一处玩,但各自玩各自的游戏,既不影响他人,也不受他人影响,互不干涉
联系	儿童在一起玩同样的或类似的游戏,相互追随,但没有组织与分工,每人做自己想做的事情
合作	儿童为某种目的组织在一起进行游戏,有领导、有组织、有分工,每个儿童承担一定角色任务,并且相互帮助

如果帕顿的研究没有给6类游戏类型以明确的操作定义,则观察者面临儿童的活动就无法确切分类记录。概念不明确则是思维混乱的开始。

时间取样法的优点是省时、简便、客观,可进行量化分析。缺点:它仅适用于研究经常发生的外显行为,但不适用于观察内隐行为(如心理活动)等;这种方法所获资料往往是说明行为的种种特征(如频率)的资料,不能掌握有关环境、背景的资料。

2. 事件抽样观察法

事件抽样观察法也要求观察者事先确定所要观察的特定的事件或行为,然后观察记录该事件或行为发生的情况。观察者从观察对象多种多样的行为中选出有代表性的行为进行观察,在自然状态下,等待所要观察的行为出现,然后记录这一行为的全貌,包括行为发生的背景、发生的原因、行为的变化、行为的终止与结果等。与时间抽样观察法不同,事件抽样观察法不存在遵守时间问题,着重于行为的特点、性质,而前者着重于行为是否存在,要严格遵守规定的时间。

事件抽样观察法的典型案例是海伦·大卫对学前儿童的争吵行为的研究分析。

海伦·大卫——儿童争执事件观察①

海伦·大卫于1931年10月19日至1932年2月18日对保育学校2—5岁的40名幼儿(其中男孩21名,女孩19名)在游戏中自发发生的争吵事件进行了观察,他在事前设计了观察记录表(见表7-5),主要记录以下6种内容:

(1) 争执事件发生的背景;
(2) 争执持续的时间;
(3) 争执双方儿童行为的性质;
(4) 争执双方儿童说了什么,做了什么;
(5) 争执事件的结果如何;
(6) 争执事件的影响怎样。

表7-5 儿童争执事件记录表

儿童	年龄	性别	争执持续时间	发生背景	行为性质	做什么说什么	结果	影响

观察58小时,共记录200例争执事件,平均每小时3.4次。观察中发现,男孩的争执事件多于女孩,年龄相差大的孩子之间的争执多于年龄相仿者。随着年龄的增长,争执事件减少,但侵犯性质增强。导致争执发生的原因,往往在于对占有物品的不同意见。大多数争执自行平息。恢复较快,无表现愤恨的征候。

采用事件抽样观察法的要求与时间抽样观察法的要求类似,如给操作内容下定义进行严格界定、编制记录表格等。

---

① 陶保平.学前教育科研方法[M].上海:华东师范大学出版社,1999:100.

运用事件抽样观察法有下列前提与要求：
(1) 确定要观察的事件和或行为并下操作定义。
(2) 确定观察的时间和地点。
(3) 确定所要记录的信息。
(4) 设计观察记录表和代码系统，并尽量使之简便易行。

事件抽样观察法的优点：既可以在有准备的情况下获得预先确定的有代表性的可行研究样本，又可以保留行为的连续性和完整性，得到关于事件的环境与背景资料；收集资料的时间比较经济；将行为和行为发生的情景结合起来，便于研究者进行因果分析。

事件抽样观察法的缺点：需要被动等待特定事件发生；对导致事件发生的条件和环境等信息不能充分了解。

3. 时间抽样观察法与事件抽样观察法的区别

(1) 时间抽样观察考察的单位是时间区间，而事件抽样法考察的单位是事件或行为本身。

(2) 事件抽样观察策略不受事件或行为的发生频率的限制。

(3) 事件抽样策略和时间抽样观察策略所获得的结果是不同的，时间抽样观察研究的是事件或行为是否存在，而事件抽样观察研究的是事件或行为的特征。

(4) 时间抽样观察策略更适合专业研究人员使用，而事件抽样观察策略更适合于教师使用。

第二节 观察法的实施步骤

观察法的实施步骤可以分为观察准备工作、实际观察、观察资料的整理与分析、撰写观察报告等四个阶段。

一、观察准备

(一) 制订观察计划

为确保观察的顺利进行，在观察前必须制订观察计划。观察计划设计的基本内容包括：

(1) 观察目的与任务；
(2) 观察内容即观察的项目(要收集哪些资料)；
(3) 观察对象及范围(观察谁)；
(4) 观察地点(在什么地方观察)；
(5) 观察方式与手段(观察方法、观察记录技术、仪器设备等)；
(6) 观察步骤与时间安排(观察的次数、程序、时间间隔,观察要持续的时间,等等)；
(7) 其他(组织、分工和有关要求)工作。

这里对观察方式、观察记录技术和观察记录方法给出简单说明。

观察方式要根据以下内容灵活选择：根据观察的目的选择；根据目标行为的特征选择；考虑研究者自身的条件选择。

观察记录技术是指在进行观察调查中,对被调查对象进行记录时所采用的方法和手段。

常用的记录技术主要有以下几种:卡片;速记;符号;记忆;器材记录。

观察的记录方法主要包括:

(1) 评等法。观察者对所观察的社会现象评定等级。如观察路人的行走速度可以用很快、快、一般、慢、很慢等等级来加以评等。观察者可预先印制评等表,对每个观察对象所表现的特征按所属等级在表格中划上记号。

(2) 记录出现频率法。观察者对于某些社会现象出现的频率进行观察。如观察路人路过某个广告时的动作可以用停下观看、不停不看、边走边看。观察者可预先印制频率表,在规定的观察项目栏上,以符号"√"记录对象在该项目所指的行为现象上出现的次数。

(3) 连续记录法。对于连续发生的社会现象的各个阶段进行持续的观察。观察者可预先印制记录表,按一定的时间单位如 10 分钟记录在每个时间单位内发生的现象。

(二) 设计观察工具

结构式的定量观察法中经常使用分类测评工具,常见的分类测评观察工具有编码体系和观察记录表(包括行为核查表和等级量表)等。

1. 制定观察编码体系

编码体系是观察法中常用的一种观察工具。首先,编码体系要求确定要观察的具体项目,然后对准备观察的具体项目进行编码。编码体系常结合时间抽样观察法使用,专门观察和记录观察对象在特定的时间内发生的特定行为。观察者在指定的一段时间内,记录下特定行为的编码。

(1) 根据研究目的选择目标行为。例如:以互助性行为、争吵性行为等作为观察的目标行为。

(2) 根据研究目的和需要对行为进行分类,并确定各类行为的操作性定义。将行为进行分类的方式主要有两种,相应地形成以下两种行为分类系统:

类别系统。要求能将所有观察到的有关行为都记入一个唯一适合它的、与其他类别相互排斥的类别之中。该分类系统要求遵循两条原则:第一,相互排斥性原则,即将行为明确定义,从而使可观察行为的每一类别精确地相互区分,无交叉含义。第二,详尽性原则,即凡与所研究问题相关的行为,其所有可能的具体表现,都能够归进其中某一个类别,从而不会使某个观察到的行为无从归属。

特选系统。预先选定一组有限数量的具体行为作为观察研究的对象,通过观察记录这些具体行为发生与否。特选系统仅纳入那些已选定的行为,而不包括观察期间可能出现的所有行为。因此,它具有相互排斥性(包括相互排斥的类别),但没有详尽性(不包括所有的类别)。

以上两种分类系统常用于时间抽样观察法。

(3) 在分类的基础上进行编码,建立编码体系。观察时只要根据所看到的在其中选择或填写具体编码即可。编码可以是数字(1,2,3 等),也可以是它所代表的缩略语。

根据不同的研究目的和条件,研究者虽然可以设计出各种不同的、适合自己需要的观察代码系统,但是,根据所使用代码的不同,观察代码系统一般可以分为数字型和符号型两大类。

数字型代码系统。数字型代码系统是用不同的数字分别代表各观察单位,被观察单位可以是被试的行为,也可以是各种环境类别。所用数字的多少取决于具体研究中观察单位的数量。

数字型代码系统的优点是结果整理工作量小,适于用计算机处理;其不足之处是不易记忆,需花较多的时间牢记数字代码,要求研究者对各代码的意义达到十分熟练的掌握程度,方能进行观察编码。

> 下面是一个数字型代码系统的例子。为了研究课堂中师生交往方式对学生学习态度、学习成绩的影响,研究者设计了一个记录课堂中师生交往行为的数字型观察代码系统。该系统包括六项教师行为和两项学生行为,此外还有一项表示沉默或混乱状况。具体内容如下:
> I. 教师行为
> (1) 表扬或鼓励学生;
> (2) 接受或运用学生的观点;
> (3) 提问;
> (4) 讲述;
> (5) 指导;
> (6) 批评学生、维护权威。
> II. 学生行为
> (7) 学生回答教师提问;
> (8) 学生主动提问;
> III. 其他情况
> (9) 沉默或混乱。

符号型代码系统。符号型代码系统是用一定符号分别代表各观察单位。符号的种类很多,可以是抽象的,也可以是形象的。例如,为了观察、记录被试者的面部表情,心理学研究者设计了形象生动的模拟代码图形。研究者用图形"– –"代表两眉平行,它们中间没有隆起或凹陷(愉快情绪);"– ⌒"代表一眉飞扬(愉快情绪);"⌒⌒"代表两眉均飞扬(愉快情绪);"⌣⌣"代表双眉缩起,眉心 V 形明显(不愉快情绪)等。

符号型代码系统的特点是形象、逼真、易于记忆。不足之处是结果需花较多时间整理,不能直接输入计算机进行统计分析。

2. 准备观察记录表与记录方法

对于观察法来说,记录是最关键的一环。

(1) 观察记录表。优良的观察表格,不仅可使观察记录简约化、精确化、条理化和便利化,确保观察者把注意力始终集中在规定的观察内容和范围内,同时还能使观察资料具有数据化特征,便于量化,或使观察结果清晰明确,一目了然,便于整理和比较分析。

观察记录表主要有行为核查表和等级量表。

行为核查表如表 7-1、表 7-2、表 7-6 所示,观察者只需对照表上列出的项目,在每一种要观察的行为发生时做个记号,或在该项上划"✓"。

表 7-6 政府机关作风观察表

单位名称：		工作地点：	
单位人数：		观察对象：	观察日期：
观察项目	观察结果	观察项目	观察结果
准时上班	□1	办公时间	□□9—10
迟到30分钟以内	□2	闲聊时间	□□11—12
迟到30分钟以上	□3	办私事时间	□□13—14
早退30分钟以上	□4	接待人次	□□15—26
早退30分钟以内	□5	接待耐心	□□17—18
准时下班	□6	接待不耐心	□19
病假	□7	说话和气	□20
事假	□8	说话生硬	□21

注：观察项目1—8、19—21，肯定性结果在"□"中填1，否定性结果在"□"中填0，观察项目9—18，以观察结果的实际数值填入"□□"中。

等级量表。等级量表有预先设置的目标行为分类，观察者在一段时间内对目标进行观察，对行为事件在程度上的差异做出评估，确定等级。观察者将观察所得印象数量化，观察结束时，在量表上对该期间内发生的目标行为评以相应的等级。等级量表主要用于测量心理特征，如态度、性格等。常用的等级量表有数字量表、图示量表、描述量表。表7-8就是等级量表。

等级量表比较容易编制，使用较为灵活，操作简单，可在短时间内迅速做出判断，易于进行定量化分析。但是等级量表主观性较高，而且易带个人偏见。等级的评定是依靠评定者个人做出判断，容易受到观察者主观因素的影响。

（2）观察记录方法。常用观察记录方法包括：定量观察中的时间抽样法、事件抽样法、行为核查法；定性观察中的日记描述法、实况记录法、轶事记录法；频率记数图式法等。

观察法讲究记录方法。观察记录应具体、详细、系统。按照观察目的，有时应预先准备记录表格、熟悉与记住行为代号及定义，以便迅速、准确地记录所观察到的内容。下面介绍几种常用的记录方法。

① 等级式。对所观察的对象评定等级，在等级评定表相应的位置上划圈。
② 频率式。在观察表中记录某种现象是否出现及出现的频次。
③ 实录式。笔录或录音、录像、摄像，即工艺学记录方式。
④ 是非式。在观察表中是非式答案选择处打"√"或打"×"。
⑤ 代码式。用数字型代码或符号型代码标识所观察到的行为目标。
⑥ 图画式。用图形、图画记录观察对象的位置、环境、形状等。

（三）选择恰当观察途径

观察活动不仅要在自然状态下进行，而且要以不影响被观察者的正常活动为原则。

二、实际观察

实际观察就是观察实施的具体过程。进行实际观察时，首先要选择好进入方式。采用非参与性观察法进入观察场所时，要在尽量不影响被观察者常态的情况下，选择最佳观察角度。参与观察还必须与观察对象建立友善关系。其次，要做好观察记录。应根据不同的观察类型选择适当的记录方法,记录要及时、准确、有序、全面、详尽。

在实际观察中要注意以下几点:① 灵活执行观察计划;② 抓住观察的重点;③ 注意做到观看、倾听、询问、查看、思考五个方面相互配合;④ 做好观察记录。

实际观察记录方式分为以下几种:

(1) 定性观察记录方式,即田野记录的方式。常用的田野记录主要包括准结构描述、日记描述、轶事记录和连续记录。

(2) 定量观察记录方式。如前面所述,常见的几种分类测评观察工具有编码体系、行为检核表和等级量表。

(3) 现场观察记录方式。进入现场要注意两点,第一是选好观察位置,有较好的角度和光线以保证观察有效、全面、准确。第二是不惊扰观察对象或与观察对象打成一片。如果是外部观察,最好不让观察对象知道;如果是内部观察,要与观察对象建立和谐良好的关系,以免其产生戒备心理。实施观察要注意看、听、问、思、记等互相配合,达到最佳效果。

如何做好观察记录,特别是无结构式的现场实况记录,是实际观察中较困难的一个环节。叙兹曼和斯特劳斯在1973年提出一个系统的现场观察记录格式,将现场笔录分成四个部分:

① 实地笔记,记录观察者看到的和听到的事实性内容。
② 个人笔记,记录观察者个人在实地观察时的感受和想法。
③ 方法笔记,记录观察者所使用的具体方法及其作用。
④ 理论笔记,记录观察者根据看到的事实推测出的结论。

以下是一位观察者采用叙兹曼和斯特劳斯的现场记录格式,记录他从中午12:00到12:30在一所大学的食堂里做的观察。他将自己看到、听到和想到的事情分别填入表7-7中有关的栏目里。①

表7-7 现场观察记录表格

实地笔记	个人笔记	方法笔记	理论笔记
12:00——食堂里大约有300人,10个窗口前队伍平均4米长	我感觉很拥挤	这个数字是我的估计,不一定准确	中午12点似乎是学生就餐的高峰
12:05——在卖馅饼的窗口排了一个足有两米长的队,而且排队的大部分(大约四分之三)是男生	我想是不是今天的馅饼特别好吃?是不是男生特别喜欢吃馅饼?	我站在离卖馅饼的窗口5米远的地方,看不清馅饼的质量,不知道这些人买馅饼是不是因为馅饼好吃	也许买某一样食物的人数与该食物的质量之间有正相关关系
12:10——食堂里有5对成双的男女坐在一起吃饭,两个人坐得很靠近,都是男的坐在女的左边	也许他们是恋人	我只是根据他们坐在一起的亲密样子判断他们是恋人,这个猜想需要进一步检验	也许在食堂里就餐时,男生习惯于坐在女生的左手边
12:20——一位女生将一勺菜送到旁边男生的嘴边,望着对方的眼睛说:"想不想吃这个菜"	为什么这些"恋人们"在公共食堂里如此"放肆"?!我对此有反感	我现在与他们坐在同一张桌子上,可以听到他们的谈话	似乎女生喜欢主动向男生"献殷勤",这一点与我平时的印象不一样,需要进一步观察和体验

---

① 陈向明.质的研究方法与社会科学研究[M].北京:教育科学出版社,2000:248.

三、观察资料的整理与分析

观察结束后,要对观察记录进行初步整理。对笔录资料要分门别类存放;对录音、录像、摄像资料要登记并做卡片,以免事后因记忆模糊而造成资料混乱。

整理与分析工作的基本内容:整理资料,看所需观察的资料是否都收集到;审查资料,看所收集到的观察资料是否都有效;分类归档;详细说明要解释的内容。

通过研究者亲自观察得到的资料一般比较真实可靠,但有时也有人为的虚假成分。如有时由于某种原因,被调查的单位或个人会以某种假象掩饰事实的真实面目。同时,受观察者自己的价值标准和以往经验的影响,可能造成观察资料的不准确。因此,在整理和分析观察资料时,要注意如下几个问题:

第一,要检查观察资料是不是严格遵循科学方法的程序而获得。

第二,如果资料是用多种方法收集的,则应把通过观察获得的资料和通过其他方法获得的资料进行比较,如发现问题可再去核实。

第三,当观察是以小组进行时,可将观察者之间获得的资料进行比较。

第四,对于较重要的问题应注意观察时间的长短,一般来说,长时间的观察比短时间的观察更可靠。

四、撰写观察报告

在观察报告中,要对观察计划中的诸项内容加以说明,要用事实说明观察前的理论假设是否得到了验证,要说明观察中遇到的问题,说明观察的信度和效度,说明进一步研究可能的方向。[①]

第三节　观察法注意事项及其评价

一、观察法注意事项

为减少观察者误差,在应用观察法时,应注意以下事项:

(1) 为了使观察结果具有代表性,能够反映某类事物的一般情况,应注意选择那些有代表性的典型对象,在最适当的时间内进行观察。

(2) 在进行现场观察时,最好不要让被调查者有所察觉,尤其是使用仪器观察时更要注意隐蔽性,以保证被调查者处于自然状态下。

(3) 在实际观察和解释观察结果时,必须实事求是、客观公正,不得带有主观偏见,更不能歪曲事实真相。

(4) 观察者的观察项目和记录用纸最好有一定的格式,以便尽可能详细地记录观察内容的有关事项。

(5) 应注意挑选有经验的人员充当观察员,并进行必要的培训。

---

① 颜玖.观察法在社会科学研究中的应用[J].北京市总工会职工大学学报,2001,16(4):36—44.

二、观察法的评价

（一）优点

（1）它能通过观察直接获得资料，不需要其他中间环节，因此，观察的资料比较真实。

（2）在自然状态下的观察，能获得生动的资料。

（3）观察具有及时性的优点，它能捕捉到正在发生的现象。

（4）观察能搜集到一些无法言表的材料。

（二）缺点

（1）观察法仅能取得表面性资料，无法深入探究其原因、态度和动机等问题；另外由于受时空等条件的限制，观察法只能观察到正在发生的动作和现象，而对已经发生的或将要发生的事情无法得知。

（2）调查者必须具备较高的业务能力和敏锐的洞察能力，能及时捕捉到所需资料，同时也必须具备良好的记忆力。

（3）要求较高的调研费用和较长的观察时间。因此，观察法最好同其他调查方法结合起来使用。

（4）受时间的限制，某些事件的发生是有一定时间限制的，过了这段时间就不会再发生。

（5）观察法不适用于大面积调查。

[复习思考题]

1. 观察法的类型有哪些？
2. 观察法的具体步骤是什么？
3. 观察的主要记录方法有哪几种？

[实训题]

事件抽样观察策略举例：幼儿独立性观察研究

第一步：确定观察内容

（1）研究目的：幼儿独立性的发展特点，考察儿童三方面的独立性：生活自理方面、劳动方面和游戏活动中的独立性。

（2）观察对象：从某幼儿园抽取大、中、小各一班，每班抽取20名幼儿作为观察对象。

（3）观察目标行为的操作定义。

① 生活自理方面：儿童能自觉吃饭、睡午觉、穿衣及叠被，不需要教师的督促和帮助；

② 劳动方面：当教师让儿童做一些简单的劳动时（擦桌子和小凳子），儿童能独立地完成；

③ 游戏活动：在游戏活动中（拼图游戏），儿童遇到困难，能够独立地解决，不需教师给予帮助。

第二步：确定观察的时间和地点

（1）观察地点：幼儿园各班级中。

(2)观察时间:学期结束前三周。

① 生活自理观察时间:每周一、四从吃饭前5分钟开始观察,到午觉起来后所有被观察的儿童穿好衣服下床后5分钟为止。共持续两周,总共观察四次。

② 劳动观察时间:每周四下午起床后,观察两周,共两次。

③ 游戏观察时间:每周四早上9点到9点半,观察两周。

第三步:编制观察记录表(见表7-8)

表7-8 生活自理方面独立性编码(吃饭)

编号	姓名	1	2	3	4	备注
01	张×	✓				
02	李×		✓			
03	王×			✓		
04	刘×				✓	

注:能独立地把饭吃完,不需要老师的督促 ························· 4
  需要老师再三督促才能自己把饭吃完 ························· 3
  自己吃一点,需要老师喂一点 ························· 2
  自己不吃,需要老师喂 ························· 1

(其他略)

请分析该研究中观察设计的科学之处。

第八章 实验法

引导案例

1977年,马隆和柯克帕特里克受命在美国华盛顿地区对出租车进行一项自然实验,以测验汽车刹车灯安装位置与追尾事故间的关系。马隆和柯克帕特里克将2 100个出租车司机平均分为四组,含三个实验组一个对照组。实验依据年龄、性别和有无事故史对司机进行匹配。实验自变量是汽车尾部刹车灯的安装情况,有四种安装格局:(1)低位双侧刹车灯。这是当时所有汽车所使用的刹车灯格局,即在汽车较低的两侧安装两个刹车灯。该组作为对照组。(2)中央高位刹车灯。(3)独立双高位刹车灯。(4)对刹车灯现有格局进行调整,刹车和转向等独立分开。(2)(3)(4)组为实验组。实验的因变量是车辆在一年中发生的追尾碰撞事件的次数。

在此项研究中,所有的出租车司机在不同路况和天气情况下行驶了6 000多万公里。结果发现,与对照组即当下流行组相比,中央高位刹车灯组追尾事件的发生率低54%,并且追尾事件的破坏程度低38%。马隆和柯克帕特里克推测,这种安装格局会使刹车灯刚好位于尾随的司机驾车时通常看到的位置,面临危险时,能够更快地刹车,降低了相撞时的速度,从而减轻了破坏程度。① 后来,美国法律规定从1986年开始所有新销售的轿车都必须装备高位刹车灯。

严格说来实验法不是调查法,也不是资料收集方法,而是验证某种假设,确定某种因果关系的方法。该方法是社会科学研究中科学性最高的方法,因此,是所有研究方法中所得结论相对最可靠的方法。

第一节 实验法与实验的基本构成

一、实验法的概念与基本原理

1. 实验法的概念

实验法是实验者根据某种假设,通过系统地操作(manipulation)某些实验变量(或称自

---

① 郭秀艳.实验心理学[M].北京:人民教育出版社,2004.

变量),同时对影响实验结果的无关变量加以控制,观测与实验操作相伴随的现象的变化,从而确定实验操作与观测现象之间因果关系的一种研究方法。

实验法主要涉及三个变量:(操作)自变量;(观测)因变量;(控制)无关变量。

实验研究的目的是确定自变量与因变量之间的因果关系,以检验研究假设。

实验的基本要素是实验者、实验对象、实验环境、实验活动、实验检测。

2. 实验研究的基本原理

实验研究的基本原理如下:

(1) 首先以一个理论假设为起点,这个理论假设是一种因果关系的陈述,它假设某些自变量会导致某些因变量的变化。

(2) 然后进行如下操作:在实验开始时对因变量进行测试(称前测);引入自变量,让它发挥作用或影响;在实验结束前再一次测量因变量(称后测);比较前测与后测的差异,即可检验假设。如果二者间没有差异,就说明自变量对因变量没有影响,从而推翻假设;如果二者间有显著差异,则可以证实原来的假设,即自变量对因变量有影响。

上述过程可以用图 8-1 表示:

图 8-1　实验研究原理示意图

为了排除其他因素的影响,通常将实验对象分为两个组:实验组和控制组。这两个组是随机选派的或者是匹配的,它们的所有特征和条件都相同。唯一的差别是,在实验过程中,实验组受到自变量的影响,而控制组不受自变量的影响。

二、实验法的特点

(1) 实验的根本目的是确定自变量与因变量之间的因果关系。揭示采取某一实验措施能否产生某一实验结果或某一结果是否由某一实验措施造成的,这是实验的出发点。

(2) 实验以假设为先导并围绕假设展开。实验以假设为前提。与其他方法不同,实验法要求在实验前有一个明确的实验假设,即实验者在实验前对实验因子与效果之间的因果关系有一个初步的认识,然后通过实验去检验这个认识,或证实,或证伪。

(3) 研究过程受到控制。实验法是在人为控制的条件下进行的研究。控制是实验法的精髓,是实验法的关键所在。严格地说,没有控制就没有实验。实验控制是控制无关变量即控制对实验结果产生影响或干扰的因素。

(4) 具有可重复性。如果具备同样的实验先决条件,采取同样的实验措施,可在不同地区、不同单位产生与该实验同样的预期效果。

三、现场实验法与实验室实验法

1. 现场实验法

现场实验法也叫实地实验法、自然实验法,实验者在尽可能少的控制条件下,在一个真实的情境中操纵一个或以上的独立变量。

现场实验的优点是自然。但实验者对实验环境和条件缺乏较强的控制能力,因而难以孤立出自变量的独立影响作用。本章引导案例就是一个用自然实验法做的实验。

2. 实验室实验法

将研究工作孤立,使之脱离正常活动的常规,然后在严格控制的条件下操纵一个或以上的独立变量,使实验者能够在其他有关变量的变异最小的状况下观察和衡量被操纵的独立变量对相应变量的影响。

实验室实验的优点是实验环境容易控制,实验者能够比较清楚确切地观察到刺激对实验对象的影响。

实验室实验的缺陷:实验室是"人为"制造出来的环境,不自然,从而影响实验对象;许多社会现象是无法在实验室内进行实验的;同时,多数情况下,实验室实验的对象是比较特殊的人群(如在校学生等),从这些特殊人群身上得到的实验结论未必能推广到全体人口之中。

四、实验的基本构成

1. 实验假设

实验假设是对某种现象或问题的假定性解释或推断。

2. 实验被试

实验被试是接受实验处理的人或产品等。被试应尽可能随机选取、随机分配。

3. 实验变量

在设计实验研究时,自变量和因变量应经过严格定义并具有很好的操作性。

(1) 自变量:实验中由实验者掌握、在性质或数量上可以变化、可以操作的条件、现象或特征,是实验者进行操作的变量,也叫实验变量,通常用 X 来表示。

自变量的不同水平:自变量在性质或数量上是可以改变的,一般两个以上不同的水平或状态,如性别自变量可以分为男、女两个水平。

(2) 因变量:是反应变量,是受自变量变化影响的变量,是研究者要测定的假定的结果变量。因变量的变化不受研究者的控制,它的变化是由自变量的变化所产生。因变量的指标具有四个要求:有效性;客观性;准确性;数量化。

(3) 控制变量:与实验目的无关但能够影响实验结果需要在实验中加以控制的变量。

4. 实验控制

广义的理解:自变量操作的控制、因变量观测的控制和无关变量的控制。

狭义的理解:无关变量的控制。

5. 实验步骤

实验研究对实验的步骤要有周密的设计,包括每一步骤的具体内容、使用的工具、方法、控制措施、实验进行的时间以及实验中可能出现的问题和处理的方法。

6. 实验结果

实验结果的表述需要有实验数据的统计分析和关于实验结果的说明和解释。

7. 结论

五、实验法的评价

1. 实验法的优点

(1) 实验法的结果具有一定的客观性和实用性。它通过实验来进行研究,因此,取得的数据比较客观,具有一定的可信度。

(2) 实验法具有一定的可控性和主动性。实验中,研究者可以主动操作某些因素的变化,并通过控制其无关因素的变化来分析、观察某些管理现象之间的因果关系以及相互影响程度,是研究事物因果关系的最好方法。

(3) 实验法可提高研究的精确度。在实验中,可以针对研究的需要,进行合适的实验设计,有效地控制实验环境,并反复进行研究,以提高调查的精确度。

2. 实验法的局限性

(1) 管理情境中的可变因素很多,越是宏观的社会现象,越是综合性较强的社会问题,就越不可能纯粹地靠严格意义上的实验法进行研究。

(2) 实验法要严格控制很多条件,而社会环境是复杂的,实验结果推广的生态效度不一定高。

第二节 实验设计

实验法根据各种变量的控制水平高低,可以分为前实验设计、准实验设计和真实验设计。社会研究要受到诸多现实条件的限制,因此,针对不同条件,需要不同的实验设计。

实验设计常用符号说明:

R 表示随机选择、分配被试;

X 表示实验处理、实验操作、被操作的自变量;

O 表示因变量观测;

G 表示一个组;

_表示没有实验处理。

前实验设计,又称假实验设计,虽然可以操纵、变化一个自变量,但这种设计对额外变量的控制很差,最主要的是没有以随机的方式来分派被试,也无法确定因变量的变化是因自变量而起,致使实验结果的可靠性很低。前实验设计不是严格意义上的实验设计,实际上是变量关系的一种描述。它能够为真实验设计、准实验设计提供资料。其中主要包括三种设计:单组事后测定、单组事前事后测定、固定组比较设计。由于前实验设计过于粗糙,这里不再介绍,主要介绍准实验设计和真实验设计。

一、真实验设计

真实验设计(true-experimental design)是按照随机原则选择和分配被试,有控制组、对照组比较,能较好地控制内部、外部无效度来源,使实验得到严格控制的实验设计。

真实验设计的特征如下:

(1) 采取严谨的实验控制情境;

(2) 遵循随机化原则,受试者被随机选取并随机分派到不同群组;

(3) 以实验组、控制组进行实验研究;

(4) 运用统计方法考验分析实验结果,验证假设,不同群组表现的差异可以用统计方法来比较;

(5) 注重概括化/外部效度。

(一) 被试间设计

被试间设计(between-subjects design)是每一组受试者只接受一种实验处理。

1. 随机分组后测设计

随机分组后测设计(randomize subjects, posttest-only control group design),因为可以随机分派组别,可以确定两组间之差异是因处理(X)引起,但处理之前没有观察(O),所以无法知道处理引起的变化有多大。此种设计是自变量有两个水平,即控制组和实验组,可以用独立样本 t 检验来检验 $O1$ 和 $O2$ 的差异是否显著。

$$RG1 \quad X \quad O1$$
$$RG2 \quad \_ \quad O2$$

也可以将自变量增加到三个以上。需以单因子变异数分析(one-way ANOVA)进行统计分析。

$$RG1 \quad X_1 \quad O1$$
$$RG2 \quad X_2 \quad O2$$
$$RG3 \quad \quad O3$$

2. 随机等组前测后测设计

随机等组前测后测设计(randomize subjects, pretest-posttest control group design),在随机分组之外,本设计还加上前测和后测。此设计的主要目的是探究处理(X)所引起的变化有多大。或许因为有前测,内在效度会受到影响,但在此设计情况下,内在效度是在能掌控的范围之下。数据统计分析采用独立样本的 t 检验,比较实验组和控制组前后测改变情形是否有统计学上的意义。

$$RG1 \quad O1 \quad X \quad O2$$
$$RG2 \quad O3 \quad \_ \quad O4$$

$$实验变量的效果 = (O2 - O1) - (O4 - O3)$$

另外,还有所罗门四组设计,因为该设计过于复杂又缺乏实用性,这里不做介绍。

某企业要研究新包装的销售效果,在同一时间周期内,随机抽取两组条件相似的单位,一组作为实验组,另一组作为控制组(即非实验组,与实验组做对照比较的),在实验后分别对两组进行测定比较(见表8-1)。

表8-1 新包装前后对比实验

组别	实验前一个月销量	实验后一个月销量	变动量
实验组(A、B、C)	$X1 = 1\,000$	$Y1 = 1\,600$	600
控制组(E、F、W)	$X2 = 1\,000$	$Y2 = 1\,200$	200

(二) 被试内设计

被试内设计(within-subjects design),指每位受试者都接受实验中的每一种处理,即在此种设计中,只有一组受试者,而每一种实验处理受试者都要尝试。

该实验设计的优点是不同水平间的受试者能力、特质是相同的,所需要的受试者人数较少。缺点是实验时序所产生的效果会影响因变量。

该实验设计所用数据统计分析方法为相关样本的 t 检验。

(三) 多因子实验设计

多因子实验设计(factorial design)是指在研究过程中,研究者同时操纵两个以上的变量,以发现每个自变量对因变量的影响,以及各个变量之间交互作用的影响,称为多因子实验设计。

假设操纵的第一个自变量 X_a(因子)有 A 个不同处理水平,第二个自变量 X_b 有 B 个不同的处理水平,第三个自变量 X_c 有 C 个不同的处理水平,则称之为 $A \times B \times C$ 的因子设计。

若三个自变量均为受试者内变量,则称之为 $A \times B \times C$ 的全受试者内因子设计。

若三个自变量均为受试者间变量,则称之为 $A \times B \times C$ 的全受试者间因子设计。

若三个自变量有些为受试者内变量,有些为受试者间变量,则称之为 $A \times B \times C$ 的混合因子设计。

多因子实验设计的优点如下:

(1) 可同时考验数个假设,而不是只执行一系列单一变量实验,以观察其对另一变量的影响。

(2) 只执行一项实验,即可回答数个问题。

(3) 如有两个以上的变量,同时"交互作用"影响而产生的差异,可运用多因子实验设计发现。

(4) 当单一变量实验设计无法或不能控制所有变量时,可运用多因子实验设计。

二、准实验设计

准实验设计(quasi-experimental design),与真实验设计有些类似,是部分的而不是全部的真实验设计。它不能像真实验设计那样充分而广泛地控制额外变量,但它能控制一部分额外变量。因实际的限制或碍于行政的理由而无法随机分派被试时适用,但操作自变量与测量因变量的方法不变。

准实验设计的优点是可以避免实验情境过于人工化,缺点是无法随机分配被试,故其结果的正确性会比真实验设计低。

1. 时间系列设计

$$G \quad O1 \quad O2 \quad O3 \quad O4 \quad X \quad O5 \quad O6 \quad O7 \quad O8$$

时间系列设计是指对一组被试或个体进行一系列周期性测量,并在测量的时间序列中引进实验处理 X,然后观测引进实验处理后的一系列测量结果,并与引入实验处理 X 前的一系列测量结果相比较,研究插入实验处理前后测量结果的变化趋势,从而推断实验处理是否产生效果。旨在考验 $O4$ 和 $O5$ 之间是否有明显的变化,及 $O1 \rightarrow O4$ 的变化速率是否与 $O5 \rightarrow O8$ 的变化速率不同,以发现处理 X 的真正效应。

此类设计可以用重复量数的 ANOVA 来分析,也可考虑用回归来考验其斜率和截距。这类型的设计可以用在个案研究,也可用在有组别的研究上。

时间系列设计的优点:可以较好地控制"成熟"因素对内部效度的影响;可以控制测验因素的干扰;有可能控制统计回归的因素。

时间系列设计的缺点:没有控制组;不易控制测验与处理 X 的交互作用;多次实施前测验往往会降低或增加被试对实验处理的敏感性;被试流失也是这种设计中存在的一个问题。

2. 倒转设计

倒转设计可评估基线($O1$ 和 $O2$)的稳定性、处理的效果($O2$ 与 $O3$ 之间的变化)和没有处理的效果($O3$ 和 $O4$)。接着再次评估处理后的效果($O4$ 和 $O5$ 之间的变化),最后再次评估没有处理的效果($O5$ 和 $O6$)。所以,此类设计类似前面的时间系列设计,只是倒回来再评估处理效果。此类设计的数据分析可用回归来检验其斜率和截距,此类设计也可用于个案研究或有组别的研究。

$$O1 \quad O2 \quad X_1 \quad O3 \quad O4 \quad X_2 \quad O5 \quad O6$$

3. 不对等两组前后测实验设计

$$G1 \quad O1 \quad X \quad O2$$
$$G2 \quad O3 \quad \_ \quad O4$$

研究者不能按随机化原则和等组法来选择对等组,其中一种接受实验处理,另一组没有接受实验处理,但对这两组都在同一时间点进行了前测和后测。研究者常认为只要 $O1$ 和 $O3$ 没有显著差异,两组就可以认为是等质。这种做法是不正确的,因为还有很多没有测量到的特质,都有可能影响到实验的结果。在分析方法上,如果 $O1$ 和 $O3$ 有显著差异,或许可用共变量(ANCOVA)来分析此设计的数据。虽然这类的设计常常看到,但这种设计是不值得使用的设计。

该设计法的优点是增添了控制组,两组都有前测验。缺点是没有使用随机化方法来分配被试或实验处理。

4. 平衡对抗设计

$$G1 \quad X_1O1 \quad X_2O2 \quad X_3O3$$
$$G2 \quad X_2O2 \quad X_3O3 \quad X_1O1$$
$$G3 \quad X_3O3 \quad X_1O1 \quad X_2O2$$

平衡对抗设计又叫轮换设计,或拉丁方设计。在该设计中,研究者为了达到对实验控制的目的,使各组被试都接受不同的实验处理,而对实验处理的序列和实验时间的序列都采用了轮换的方法。

往往由于前一个实验处理影响后一个实验处理的效果,因而该实验设计的作用就在于提供对实验处理顺序的控制,使实验条件均衡,抵消由于实验处理先后顺序的影响而产生的顺序的误差。

之所以又称为轮换设计,是因为在实验中,由于学习的首因率,被试容易记住先实验的内容;又因学习的近因率,对刚学过的内容,被试回忆的效果一般也较好。因而在实验方法上,有必要使实验内容的先后次序轮换,使情境条件和先后顺序对各个实验组的机会均等,打破顺序界限。

平衡对抗设计的优点:平衡对抗设计仅有后测的模式,这个设计包括三个分类,即组别、时间顺序情况和不同的实验处理。在该设计中,每个分类的每种变量与其他两类的每种变量都是等同发生的,每种处理(每个实验变量)在每列和每行中仅发生一次。

平衡对抗设计的缺点:由于不能采取随机分配被试的方法,各组被试只能选择尽可能相等的固定整组,因此人为选择被试组的差异就有可能造成组与组之间的差异,这种选择因素也可能会与历史、成熟、练习效应等产生交互作用的效应。

5. 事后回溯设计

这类的设计,研究者没有操弄自变量,因为要引起变化的自变量都已经发生作用了。还有,研究者也无法随机分派组别,研究者只能由观测的结果回溯到过去,尝试去了解或发现区分或引发不同特质的原因,以帮助在真实实验设计时,能进一步探讨自变量可能有的影响。也因为如此,此设计的内在和外在效度都不是很好,甚至无法检测其内在和外在效度。

$$G1 \quad X \quad O1$$
$$G2 \quad \_ \quad O2$$

比如:水灾发生后,去灾区调查,可以分别调查那些灾前做出过抗灾准备的家庭所受损失的情况(作为实验组),以及那些灾前没有做过准备的家庭的受灾情况(作为控制组),以此研究是否做抗灾准备对受灾程度的影响。

三、实验设计方案的选择

(一) 研究设计的思路分析

(1) 实验的本质是实验比较,即通过对不同实验处理(自变量水平)的效应的比较,从而确定自变量对因变量有无影响,确定自变量和因变量之间是否存在着因果关系。

(2) 为了进行实验比较,我们就要进行实验设计,自然要对被试进行分组,安排不同实验组的被试去接受不同实验处理,最后进行效应测定。

(3) 为了进行实验比较,要对无关变量进行控制,保证对不同实验处理的效应比较保持公平。

(二) 根据自变量考虑设计

1. 确定自变量和自变量的水平

对于一个自变量来说,实验处理是指自变量的各个水平;对于多个自变量来说,实验处理是指所有自变量水平的组合。

2. 确定自变量为组内变量或组间变量

确定自变量为组内变量或组间变量的原则有二:

原则一:若自变量各水平在同一个被试身上不会发生混淆,该自变量宜作为组内变量处理;反之,则必须作为组间变量处理。

原则二:对所有自变量逐个加以考虑,相互之间并不影响。

3. 确定实验中被试应分多少组

被试在实验中应分多少个实验组取决于组间变量的水平数。如果实验中没有组间变量,则实验只需一组被试;如果实验中有一个组间变量,则实验组的数目就是该组间变量的水平数;如果实验中的组间变量不只一个,则实验组的数目是几个组间变量的水平数的乘积。

4. 确定每个被试应做多少次测试

实验组中每个被试在一个实验中需做几次测试决定于组内变量水平数。如果实验中没有组内变量,则实验组中的每个被试只需做一次测试;如果实验中有一个组内变量,则每个被试需做测试的次数就是该组内变量的水平数;如果实验中的组内变量不只一个,则每个被试需做的测试次数就是实验中几个组内变量水平数的乘积。

例如,有一个实验有两个自变量 A 和 B,其中 A 确定为组间变量,有 4 个水平,B 确定为组内变量,有 5 个水平。则这个实验须有 4 组被试,每组被试需重复接受 5 次测试(见表 8-2)。

表 8-2 一个 4×5 实验设计实例

分组(A)	重复测量(B)				
	1	2	3	4	5
第 1 组	A_1B_1	A_1B_2	A_1B_3	A_1B_4	A_1B_5
第 2 组	A_2B_1	A_2B_2	A_2B_3	A_2B_4	A_2B_5
第 3 组	A_3B_1	A_3B_2	A_3B_3	A_3B_4	A_3B_5
第 4 组	A_4B_1	A_4B_2	A_4B_3	A_4B_4	A_4B_5

注:表中 A 为组间变量,B 为组内变量。

5. 确定无关变量的控制方法

(1) 实验中若有组间变量,就要把被试分成几个实验组,要确保每组被试尽可能同质,可用随机抽样和随机分派的方法。必要时也可引入前测验。

(2) 实验中若有组内变量,每个被试需要接受的测试就不只一次,要消除各次测试间的顺序效应,最好的方法是采用类似平衡对抗设计的抵消平衡法。

(3) 当重复测量的实验处理数目较多时,也可按随机次序进行。

具体来说,自变量决定被试在实验中是否分组、分多少组,因变量决定实验中每个被试至少应做多少次测试,而无关变量则决定实验中应采取哪些实验控制的方法。

实验设计变量方法的基本思想则是,根据实验中各种变量的性质或特点决定实验设计的具体内容。

（三）根据因变量考虑设计

(1) 在只有组间变量的实验中,因变量若有 K 个,则被试需做 K 次测试。

(2) 在包含组内变量的实验中,每个被试需做的测试次数也同样需乘以因变量数目,即组内变量水平数的积再乘以因变量的数目 K。

（四）根据无关变量考虑设计

首先,要确定实验中有哪些无关变量。其次,是根据无关变量的性质或特点,在实验中采取一些相应的手段,比如恒定法、消除法、设计为自变量和协变量分析、随机、顺序效应的平衡等。

第三节 实验效度与无关变量的控制

一、实验的内在效度与外在效度

（一）实验的内在效度及其影响因素

实验的内在效度是指自变量与因变量的因果联系的真实程度。一般而言,对无关变量的控制愈严谨,内在效度愈高。

实验的内在效度的影响因素:

(1) 历史(经历、同期事件、偶然事件)。在实验期间,受试者从实验情境内外,经验到一些实验处理以外的特定事件,而影响到实验的结果。

(2) 身心发展与成熟。受试者在实验期间,不论生理或心理均会产生变化,而可能影响实验的结果。如成长发育、老化、疲劳等因素都会影响实验结果,所以实验结果的差异,到底是个体变量造成,还是实验处理造成,将无法分辨。

(3) 测验的练习效果。实验中如果有两次以上的测验,前测之后被试会熟悉测验的技巧和内容,由于前测经验而造成后测成绩提高,影响对实验结果的解释。

(4) 测验工具的信效度。工具是指在实验的观测中,由于前后测量工具(如试卷、测试设备)的不同,测试人的变化、测量标准不一致等原因,影响对实验结论的解释。

(5) 统计回归。表现为两个极端的两组做研究比较时,好的一组的表现会退步,而差的一组的表现会进步,即两组的成绩会向平均数回归。此现象在受试者没有随机分组的研究中较为严重,也常发生在高低焦虑、高低体适能、高低技术等的比较研究,从而影响实验结果的解释。

(6) 取样偏差。实验被试不是随机产生,两组或几组被试在未经实验处理之前,本来就有某些方面的偏差,影响对实验结果的解释。

(7) 受试者流失。在实验期间,受试者因太累、没时间、生病等因素,而在实验过程中途流失,对内在效度也有某种程度的影响。

(8) 样本选择与成熟之间的交互作用。指实验组与控制组的样本不相等再加上成熟因素所造成的影响。

（9）统计方法的不恰当使用。指统计的使用若违背其原理，或误用统计检验，则无法获得有效的结果，而影响实验结果的内在效度。

(二) 实验的外在效度及其影响因素

实验的外在效度是指在实验条件相类似的情况下实验结果可以推广的程度。

实验的外在效度的影响因素如下：

（1）取样偏差和实验处理的交互作用。如果某个群组是根据某个特质选出来的，实验处理可能只对具有该特质的群组有效。

（2）多重实验处理的干扰。当被试接受一个以上的实验处理时，前一个处理可能会干扰到下一个。

（3）对测验的反应或交互作用。前测可能使得被试对后来的测验更有知觉或更敏感。

（4）实验安排的反应。实验处理在非常受限制的情境才有效（如实验室实验中），在较少受限制的情境（如真实世界）里未必有效。

二、无关变量的控制方法

(一) 无关变量控制的意义

控制变量又称无关变量、额外变量等，它们是除自变量之外，一切能够影响实验结果的变量，是必须在实验中加以控制的变量。若不采取措施控制它们，则随着自变量操纵的渐次展开，诸多无关因子也会同时发生作用，或与自变量作用一致，或与之相反，那么，实验者就不能证实实验效果是实验因子引起的，还是无关因子引起的，或者是两者相互作用的结果，以至无法进行归因分析，从而导致假设检验的失败。

(二) 无关变量控制的方法

经典实验常采用随机、消除、恒定、平衡、抵消等方法来控制无关因子。

（1）随机。指在选择被试、安排实验处理顺序等许多实验环节上不受实验人员主观意图的影响，而由偶然机遇决定，采取随机安排方式，避免人为因素影响。

（2）消除。想方设法使无关因子从实验情境中消失。一些实验在暗室或隔音室内进行，就是为了消除作为无关因子的光线、室外噪音等物理因素的干扰。

（3）恒定。使无关因子效应在实验前后保持不变，不影响实验效果的前后比较。如使实验组人数固定不变，实验执行者保持相对稳定等。

（4）平衡。指在分组比较实验中，要使各组的无关因子作用相同，这样可以把实验组与对照组的不同归结为实验处理的不同。

（5）抵消。即让同样的被试先后接受几种不同的实验处理，使每一种实验处理以不同的次序出现，列成机会均等的组合，并随机分派接受各个顺序组合。让同样的被试先后轮换接受各种不同的实验处理。常用的控制方法是 ABBA 法和随机法。

（6）纳入处理。针对某些无关因子影响无法排除的情况，将其作为一种实验变量，纳入实验之中，使之有系统地变化，并分析它的效应及其与实验因子的交互作用。这实际上是将单项实验发展为整体的多因素实验。

（7）统计控制。运用统计方法对实验数据做技术性处理，以消除无关因子在实验结果中的影响。

例如,进行几种有关工作方法的实验,在不同工作方法处理实施时,员工投入了不等的工作时间,作为无关因子的工作时间便可能对实验结果产生影响。对此,可以在统计分析时,把它作为一种协变量,通过调整各组均数和 F 检验的实验误差项,将协变量的影响从实验总效应中分离出来(即协方差分析),从而有效地控制工作时间对实验结果的影响。

(8) 代表性策略。在实验点的确定、被试选择、实验指导者的配合等诸多环节上,确定其在研究范围内的代表性。如企业管理研究坚持在普通企业、普通领导者、普通员工等条件下开展实验。

(9) 详细说明。在一些规模较大的实验中,实验者不可能对所有无关因子做全部控制,常常只能控制其中最主要的几个。对其他一些无关因子必须在实验过程中加以记录,在实验报告中加以详细说明。这样使实验结论更符合事实,也便于他人重复实验时不要忽略这些因素的作用。

[复习思考题]

1. 实验法的特点是什么?
2. 试说明实验设计类型的各自特点。
3. 实验设计方案选择应考虑哪些因素?
4. 实验的内在效度和外在效度各自的影响因素有哪些?
5. 实验的无关变量的控制方法有哪些?

[实训题]

假设某玩具店老板,不满意计时员工的玩具生产产量。他猜想按计件计酬的方式或许可增加生产水平。但在实行之前,他想确定新方式确实有作用。请思考讨论如何确定?

参考答案:在这种情况下,研究者可在实验室环境先测试因果关系,如果结果令人振奋,就能在自然环境进行实验。设计实验室实验时,研究者应先思考可能影响工人生产水平的因素,然后试着加以控制。除了按件计酬,先前的工作经验也会影响生产率,因为对人们来说熟悉工作可增加生产水平。

第九章 文献研究法

引导案例

日本在20世纪60年代就是主要通过报纸上的图片取得了我国大庆油田位置、产量等重要情报的。他们从某画报上看到铁人王进喜戴着大棉帽子穿着大棉袄、地上有一层厚厚的雪的照片,判断出大庆就在东北地区,并根据某报关于工人从火车站将设备人拉肩抗运到钻井现场和王进喜在马家窑的言论的报道,弄清了大庆油田的确切位置。从王进喜出席人大会议判断大庆出油了,之后又根据某日报上一副钻塔的照片,推算出了油田的产油能力。在此基础上,日本人又估算出我国将在随后的几年中急需进口大量设备,并按照中国的特点设计了有关设备,从而在谈判中一举击败了欧美各国的竞争对手,使其设备顺利地打入中国市场。这就是文献研究法的重要应用价值。

文献研究法是我们获取有关研究对象信息资料、了解研究对象的历史和现状的重要方法。

第一节 文献研究法概述

一、什么是文献研究法

从现代的观点看,任何文献都必须具备三个基本要素:(1)一定的知识内容;(2)一定的物质载体;(3)一定的记录方式。

从知识的角度看,文献就是通过一定记录方式,记录在一定物质载体上的知识;从物质载体的角度看,文献就是用一定记录方式记录下一定知识内容的一切载体。

文献研究法也称历史文献法,就是搜集各种文献资料、摘取有用信息、研究有关内容的方法。

二、文献研究的意义和作用

(1)获取有关研究对象信息资料的重要途径。1979年,一个叫莫兰德的美国人在《进步》杂志上发表过一篇关于氢弹秘密的文章,震动了美国政府。因为文章中有1 322个字保密数据。他之所以能获得如此绝密的情报,是因为他采用了三个办法:一是广泛研究分析公开发表的有关核知识的文献资料;二是仔细参观了展出核武器的公共博物馆;三是花了9个月时间攻读热核物理学教科书。[①]

(2) 了解研究对象的历史和现状。这可以帮助我们对本研究领域的状况有一个全面的认识和了解;找出过去相关研究中所采用的成功与不成功的研究方法;确定要研究的问题在过去的研究中,是否已经有了答案,是否得到关注,程度如何;找出先前文献对本研究的主要发现和趋势;了解何种现象需要测量,用何种方法和工具测量。

(3) 了解与研究课题有关的理论和方法。帮助研究人员重新界定自己的概念和理论框架。重新确定研究问题,使它们更加具体化,并在此基础上提出初步的研究设想。

三、文献的种类

(1) 按不同的载体形式和记录技术,文献可分为手工型、印刷型、缩微型、机读型、视听资料、卫星资料等类型。

(2) 按编辑出版的不同形式,文献可分为图书、期刊、报纸、科研报告、会议文件、政府出版物、学位论文、专利文献、档案文献、内部资料等种类。

(3) 按对文献内容加工的程度不同,文献可分为零次文献、一次文献、二次文献、三次文献等。

零次文献是指曾经历过特别事件或行为的人撰写的目击描述,或使用其他方式的实况记录,是未经发表和有意识处理的最原始的资料,也即第一手文献。存在形式多为未发表的书信、手稿、草稿和各种原始记录。历史形成的零次文献多存于档案馆、博物馆。

一次文献是指直接记录事件经过、研究成果、新知识、新技术的专著、论文、调查报告等。存在形式多为图书、报刊、研究报告、会议文献、政府出版物、学位论文、档案资料以及对零次文献内容进行编辑处理的各种其他材料。

二次文献又称检索性文献,是对一次文献的加工处理,使之系统、条理化。包括内容有题录、书目、索引、提要和文摘。其特点是报告性、汇编性、简明性。

四、搜集文献的主要途径

1. 报纸

报纸文献具有周期短、时效性强等特点,能动态地反映最新信息。注意科学研究应尽量选择正规的报纸,不要选择不负责任的小报、娱乐性报纸。

2. 图书

内容相对比较成熟、全面。主要包括科学专著、教科书、论文集、辞典、百科全书、手册等。科学研究中一般不要引用通俗读物书籍。

3. 期刊

内容新颖,文章可以反映学科发展的最新动态和研究热点。学术研究中要选择学术期刊尤其是核心期刊,对论文写作有重要的参考价值。国内一般学术期刊上的论文资料学术

---

① 范伟达,范冰.社会调查研究方法[M].上海:复旦大学出版社,2010:169.

价值普遍较低,应尽量少引用。

4. 学位论文

重要的原始研究成果,对研究有较大的参考作用和利用价值。主要指硕士论文和博士论文(本科即学士论文一般不能引用),但目前国内不少硕士学位论文(包括优秀的)存在较大研究设计上的缺陷以及统计分析上的问题,引用时要注意甄别。

5. 重要学术会议

学术会议是当代学术界进行学术交流的重要形式之一。在学术会议过程中和会前、会后散发的有关论文、会议报告、会议纪要等,就是会议文献。学术会议文献往往反映了一门学科某一领域的研究动向和研究成果,代表了国内外的最新学术发展水平。

6. 网络

(1) 通过搜索引擎查询。搜索引擎是一个为使用者提供信息"检索"服务的网站,它使用某些程序把互联网上的所有信息归类以帮助人们在茫茫网络中搜寻到所需要的信息。

常用的搜索引擎有:

百度 Baidu(http://www.baidu.com.cn)	搜狐网(http://www.sohu.com)
谷歌 google(http://www.google.com.hk)	人民网(http://www.people.com.cn)
新浪爱问(http://iask.sina.com.cn)	搜狗网(http://www.sogou.com)
YAHOO(http://www.yahoo.com)	必应网(http://cn.bing.com)
中国雅虎(http://cn.yahoo.com)	搜搜网(http://www.soso.com)

常用学术搜索引擎有:

谷歌学术搜索(http://scholar.google.com)	中国科技论文在线(http://www.paper.edu.cn)
Science 周刊(http://www.sciencemag.org)	奇迹文库(http://www.qiji.cn)
Science 每日新闻(http://sciencenow.sciencemag.org)	中国预印本(http://prep.istic.ac.cn)
Nature 杂志(http://www.nature.com)	开放阅读期刊联盟(http://www.oajs.org)
香港科技大学图书馆(http://repository.ust.hk/dspace)	中国科技论文在线(http://www.paper.edu.cn)

在搜索引擎中键入相关关键词即可进行搜索。搜索结果会很多,我们不可能逐个打开浏览,这时有两个方法:一是查看几个具体的网站,然后根据这几个网站反映出来的一些关键词去查找,这样可以缩小检索范围;二是打开排列靠前的几个网页查看,进行浏览。

另外,维基百科(http://www.wikipedia.org)网站也是一个信息量非常大的网站。

(2) 专业领域强的数据收集。专业性强的数据可以到相关专业性网站上去搜集。例如,若要收集宏观经济指标数据,一般可以打开国家统计局网站或地方统计局网站,根据需要进行查找。

> 某公司准备做投资项目,想通过二手数据资料的调查得出一些结论,决策合适的投资项目。操作步骤:① 打开 IE 浏览器,进入上述任何一家搜索网站(如 http://www.baidu.com),键入"统计"一词,出现查询结果;② 在查询结果中单击"中华人民共和国国家统计局",打开"中华人民共和国国家统计局"首页;③ 单击统计数据;④ 找到企业景气指数选项,单击企业景气指数图表第一季度的选项,可看到 2011 年第一季度各行业的景气指数和企业家信心指数。根据调查出的这些数据,我们可以对中国各行各业的景气指数做进一步的研究分析,从中得出投资什么行业更有机会。还可以点击进入北京市统计局的"北京统计信息网",查找相应的宏观经济指标。

(3) 图书馆和数据资源的专业查询。进入"中国国家图书馆"网站首页(http://www.nlc.gov.cn/),进入中、英文数据库查询页面。在中、英文数据库中可以查询用户所需要的各类期刊数据库。其他学术专业数据库网站有:

超星数字图书馆(http://ww.ssreader.com);
万方数据资源系统(http://www.wanfangdata.com.cn);
中国科技信息网(http://www.chinainfo.gov.cn);
中国知网(中国知识资源总库)(http://www.cnki.net);
中国期刊网 http://www.chinaqking.com;
人大资料数据库 http://ipub.zlzx.org/;
台湾博硕论文库 http://datas.ncl.edu.tw/theabs/1/。
另外,其他可参考文献还有研究报告、公共文件和档案、电台电视报道等。

(4) 一些重要的学术搜索和交流网站:

小木虫:http://emuch.net/bbs/;
清华大学公共管理学院 BBS:http://166.111.100.15:8060/bbs/;
人大经济论坛:http://www.pinggu.org/bbs/index.asp。

(5) 英文期刊数据库:

Elsevier ScienceDirect OnLine (SDOL)(收费);
Elsevier ScienceDirect OnSite (SDOS)清华镜像;
Academic Press Ideal;
EBSCO host;
IOP 北大镜像;
Kluwer Online 北大镜像;
Proquest Academic Research Library (ARL)。

第二节 文献综述的撰写方法

一、文献综述的概念与类型

(一) 文献综述的概念

撰写文献综述是传统文献研究法中最常用的方式。文献综述,是文献综合评述的简称,英文称之为"survey"、"overview"、"review",是在对某研究领域的文献进行广泛阅读和理解的基础上,经过归纳整理、分析辨别,对一定时期内某个学科或专题的研究成果和进展进行系统、全面的评述和评论。

"综",就是指作者必须对占有的大量素材进行归纳整理、综合分析,使材料更加精练、明确、层次分明和更有逻辑性;"述",是对所写专题的比较全面、深入、系统的论述。综述主要是将某一专题、领域的新进展、新发现、新趋势、新水平、新原理和新技术比较全面地介绍给读者。综述是"综合起来评述"。综述并不等于仅仅告诉别人其他学者都说了什么,而是围绕所要研究的问题去寻找前人对该问题研究的足迹,同时给予评价的过程。

(二) 综述类型

(1) 归纳性综述。是作者将搜集到的文献资料进行整理归纳,并按一定顺序进行分类排列,使它们互相关联、前后连贯,而撰写的具有条理性、系统性和逻辑性的学术论文。它能在一定程度上反映出某一专题、某一领域的当前研究进展,但很少有作者自己的见解和观点,有文献参考价值。

(2) 普通性综述。是具有一定学术水平的作者,在搜集较多资料的基础上撰写的系统性和逻辑性都较强的学术论文,文中能表达出作者的观点或倾向性,因而有一定的指导意义和参考价值。

(3) 评论性综述。是有较高学术水平、在该领域有较高造诣的作者,在搜集大量资料的基础上,对原始素材归纳整理、综合分析,撰写的反映当前该领域研究进展和发展前景的评论性学术论文。因论文的逻辑性强,有较多作者的见解和评论,故对读者有普遍的指导意义,并对研究工作具有导向意义。

二、文献综述的目的与作用

问题的提出是对问题的实际背景和价值做出说明,文献综述是对问题的理论背景和价值的阐明。发表综述性论文的主要目的,是使读者对某一学科领域的问题有一个较全面的了解。总结和综合该方向前人已经做了的工作,了解当前的研究水平,分析存在的问题,指出可能的研究问题和发展方向等,并且列出该方向众多的参考文献,这对后人是一笔相当大的财富,可以指导开题报告和论文的写作。

对研究者个体来说,文献综述的作用可以归纳为以下几点:

(1) 可以有效地避免毫无价值的重复研究。

(2) 有助于辨别本研究领域的研究前沿,弄清自己的研究在哪个侧面、哪个层面可能对本领域做出新贡献,这将有助于解释该研究的价值与重要性。

（3）弄清前人对该问题所持的不同解释或观点，在各种观点的启发下形成自己的思路框架和研究方法。

文献综述是任何一项研究工作都不可缺少的，文献综述完成以后才能判断研究工作的理论价值，否则就难以对研究主题做出确切的定位。

三、文献综述的形式与结构

文献综述的一般形式与结构一般包括以下部分。

1. 绪言

绪言即问题提出部分，主要阐明本综述撰写的目的、意义、对于科学研究工作的重要性，介绍本文的基本内容、性质、适用范围和读者对象等。绪言部分应力求突出重点、简明扼要。

2. 历史发展：该领域的研究背景和发展脉络

此部分应以时间为纲，叙述各个阶段的发展状况和特点，特别要指出重大进展阶段是在什么条件下发生的，其特点和意义如何，以及新理论、新方法的引入及其效果。对课题历史发展的追踪，目的是探讨其发展变化的因果规律性，弄清已解决了什么、用什么方法解决的、遗留下什么问题待解决。阐述时应说明前人对这一课题的不同看法、论点和研究成果。对国内在这一课题研究上的历史变化最好独立成段地进行介绍，并要说明目前达到的水平和当要解决的主要问题。

3. 现状分析：目前的研究水平、存在问题及可能的原因

如果说历史发展是从纵向方面进行对比，现状分析则是从横向方面进行对比，即对比各国、各派、各观点，各方法的发展特点、取得的成效，现有水平、发展方向，需解决的问题等，并客观地评价其优点与不足。论述时，应着重阐述它们之间的差异，全面分析其产生的原因和背景，明确提出现有的问题。

4. 趋向预测：进一步的研究课题、发展方向概况

即根据发展历史和国内外现状，以及其他专业、领域可能给予本专业领域的影响，根据在纵横对比中发现的主流和规律，指出几种发展的可能性和对生产、教育、社会生活可能起到的重要作用，以及可能出现的问题等。趋向预测应力求客观准确，务必结合我国社会经济发展的实际需要和社会科学发展的实际状况，为解决有重大价值的理论和实际问题进行展望；指出最有效的发展途径。

5. 改进建议：自己的见解和感想

此部分主要根据上面的分析、评论和预测，参照国内外研究情况，考虑到我国生产、社会的实际需要和当前的条件而更具体地提出应采取的措施、发展步骤，新的研究方案或设想，对其进行研究的可能性等。

6. 参考文献目录

四、文献综述的写作要点

有的作者撰写综述，将别人的成果或文字结论原封照搬，人云亦云，既不进行分析比较，更没有自己的观点。这不能算是综述，只能算是文摘。综述性论文除了介绍别人的成果和论述之外，还要善于发表自己的观点。综述作者自己的观点包括以下几方面：

（1）选题独辟蹊径。在撰写综述之前，要查一下别人是否已发表过类似综述。综述的选题不但不能重复，还要独具特色。例如，介绍鲜为人知的重要信息，展示独树一帜的看问题角度，提出与众不同的观点，等等，这样才能吸引读者，也有利于学术争鸣。

（2）对他人的成果或论述进行分析，对不同的数据或观点进行比较，尽量给予客观的评价，这样才能对读者起到应有的解惑作用。

（3）展望未来，对前景和趋势做出符合该学科发展规律的预测，使读者得到启迪。

（4）对该学科领域中存在的问题，以及如何解决，提出中肯的意见、建议或思路，以引导读者。当然，发表已见时要有理有据，合乎逻辑；不能凭空议论，牵强附会。

总之，不要把综述性论文写成文献的简单拼凑，而要全面查阅、周密构思、精心提炼、合理引申；还要善于抒发己见，立异标新；要如同做科学实验一样，以严谨求实、勇于创新的精神命笔行文。①

五、撰写文献综述论文的注意事项

（1）文献综述的题目一般以《××文献综述》《××最新研究进展》为题名。

（2）文献综述顾名思义由"综"和"述"组成，"综"不算太难，根据所查阅的大量文献进行综合归类、提炼、概括即可做到。评"述"与分析则是一篇"综述"质量高下的分界线，这需要融入作者自己的理论水平、专业基础以及分析问题、解决问题的能力，在对问题进行合理剖析的基础上，提出自己独特的见解。

（3）要围绕论文主题对文献的各种观点做比较分析评述，不要教科书式地将与研究课题有关的理论和学派观点简要地汇总陈述一遍。文献综述中要摒弃"求全"思想，遵循适度取舍的原则。

（4）评述（特别是批评前人不足）时，要引用原作者的原文（防止对原作者论点的误解），不要贬低别人抬高自己，不能从二手材料来判定原作者的"错误"。要查阅第一手资料。

（5）文献综述结果要说清前人工作的不足，衬托出进一步研究的必要性和理论价值。但文献综述中对前人的质疑一定要有理有据。

（6）采用了文献中的观点和内容应注明来源，模型、图表、数据应注明出处，不要含糊不清。

（7）文献综述所用的文献，重要论点、论据不得以教材、非学术性文献、未发表文献作为参考文献，应主要选自学术期刊或学术会议的文章，其次是教科书或其他书籍。至于大众传播媒介如报纸、广播、通俗杂志中的文章，一些数据、事实可以引用，但其中的观点不能作为论证问题的依据。

（8）参考文献要多用权威的文献、经典的文献、最近几年的文献。一般文献综述必须包括经典著作和精品论文，且必须在参考文献中能够找到出处。

（9）参考文献的引用数量原则上不少于15篇，其中外文文献不少于3篇。

---

① 甘立京，张克家.如何写综述[J].中国兽医杂志，2003，39（8）：62.

六、撰写文献综述时资料的引述格式

撰写文献综述时文献引用的常见表述方式有以下几种：

(一) 中文文献的引述

(1) 张某某(1999)的研究发现……

(2) 台湾学者(郭某某,2013)的研究发现……

(3) 我国一些学者(回某某,1980;刘某某,1989;章某某,1984)的研究指出……有多位学者时,按照姓氏笔画顺序列出。

(4) 偏重学生学习的教育心理学并无法解释教师如何影响学生的学习(张春兴、林清山,1970)。有两个共同作者时,两个名字中间用顿号隔开。

(二) 英语文献的引述

(1) Bruner 指出：任何知识均不可改变其本质。(引自张春兴,1977)……属于间接引述的资料,必须在出处人名之前加"引自"两个字。

(2) 国外的研究(Locke, Mento & Katcher,1978)亦指出……有三个共同的作者时,各人名中间需用逗号隔开,第二个作者和第三个作者之间加"&"号。

(3) Locke et al. (1980)亦指出……有四个共同作者时(含四个以上),只标示第一个作者的姓,后用用"et al."表示"等"的意思。

(4) Bandura(1977,1981)的研究指出……同一作者有若干篇性质相近的研究时,年代之间用逗号隔开。

(5) Likert(引自 Erez 和 Kanfer,1983)指出……属于间接引述的资料,在出处之前加"引自"两字。

七、文献综述法的评价

1. 文献综述法的优点

(1) 它可以超越时空条件的限制,通过古今中外的文献使读者了解到极其广泛的社会情况。

(2) 文献调查主要是书面调查,它比口头信息更真实、更准确、更可靠。

(3) 文献调查法是一种间接、非介入性调查,也是一种无反应性调查。

(4) 是一种方便、自由、安全的调查方法。

(5) 效率高,花费少。

2. 文献综述法的局限性

(1) 文献调查所获得的主要是书面信息,缺乏具体性、生动性。

(2) 与客观真实情况之间总是存在着一定的距离。

(3) 任何文献都是对过去社会现象的记录,而社会生活是不断运动、变化、发展的。

(4) 文献调查经常会发生文献资料难以寻觅,难以找齐、找全的缺憾,同时也会出现面对大量资料不知所措的情况。

总之,文献调查所得的信息,一般只能作为社会调查的先导,而不能作为调查结论的现实依据。

第三节 内容分析法

有人曾对苏联教育学家凯洛夫的《教育学》进行研究,发现凯洛夫在该书中 100 多处讲"传授知识",仅有 10 多处谈"发展智力"。因此,他得出了结论:凯洛夫的教育学,是一部传授知识的教育学。也有人通过对《红楼梦》前 80 回和后 40 回平均每页用虚词的数量的比较,得出结论这两部分不是一个人写的。以上案例所用研究方法都是内容分析法。

一、内容分析法的含义与特征

(一)内容分析法的含义

内容分析法是对文献内容进行客观、系统、量化分析的一种科学研究方法。内容分析的基本特征在于将文字的、非定量的文献转化为定量的数据。它始于第二次世界大战期间的军事情报研究,在情报战中成效显著。战后,新闻传播学、政治学、图书馆学、社会学等领域的专家学者与军事情报机构一起,对内容分析方法进行了多学科研究,使其应用范围大大拓展。

(二)内容分析法的基本特征

1. 分析的对象是文献

内容分析的对象包括书籍、杂志、报纸、广播电视节目、互联网传播内容、诗歌、歌曲、绘画、演说、信件、照片、广告等书面材料、宣传品和艺术品等。

2. 分析的内容具有客观性

在内容分析的过程中,按照预先制定的分析类目表格进行判断和记录内容出现的客观事实,并根据客观事实再做出分析描述。分析必须基于明确制定的规则执行,以确保不同的人可以从相同的文献中得出同样的结果。这包括两层含义:(1)研究者的个人性格和偏见不能影响结论。如果换一个研究者,得出的结论也应该是相同的。(2)对变量分类的操作性定义和规则应该十分明确而且全面,重复这个过程的研究者也能得出同样的结论。这就需要建立一套明确的标准和程序,充分解释抽样和分类方法,否则,研究者就不能达到客观的要求,结论也会令人置疑。

3. 分析的过程具有系统性

这是指内容的判断、记录、分析过程是以特定的表格形式、按一定的程序进行的。内容或类目的取舍应依据一致的标准,以避免只有支持研究者假设前提的资料才能被纳入研究对象。因此,首先,被分析的内容必须按照明确无误、前后一致的原则来选择。选择样本必须按照一定的程序,每个项目接受分析的机会必须相同。其次,评价过程也必须是系统的,所有的研究内容应以完全相同的方法被处理。编码和分析过程必须一致。各个编码员接触研究材料的时间应相同。总之,系统评价意味着研究自始至终只使用一套评价规则,在研究中交替使用不同的规则会导致结论混乱不清。

4. 分析的结果体现为数量化

这是指内容分析的结果可以用数字表达,并能用某种数学关系来表示,如用次数分配、各种百分率或比例、相关系数等方式来描述。研究中运用统计学方法对类目和分析单元出现的频数进行计量,用数字或图表的方式表述内容分析的结果。首先,内容分析的目的是对信息实体做出精确的量化描述。其次,统计数据能使研究者用最简单扼要的方式描述研究结果。最后,统计数字有助于结论的解释和分析。定量性是内容分析法最为显著的特征,是达到"精确"和"客观"的一种必要手段。它通过频数、百分比、卡方分析、相关分析以及 t-检验等统计技术揭示传播内容的特征。"定量"并不排斥解释。当研究者得出一组说明传播内容特征的数据后,需要对这组数据进行解释,即说明数据的意义。

二、内容分析与文献分析的比较

内容分析与文献分析,都是对用文字、图形、符号、音频、视频等记录保存下来的资料内容作为分析的对象,但是它们具体的分析处理方法是有所区别的。

文献分析是按某一研究课题的需要,对一系列文献进行比较、分析、综合,从中提炼出新的事实和资料,并提炼出评述性的说明。其主要工作步骤是文献查阅、鉴别评价、归类整理,最后做出评述性的说明。

内容分析的内容包括文本中语词、意义、画面、符号、概念、主题等一切可用于交流的信息。内容分析是直接对单个样本做技术性处理,将其内容分解为若干分析单元,评判单元内所表现的事实,并做出定量的统计描述。内容分析法的一般过程包括:建立研究目标和确定总体与分析单位,依据测量和量化的原则,设计能将分析单元的资料内容分解为一系列项目的分析维度(或类别系统),再按照分析维度严格地抽取有代表性的资料样本,把样本转化成分析类目的数据形式,最后对数据进行信度检验及统计推论。因此,内容分析解决问题的核心是使文献或其他研究对象的内容直接量化,通过量化分析推论出科学事实。文献分析与内容分析的区别如表 9-1 所示。

表 9-1 文献分析与内容分析的区别

	文献分析	内容分析
分析对象	对某课题一系列文献的分析综合	直接对单个样本做技术性处理
内容处理	鉴别评价文献内容,并做归类整理	把内容分解为分析单元,断定单元所表现的客观事实
分析程序	文献查阅,鉴别评价,归类整理	预先制定分析类目,并按顺序做系统评判记录
结果表述	对事实资料做出评述性说明	定量的统计描述

三、内容分析法的使用范围

研究者曾将内容分析用于多种目的:研究流行歌曲的主题、诗歌中的宗教表征、报纸标题的走向、社论带有的意识形态色彩、教科书或电影中性别角色的刻板印象、电视商业广告与电视节目中不同肤色种族人群出现的方式、开放式调查问卷的答案、战争时期敌方的宣传品、流行杂志的封面、自杀遗言的人格特征、广告词中的主题、谈话时的性别差异等(纽曼 2007:392),具体来说内容分析的使用范围如下:

(1) 就材料性质而言,可适用于任何形态的资料,它既可适用于文字记录形态类型的材料,也可适用于其他类型的材料(如广播与演讲录音、电视节目、动作与姿态录像等)。

(2) 就材料的来源而言,它既可以对用于其他目的的许多现有材料(如学生的教科书、日记、作业)进行分析,也可以为某一特定的研究目的而专门收集有关材料(如访谈记录、观察记录、句子完成测验等),然后再进行评判分析。

(3) 就分析的侧重点讲,它既可以着重于材料的内容,也可以着重于材料的结构,或对两者都予以分析。内容指材料的具体论题与含义,结构指材料在时空维度上的某些特性(如位置、占时间长短)。

内容分析法对三种类型的研究问题相当管用:

第一,内容分析法有助于梳理数量相当庞大的文本。研究者可以利用抽样或多个编码者来测量数量众多的文本(例如历年的报纸论文)。

第二,内容分析有助于研究那些发生在"千里之外"的主题。例如,内容分析可以用来研究历史文献、过世人物的作品或者某个不友善国家的广播。

第三,内容分析能够揭露随意观察文本时很难发掘的信息。不论是文本的撰写者还是文本的阅读者,可能都不尽然知道文本中所涉及的所有主题、偏差甚或角色。(纽曼,2007:393)

四、内容分析法的程序[①]

内容分析法要解决的核心任务是使文献或其他研究对象的直接内容量化。因此,在确定样本时,还要根据研究目标确定分析类目与分拆单位,再将抽出的样本从形式上转化成分析类目的数量集合,最后对数据进行统计处理,得出结论,这就是内容分析法的一般过程。

(一) 提出研究问题或假设

(1) 确定研究目的。内容分析可用于以下多种研究目的:趋势分析;现状分析;比较分析;意向分析。

(2) 将研究目标加以清楚明白地陈述。

(3) 研究工作要以研究主题为指导。

研究工作者陈述分析目的时,要以主题需要为指导。分析研究内容之前必须要针对实际需求,有严密周到的思索与判断,形成假设或研究问题。研究问题可以来自情报的分析或者工作的需要,也可以从已有的理论、原先的类似研究结果或实际问题中提出。

> 研究者假设不断发展的妇女运动在媒介内容里应该有所体现,于是提出一个研究问题:20世纪90年代以来,我国妇女运动的发展是否带来了新闻中女性形象的变化?研究者需要通过文献综述来总结"社会真实",即过去十年我国妇女运动的基本脉络、重点议题和进展特点,然后再描述新闻中女性形象的变化及其趋势,将二者对比,如果相关,就说明妇女运动的确影响了新闻,如果不相关,那么就可以接着讨论不相关的原因。[②]

(二) 确定研究总体

抽样的前提是确定研究总体,也可叫做确定研究范围,就是要详细说明所分析内容的界限,包括所研究的主题和时间跨度,对研究对象下明确的操作性定义:(1) 指定主题领域应与研究的问题保持逻辑上的一致,并与研究的目的相连贯。(2) 确定的时间段应该是够长,以保证研究现象有充分的发生机会。指定主题领域和确定时间段后,研究者要对研究中的有关参数进行清楚地叙述。

[①] http://blog.163.com/jingr10@126/blog/static/15748778720103305057720/
[②] 陈阳. 大众传播学研究方法导论[M]. 北京:中国人民大学出版社,2007:198,199.

例如,研究总体是"我国女性新闻",我们就必需解释什么是女性新闻。研究者浏览了许多关于女性新闻的研究文献之后,发现至少有三种"女性新闻"定义:(1) 女性在其中出现的新闻。(2) 关于女性议题的新闻。(3) 站在女性立场进行报道的新闻。除此之外,我国有几份报纸的英文名字里包含"women"和"news",比如《中国妇女报》和《女报》,那么这些报纸上的新闻算不算"女性新闻"呢? 为了避免文献资料少的问题,研究者决定同时采用这四个定义。时间跨度"20 世纪90 年代以来",这样的定义也不够准确,有些模糊,更明确的表达应该具体到年份,考虑到当时所处的研究年代,研究者决定将时间跨度定为"1990—2002 年"。①

再如,《基于内容分析法对网络行为研究现状的分析》中,作者写道"网络行为是一个广义的概念,它研究的是不同的用户在网络上表现的活动方式,可以从两个层次来理解。第一个层次,为满足互联网用户的最基本的上网需求,也就是把互联网作为一个新的信息源,共享它的资料,满足网络用户对信息的需求。第二个层次,向各个专项、特殊应用的网络服务领域扩展。随着网络的普及,网民的增加,人们越来越重视网络行为的研究。本文所研究的网络行为属于研究不同的用户在网络上表现的不同的活动方式。"②

(三) 抽样

确定总体之后,接着要从总体中抽取分析样本。抽样通常有以下三种方式:

1. 来源抽样

来源抽样即对资料的来源进行取样,如选怎样的报纸、杂志、电视节目、书本、演讲、工作成果等。

2. 日期抽样

这是指选择哪一段时间的资料进行分析。例如要研究某一种管理理论的思想发展规律,需要对几十年的有关刊物论著进行内容分析。这就需要按日期抽样。但在按日期抽样时,必须注意某种资料的周期性的特征。如果以报纸为研究对象,间隔抽样就必须避开七或它的倍数,假如以七为倍数,则会使全部样本都集中在同一个"星期×"。

3. 分析单元取样

即如何从上述时间期间中的有关资料抽取所要分析的基本单元,如某篇文章、某页、某段。

"我国妇女新闻"可能出现在任何一家中国媒体上,研究者要缩小范围,可以采用分层抽样的手段,将媒体按照类型(报纸、广播、电视、互联网)和地理分布(全国、省、市、县)两个指标进行分层,抽样出某些媒体来代表全国媒体;也可以采用立意抽样,研究者认为重要的全国性媒体比普通的省级或者市级媒体更能体现我国媒体在"女性新闻"上的变化,这样做更节省研究时间和经费。当研究问题已经具体指出了研究总体是某一特定媒体或者节目时,比如对《人民日报》关于"万元户"报道内容的分析,对《中国妇女报》杂志封面人物的内容分析,对中央电视台《新闻联播》节目的内容分析等,这一步抽样可以省略。③

---

① 陈阳. 大众传播学研究方法导论[M]. 北京:中国人民大学出版社,2007:198,199.
② 罗秀妆. 基于内容分析法对网络行为研究现状的分析[J]. 内蒙古电大学刊,2009,(3):75.
③ 陈阳. 大众传播学研究方法导论[M]. 北京:中国人民大学出版社,2007:199.

确定了研究样本来自哪家媒体之后,研究者接下来对研究日期进行抽样。一个抽样版本日期选择办法是:按照一个月的某个星期或者一周的某一天进行分层抽样,规则是只能选取某一周的一天或者两天,不能超过两天,以确保某月内抽样分布的平衡。另一个办法就是构建一个构造周或称"混合周":为样本中的每个月建构一个周。例如从一月当中的四五个星期一中随机选取一个星期一,再从一个月中若干个星期二中随机选取一个星期二,如此往复,直到一个星期的七天都囊括在内。① 比如一家周一至周六出版的报纸,每隔七天抽取一份,那么连续的六份样本报纸就可以囊括周一到周六这六天出版日期,于是形成一个构造周。有研究证实,一个构造周的媒介内容的均值,比任意连续一周或者随机抽样的均值,更接近全年总体的均值。②

下面我们再举例说明在内容分析中如何运用多阶段抽样。

研究问题:1980—2000 年,在男性杂志上刊登的广告商品种类是否有变化。
抽样第一阶段:选取杂志。
发行数据显示 80% 或者 80% 以上的读者为男性的杂志,我们称为男性杂志。这些男性杂志可以分为两组:大型杂志和中型杂志。
大型杂志:男性读者人数达到或者超过 100 万;
中型杂志:男性读者人数在 50 万到 99 万之间。
从这两组杂志中,每组随机抽取 3 本,共抽取 6 本。
抽样第二阶段:选取期数。
每年按 4 个月分为一组,一年随机抽取 3 期。从 1 月、2 月、3 月、4 月中抽取一期杂志,以此类推。每份杂志都按照此种方法进行,最后每本杂志抽取 30 期,共 180 期③。

(四)选择分析单元

分析单元是指实际计算的对象,为内容分析中最重要、同时也是最小的元素。

此外,要为分析单元下操作性定义。分析单元的操作性定义应该明确具体,其标准应该便于操作。分析单元可以是字、词、句子或段落、条目、主题、人物、情节、场景、动作等。例如,在对音乐录影带中的种族和性别问题的研究中,可以以每一段影片的主要表演者和影片的主旋律为分析单元。又如,要分析全球化程度,内容分析单位可能收集外国直接投资的统计数据、本国和海外公司的战略联盟的规模、方向和本质等,通过这些数字指标把"全球化"与特殊的结果尺度相联系。④

(五)设计分析维度及体系

分析的维度又称为分析的类别、分析的类目,就是根据研究的需要而设计的、将材料内

---

① Roger D. Wimmer, Joseph R. Dominick. Mass Media Research: An Introduction[M]. 北京:清华大学出版社, 2007:157.
② 陈阳. 大众传播学研究方法导论[M]. 北京:中国人民大学出版社, 2007:200.
③ Roger D. Wimmer, Joseph R. Dominick. Mass Media Research: An Introduction[M]. 北京:清华大学出版社, 2007:159.
④ 常蕾. 传播研究中话语分析与内容分析之比较[J]. 安徽文学, 2009, (2):347.

容进行分类的项目、标准、方面或角度。如可以设立简洁性、准确性两个独立的维度来分析文章的题目。

内容分析法的基本做法是按照一定的维度(即类别)对各种形态的材料进行系统评判、分类和记录。

分类的目的在于寻找分析主题内容所需的各项考查指标因素。这些因素可能表现为性质、内容、层次、结构、特点、作用等,它们都与研究主题(或分析单元)之间存在着必然的、内在的因果联系。事实上,每一分类项目就是一个变量,分类的单元也就是变量单元。

在许多研究中,分析维度通常是一个层层隶属的体系。如对于一篇研究报告,确定了题目、文献综述、研究问题与假设、研究方法、结果呈现、讨论、结论、参考文献等大的分析维度以后,还需要设计出对这一大维度进行分析的子维度。

设计分析维度有两种基本方法:一是依据传统的理论或以往的经验,或对某个问题已有的研究成果发展而成;二是由研究者根据假设自行设计而成。无论采用上述哪种方法,设计出来的分析维度,特别是子维度(如题目的简洁性、准确性)都必须有明确的操作定义,以保证随后的评判记录工作有具体、统一的依据。

为了保证内容分析工作的客观性,在设计确定分析类目时必须注意:

(1) 类目必须是在进行内容分析判断之前预先制定,不能一边分析,一边适应性地修改补充。

(2) 类目的意义要有明确的限定范围,而且彼此不能重叠,避免出现对分析单元的判断既可放入这一栏目,又可放入另一栏目的现象。

(3) 分类方法要使每一个分析单元都能有归口处,不能出现有某些分析单元无处可放的现象。

(六) 建立量化与计分系统

内容分析中的量化方法一般用于命名、等距和等比三种尺度。在命名尺度中,研究者只需简单地分析单元在每个类目中出现的频率。例如,报纸社论的标题、电视节目播出的情况等问题,都可以通过命名尺度的方法来完成。等距尺度可以构造量表供研究者探讨人物和现象的特性。等比尺度适用于一些空间和时间的问题。

内容有多种计数系统,可以帮助我们对研究主题进行深入把握。概括起来有四种计量数据的方法:

1. 频数计量法

该方法是内容分析中最简单、最常用的方法。这种方法记录的是某种在同一时间内或在所选样本中出现的次数。频率测量法可以说是使用最为广泛的计量系统,它对于内容分析的某些类型来说是最为基本的方法之一。例如,《红楼梦》前80回与后40回用词习惯分析。

2. 概念组计量法

该法是将与研究内容有关的关键词分成小组,每组代表一个概念,同时也是理论假设中的一个变量。这种方法的记录单位仍是单词,但分析时的变量却是概念组。只要组里的词出现一次,就算概念组出现一次。仍以《红楼梦》前80回与后40回用词习惯分析为例,研究小组分为虚词组、名词组、动词组、形容词组。

> 经济下降时,人们把越轨行为和经济相联系;经济上升时,人们把越轨行为和价值相联系。
> 越轨行为:犯罪、青少年犯罪、欺诈、非婚同居、行凶抢劫。
> 经济:实业、通货膨胀、经济衰退、货币贬值、经济滞涨。
> 价值:道德、传统、权威、家庭、尊重。

3. 语义强度计量法

频数计量法和概念组计量法只注意了数量方面的差别,语义强度计量法则是从质的方面予以解释,计量项目显示的程度。语义强度计量法的指数构成基本上就是尺度的构成。语义强度计量法具有较好的内容观念,所以深度分析的效果也比较好。语义强度包括两方面:词汇的强弱程度,例如"爱"比"喜欢"的强度更高(见表9-2);词汇的正负强度,例如"爱"比"喜欢"更正面(见表9-3)。

表9-2 词汇的强弱程度

词汇	加权数
爱	+3
喜欢	+1
崇拜	+4
蔑视	+4
不喜欢	+1
厌恶	+3
无所谓	0

表9-3 词汇的正负强度

词汇	加权数
爱	+2
喜欢	+1
崇拜	+2
蔑视	-2
不喜欢	-1
厌恶	-3
无所谓	0

4. 篇幅计量法

此类计量不局限在某一单篇文献之中,而是对一类别多篇幅文献的计量,或对该文献在其总体中所占位置的记录,考察项目所占篇幅的大小。篇幅计量法一般用于测定篇幅的数量或版面位置及标题的字体大小。

(七)进行评判记录

1. 正式评判记录前的准备工作

(1)训练编码员,改进编码计划。

(2) 进行实验性研究，检查编码员间的信度。

(3) 使用标准化表格，简化编码工作。

2. 评判时的一般做法

内容分析的评判记录工作，就是按照预先制定的类目表格，按分析单元顺序，系统地判断并记录各类目出现的客观事实和频数。评判时的一般做法是：

(1) 评判只能记录某类项目的有或无、长或短、大或小等明显的客观事实，必须避免使用主观的、价值性的词语，如好与坏、善与恶等来对内容做出判断。

(2) 对于相同内容类目的评判，最好要有两个以上的评判员进行评判记录。

(3) 对于分析类目事实的出现频数，只需按分析单元，依顺序在有关类同栏中以"√"记号进行记录。

(4) 对于具有评论成分的内容分析，通常对含赞扬性、肯定性的内容用"＋"符号记录，对含批评性、否定性的内容则用"－"符号记录。

(八) 信度分析

内容分析的信度分析是指两个以上参与内容分析的研究者对相同类目判断的一致性。一致性越高，内容分析的可信度也越高；一致性越低，则内容分析的可信度越低。因此，信度直接影响内容分析的结果。内容分析必须经过信度分析，才能使内容分析的结果可靠，可信度得到提高。

内容分析的信度显然与参与内容分析的人数多少有关，内容分析的信度公式为

$$R = \frac{n \times K}{1 + (n-1) \times K}$$

其中，R 为信度；n 为参与内容分析的评判员人数；K 为平均相互同意度，是指两个评判员之间相互同意的程度，相互同意度 K 为：

$$K = \frac{2M}{N_1 + N_2}$$

其中，M 为两者都完全同意的栏目，N_1 为第一评判员所分析的栏目数，N_2 为第二评判员所分析的栏目数。

通常，进行内容分析都是由研究工作者本人作为内容分析的主要评判员，同时安排另外一人以上的其他人物作为主力评判员，相互同意度是把每个评判员与主研究员进行比较确定。

例如一项研究中有十个类目，由 A、B、C 三个评判员进行评判，其评判结果登记如表 9-4 所示。

表 9-4 评判结果记录表

评判 项目	评判员 A	评判员 B	评判员 C
1	√	√	×
2	√	×	√
3	√	√	√
4	×	×	×

(续表)

项目 \ 评判	评判员 A	评判员 B	评判员 C
5	✓	✓	✓
6	×	×	✓
7	×	×	×
8	✓	✓	✓
9	✓	✓	✓
10	×	×	×

假定 A 为主评判员，B、C 为助理评判员，我们可以按照表 9-4 给出的结果计算 AB、AC 和 BC 之间的相互同意度。

对于评判员 A、B 之间，除了第(2)项意见不一致外，其他 9 项都是意见一致，因此它们之间的相互同意度为：

$$K_{AB} = \frac{2 \times 9}{10 + 10} = 0.90$$

对于评判员 A、C 之间，第(1)和第(6)项的意见不一致，即共有 8 项意见是一致的，因此它们之间的相互同意度为：

$$K_{AC} = \frac{2 \times 8}{10 + 10} = 0.80$$

对于评判员 B、C 之间，第(1)、(2)和(6)三项的意见不一致，共有 7 项是意见一致的，因此他们之间的相互同意度为：

$$K_{BC} = \frac{2 \times 7}{10 + 10} = 0.70$$

假如只考虑 A、B 两人的评判信度，则其信度为：

$$R = \frac{2 \times 0.90}{1 + [(2-1) \times 0.90]} \approx 0.95$$

假如同时考虑 A、B、C 三位评判员的评判信度，则需要先算出三人的平均相互同意度：

$$\overline{K} = \frac{K_{AB} + K_{AC} + K_{BC}}{n} = 0.80$$

三位评判员的评判信度 R 为：

$$R = \frac{3 \times \overline{K}}{1 + [(3-1) \times \overline{K}]} = 0.92$$

经过信度分析后，根据经验，如果信度大于 0.90，则可以把主评判员的评判结果作为内容分析的结果。

(九) 分析数据资料

通过上述一系列程序之后，得到了内容分析的各种结果，建立了有关分析材料的数据库。内容分析中常使用描述性统计方法，如百分比、平均值、众数和中位数；也使用推理的统计方法，如方差分析、卡方分析、相关和回归分析。如果分析的是等距尺度和等比尺度类型的数据，则需用 t-检验、ANOVA 或皮尔逊 r-检验。此外，有些研究者还应用其他一些统计分析方法,如判别分析、聚类分析和结构分析。

（十）解释结论

如果研究者要检验变量之间关系的假设,其解释将很明确。但是,如果研究是描述性的,就需要对研究结果的含义及重要性进行解释。

> 一项关于儿童电视节目的内容分析显示,30%的广告是零食和糖果。那么,30%这个数字究竟是高还是低？这时,研究者面临着应该报告"足足30%的广告属于这一类",还是报告"只有30%的广告属于这一类"？显然,研究者需要进一步的比较,如把它与广告中的其他产品或与成人节目中的广告相比,可能30%是较高的数字。

内容分析的步骤可归纳为图9-1。

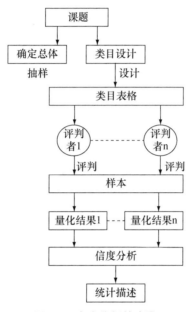

图9-1 内容分析的步骤

格伯纳电视暴力的测量

乔治·格伯纳(George Gerbner),1919年出生于匈牙利布达佩斯。美国宾夕法尼亚大学传播学教授,是一位多产的学者。

案例背景 20世纪60年代后期,美国社会的暴力和犯罪问题很严重,因此,美国政府专门成立了一个"暴力起因与防范委员会"来研究解决这些问题的对策,由格伯纳主持。

格伯纳开展的这项研究称为"文化指标研究",整个研究包括三个部分,即制度分析、信息系统分析、培养分析,本案例介绍的只是信息系统分析中采用内容分析法完成的"暴力描绘"部分(violence profile)。

格伯纳

内容分析法的步骤

1. 阐明研究问题或假设

研究问题:"培养分析"研究的目标有两个,一是分析电视画面上的凶杀和暴力内容与社会犯罪之间的关系,二是考察这些内容对人们认识社会现实的影响。

该研究没有提出明确的假设。

2. 界定研究总体

格伯纳对暴力的操作化定义是,显著地表达出对自己或对他人的暴力倾向或者其他强迫性的意愿,可能造成或已经造成人身伤害或死亡。(The overt expression of physical force against self or other, compelling action against one's will on pain of being hurt or killed, or actually hurting or killing) 简言之,即"有意伤害或者杀害的公然的武力行为"。此定义不包括心理上的伤害、言语暴力等。也就是说,采取明显的肢体暴力行为作为测量的标准。

3. 选择样本

格伯纳以美国三大电视网(ABC、CBS、NBC)的家庭收视时间(family viewing time, 8:00—9:00 PM)、晚间时间(late evening 9:00—11:00PM)以及周末儿童时段(weekend children's hours Sat. and Sun. daytime)的电视节目(television drama)为样本,包括电视剧、卡通、电视上播放的电影。

抽样方法:每年固定一周的样本(通常在秋季,个别年份是春季),他们采用内容分析法抽取了3 000多个电视节目和35 000个电视角色。在1967年和1968年,包含的时段为星期一至星期六早上7点半至晚上10点,星期天的早上7点至晚上10点,星期六早上8点至中午12点的儿童节目。从1969年开始,这些时段被延长至每晚的11点和从星期六、星期天早上7点至下午2点半。然而,1971年的黄金时段根据规则减少了广播网的夜间节目。因此,自1971年以来的有效的晚间参数是星期一早上8点至晚上11点和星期天早上7点半至晚上10点半。

4. 选择分析单位

有三种分析单位:

(1) 节目(program):节目就是以剧情形式展现的单独的虚构的故事。它可能是一部为电视生产的情景喜剧,或者是一部在这一时段播放的长篇电视剧。

(2) 暴力行为(violence action):暴力行为就是一些被某些政党限制的暴力场景。如果一个场景被打断(通过闪回或者转向其他的场景的方式),但是在"现实"时间中仍然在继续,它仍然是这个相同的行为。然而,如果一个新的暴力代理进入这个场景,这样也就开始了另一个暴力行为。这些单元也被称为暴力片断。

(3) 角色(role):主要人物和次要人物。在所有节目(不管是不是暴力节目)中分析的人物是两种类型。主要人物对故事来说,是必需的主要角色。次要人物(属于那种较少详细分析的)是所有的另外有台词的角色(这个发现在这个报告中总结出来,包括仅有的主要人物的分析)。

5. 构建内容类别

建构内容类别——以节目为分析单位
- 节目名称＿＿＿＿＿＿＿＿＿＿＿＿＿＿＿＿＿＿＿＿
- 节目编号＿＿＿＿＿＿＿＿＿＿＿＿＿＿＿＿＿＿＿＿
- 节目描述＿＿＿＿＿＿＿＿＿＿＿＿＿＿＿＿＿＿＿＿
- 节目长度＿＿＿＿＿＿＿＿＿＿＿＿＿＿＿＿＿＿＿＿
- 暴力场景数＿＿＿＿＿＿＿＿＿＿＿＿＿＿＿＿＿＿
- 时段：A. 家庭收视时间　B. 晚间时间　C. 周末时段
- 电视网：A. ABC　　B. NBC　　C. CBS
- 节目样式：A. 卡通　　B. 电影　　C. 电视节目
- 节目基调：A. 严肃节目　　B. 喜剧节目
- 是否是新节目：A. 是　　B. 否
- 是否是动作片：A. 是　　B. 否

建构内容类别——以场景为分析单位
- 节目名称＿＿＿＿＿＿＿＿＿＿＿＿＿＿＿＿＿＿＿＿
- 场景编号＿＿＿＿＿＿＿＿＿＿＿＿＿＿＿＿＿＿＿＿
- 场景描述＿＿＿＿＿＿＿＿＿＿＿＿＿＿＿＿＿＿＿＿
- 暴力场景出现时间＿＿＿＿＿＿＿＿＿＿＿＿＿＿
- 暴力场景持续时间＿＿＿＿＿＿＿＿＿＿＿＿＿＿
- 电视网：A. ABC　　B. NBC　　C. CBS
- 时段：A. 家庭收视时间　B. 晚间时间　　C. 周末时段

建构内容类别——以角色为分析单位
- 节目名称＿＿＿＿＿＿＿＿＿＿＿＿＿＿＿＿＿＿＿＿
- 人物编号＿＿＿＿＿＿＿＿＿＿＿＿＿＿＿＿＿＿＿＿
- 人物姓名或描述＿＿＿＿＿＿＿＿＿＿＿＿＿＿＿＿
- 是否卷入暴力：A. 是　　B. 否
- 侵害角色：A. 施暴人　　B. 受害者
- 凶杀角色：A. 凶手　　B. 被害人
- 性别：A. 男　　B. 女
- 社会年龄：A. 儿童/少年　B. 青少年　C. 成人　D. 老年人
- 阶层：A. 上层　B. 中产　C. 底层
- 婚姻状况：A. 非婚　　B. 已婚
- 种族：A. 白人　　B. 其他
- 国籍：A. 美国　　B. 其他
- 角色类型：A. 正面　B. 混合　C. 负面

暴力指数 $CS = V\% + K\%$，$V\%$ = 施暴者或受害者的百分比，$K\%$ = 杀手或被害人的百分比。

6. 对内容进行编码

编码人数:12—18人;编码培训及测试时间:三个星期;编码对象:电视节目录像带;编码方式:独立两人编码(independent pairs)。

7. 分析数据

暴力指数由三种直接观察的资料组成:暴力的普及率、暴力的比例、暴力角色。

暴力普及率为包含暴力节目所占的百分比(prevalence);

暴力比例是在一段时间内节目出现暴力行为的次数(rate);

暴力角色是暴力的实施者或受害者的角色描述,它用于测量某一节目暴力角色所占全部角色的比例或暴力受害人角色所占的比例(role)。

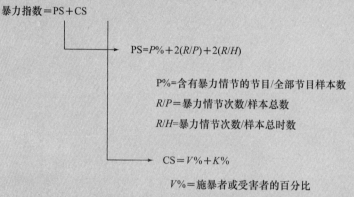

以1967年的数据举例说明暴力指数的计算:

样本节目量:96个;样本节目时间:62小时;样本人物:240个。

普及率:包含暴力的节目百分比为81.3%(在100个节目中,有81.3个节目包含暴力);包含暴力的节目时数百分比为83.2%(在100小时的节目中,有83.2个小时中包括有暴力)。

比例:暴力片断数470,在样本中,每个节目平均出现的暴力片断数(R/P),$470/96 = 5.0$;在样本中,每小时平均出现的暴力片断数(R/H),$470/62 = 7.7$。

角色:施暴者比例55%,受害者比例64.6%;暴力牵涉到的人物角色(%V)73.3%;凶手比例12.5%;被害人比例7.1%;凶杀牵涉到人物角色的18.7。

暴力指数:节目得分(PS) = $P\% + 2(R/P) + 2(R/H) = 81.3 + 2*5 + 2*7.7 = 106.6$;角色得分(CS) = $\%V + \%K = 73.3 + 18.7 = 92.1$;暴力指数(VI) = $PS + CS = 198.7$。

8. 解释研究结果

利用内容分析法,格伯纳得出了结论:1967—1976年电视暴力指数变化图;1967—1976三大电视网在家庭收视时间、晚间时间以及周末时段交叉的电视暴力指数;1967—1977年不同节目类型、电视网、时间段交叉的暴力指数;1969年以后施暴者—受害者比率(violence-victim ratio)凶手—被害人比率(killer-killed ratio);受害者特征分析;1967—1977电视暴力比例和电视暴力角色;各类人口特征的遭受暴力的风险性。

1976年74.9%的角色包含了暴力成分,89.1%的抽样节目包含暴力。每集电视的暴力片断是6.2个,每小时是9.5个。这些数据较上一年(1975年)都有所提高,1975年的值分别是65%、78.4%、5.6%和8.1%,只有死亡数比1975年有所下降。

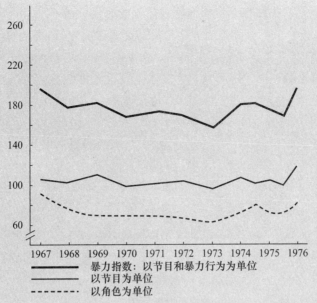

1975年和1976年不同时间段不同电视网的暴力指数

	ABC		CBS		NBC	
	1975	1976	1975	1976	1975	1976
总体指数	187	207	155	181	201	224
家庭收视时间	121	197	60	101	126	139
晚间时间	232	196	176	175	224	282
周末时段	201	237	218	238	252	264

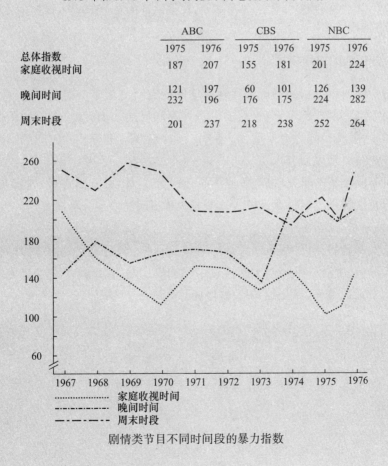

剧情类节目不同时间段的暴力指数

> **研究结果——我们生活在一个影像暴力肆虐的时代**
>
> 20世纪60年代的国家暴力起因和防治委员会的研究中,由格伯纳主持进行的内容分析发现:暴力不仅在犯罪类和卡通类节目中非常普遍,而且它还在喜剧类节目中扮演了重要角色。研究者总共分析了183个节目以及455位电视节目中的主要角色——其中过半(241)有暴力行为,共发生过1215起暴力冲突!显然,这时候的暴力已经是电视中生活的显著特征。
>
> 在20世纪70年代的国家公共卫生局长报告的研究中,内容分析工作仍由格伯纳主持,对1969年的电视暴力内容进行了分析,并与1967年和1968年的分析结果进行比较,发现凶杀事件有了大幅下降,但是攻击性行为、伤害以及恐吓则并无减少,暴力盛行的情况在这三年之间并无显著变化。
>
> 在20世纪80年代的国家心理健康研究所的研究中,研究人员曾对70年代到80年代这十年间的电视暴力数量的走向进行了总结,发现电视暴力最明显的特点是它自始至终的稳定性和规律性,在过去的十年里,黄金时段节目中的暴力行为有趋于增加;90年代的国家电视暴力研究对1994年10月到1997年6月这三年的电视节目内容分析发现,暴力内容仍然很普遍,其中有60%的节目含有暴力,黄金时段的暴力节目的比例呈上升趋势。

五、内容分析法的应用模式

对内容分析法所得数据的分析角度视具体的研究目的而定。如前所述,内容分析法可用于趋势分析、现状分析、比较分析、意向分析等不同目的。相应地,在不同用途的情况下,其数据分析角度、模式也随之有所区别。例如,研究者既可进行某一时间的剖面分析,也可以就某一主题进行时间序列分析。

由于四种不同类型的研究目标、任务不同,研究的总体、抽样的方式、内容及分析类目也不同。内容分析法提供了四种设计模式并形成四种不同的内容分析模式。

(一)发展分析

发展分析又叫趋势分析,是通过对某一对象,在同一类问题上,在不同时期内所显示的资料进行内容分析,把这些不同样本的量化结果加以比较,找出其中发生变化的因素,从而可以判断这一对象在某一类问题上的发展倾向。

> 以企业管理杂志《企业管理》为总体,研究近两年来,企业管理研究中定量研究的发展趋势。第一年的杂志和第二年的杂志各作为一个样本,对该年发表的全部论文,以研究报告与国外动态、新理论思想等为分析维度或类目,分别做出统计,并求出各自在总数中所占的比例,将这两个比例加以比较,就可看出其变化趋势(见图9-2)。

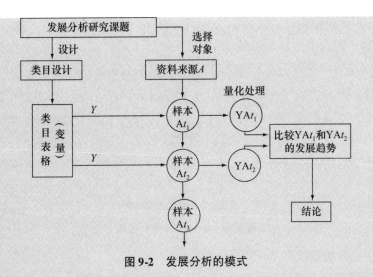

图9-2 发展分析的模式

A 代表反映研究对象特征的资料来源;t 表示在不同时期所显示的资料内容;A_{t1}、A_{t2}、A_{t3} 分别代表在时期 t_1、时期 t_2 和时期 t_3 的样本资料;Y 则代表类目项,即测量变量。

通过某大型家电企业客户服务中心的某种产品维修记录单,分析企业某种产品质量变化趋势和质量问题的变化原因。

(1) 界定调查总体。如界定调查总体为2000年和2011年四个省地区级以上办事机构中的客户服务中心。

(2) 抽取调查样本。如按照一定标准在5个省60个地级以上的办事机构中抽取20个客户服务中心为调查样本。

(3) 确定研究对象。如确定以这20个客户服务中心2000年和2011年的全部某种产品维修记录单为研究对象。

(4) 记录研究项目。如记录维修记录单中的问题种类、问题原因及产品购买日期。

(5) 进行定量研究。就是对2000年和2011年的某种产品问题种类和问题原因进行定量分析和研究,从而得出质量问题模式和问题原因的变化发展趋势的结论。

(二) 特征分析

特征分析(或意向分析),是通过对某一对象,在不同问题上,或在不同场合上所显示出来的内容资料进行内容分析,把这些不同样本的量化结果加以比较,找出其中稳定的、突出的因素,从而可以判定这一对象的特征。

通过对某个优秀教师的教学实况录像的内容分析,研究他的教学风格特点,总结他的教学经验;通过对某些优秀教学电影、电视教材的内容分析,研究它们的编制特色、艺术风格;通过对某学者学术报告实况录像的内容分析,研究该学者的学术思想、意图和动机等等。

1. A—X—S 分析模式

图 9-3 的这一模式中的 S 表示情境,从模式符号中可以看出,它是在不同情境下,对同一信息来源(A)进行取样分析。与趋势分析模式相比,它的区别在于不是用时间(t)而是以情境(S)为取样标准。

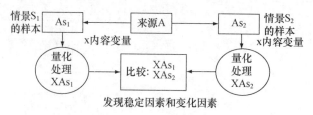

图 9-3　A—X—S 分析模式

2. A—X—Y 分析模式

图 9-4 的该模式与上述两种模式的区别是:在同一资料来源(A)中,不是用一个内容变量,而是用不同的内容变量 X 和 Y 作为抽样的标准。而时间(t)与情境(S)两种因素不作为研究因素。

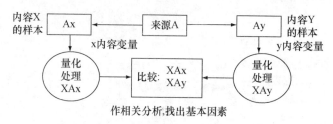

图 9-4　A—X—Y 分析模式

(三) 比较分析

比较分析,它是通过对同一中心问题,但对象或来源不同的样本资料进行内容分析,把这些来自不同对象的样本的量化结果加以对比,从而找出它们之间的异同。

> 想要对两本同一学科的不同教材、两位教同一学科的不同教师、两份同一学科的不同试卷、两本同一年级的不同学生的作业本进行分析,找出它们的异同之处,都可以采用这种模式,尽管它们的分析维度或者说类目不一定相同。

图 9-5 中,A、B 代表不同对象的资料来源,它们的样本用 X_A 和 X_B 表示;Y 则代表类目项,即测量变量。在比较分析中,尽管分析对象不同,但分析类目 Y 只有一个,即在共同的测量标准下才能做出有效的比较。

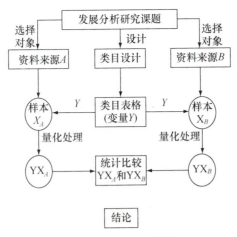

图 9-5　比较分析模式

六、评价内容分析的标准

评价内容分析的标准大致有六项(见表 9-5)。

表 9-5　评价内容分析的六项标准

项目	评价标准
研究假设	是否有明确的问题或假设？如果有推论，推论是否合乎逻辑？
抽样样本	样本对于结论是否合理？样本是否有很好的代表性？
分析单位	分析单位是否明确？
内容分类	分类标准是否由理论导出？所划分的种类之间是否互相排斥？分类是否详尽(不能有遗漏)？分类标准是否统一？
信度	研究报告里是否有信度检验？不同的评分者是否能得出同样的结论？
效度	研究者建立的分析单位、种类是否能测出所要测量的内容(一致性)？

七、内容分析法的优缺点

1. 优点

（1）时间及金钱上相当经济。相对于调查法而言，内容分析法可以说是很方便的一种研究方法，因为不需要特殊装备，也不用大批人员协助。

（2）内容分析法很适宜研究长期的事物。撷取一连续时间的资料进行研究，相较之下，调查法就难以长时间持续。

（3）内容分析按统一、固定的分析维度进行，分析材料取样科学性强，评判记录结果有信度检验，从而保证了结果的客观、可靠性，能较好地消除主观印象和偏见。

（4）定性与定量分析并重，结果可以量化，易于进行统计分析和运用计算机处理。

2. 缺点

（1）内容分析受材料的限制较大，已有材料的真实性、倾向性和是否易于收集到等都影响着研究结果。

（2）内容分析的结果以描述为主，它能揭示材料的内容与结构，并由此了解有关被试的心理特征，但却难以说明为什么，解释能力较差。

（3）内容分析工作比较费时费力、枯燥乏味，要求研究者特别耐心、仔细，并进行长时间的阅读，评判，记录与计算，因此对评判者的素质要求较高。

（4）研究结论受制于所使用的定义和分类架构，并且由于分析维度固定，对许多新事物、新情况、突发事件等难以灵活处理。

[复习思考题]

1. 文献综述的主要内容有哪些？
2. 试举例说明内容分析法的实施程序？
3. 内容分析法的应用模式主要有几个？
4. 说明内容分析法的优缺点。

[实训题]

有人提出这样一个假设：男性用品的制造商比其他厂商更有可能赞助暴力性电视节目。为了检验这一假设，我们可以对电视节目进行内容分析。

首先，分析单位：广告。

其次，抽样。

为了研究方便，我们将某一天的电视节目分为如下阶段：

0:00—2:00,2:00—4:00,……,20:00—22:00,22:00—24:00。

所有电视频道与上述时间阶段的交叉构成我们的抽样总体。

假定我们抽取的节目如下：

第一频道 2:00—4:00,

第三频道 8:00—10:00,

第四频道 16:00—18:00,

……

再次，编码。

我们将对上述选中频道指定时间段内的电视内容进行编码。

编码的基本内容是：记录出现在选中频道指定时段内的所有广告并区分其是否是"男性用品"，同时，记录该广告之前和之后的电视节目中是否出现"暴力"镜头及其出现次数。

编码结果如下表：

表 9-6　编码表

广告	是否男性用品？		广告前后的电视节目中出现暴力的次数
	是	否	
甲	是		10
乙	是		11
丙	是		7
丁	是		3
戊	不详		3
己		否	3
庚		否	1
辛		否	2
…	不详		1

最后，通过对量表数据的分析，可以对假设进行检验，用卡方检验法。

讨论：结合该案例阐述内容分析法的步骤。

第十章 调查资料的整理

引导案例

军人成就动机研究的编码[①]

成就动机是一个人在社会化过程中逐渐形成的适应社会生活的重要素质,是人们力求获得成功的内部动力,是决定一个人事业成功与否的重要因素。我们采用扎根理论编码技术结合专家评定法,对军人成就动机进行了研究。

资料来源:①《成就动机开放式调查问卷》,即被调查者写出对"成就动机"的理解。② 军人行为事件访谈,共20份,其中营级5份、连级10份、排级5份。③ 近现代军事家传记,共20篇,其中中国军事家10篇、外国军事家10篇,每篇为3 000—5 000 字。

成就动机维度雏形的提出对象:回答材料①之后,录入答题结果。由2名编码者(心理学专业研究生)分别对文字进行开放式编码,并讨论和整理编码,提出"成就动机维度雏形(初稿)"。由12名专家,其中军区政治部团级以上军官3名、政府组织部门干部3名、企事业高层经理3名、具有高级职称的心理学专家3名,对"成就动机维度雏形(初稿)"进行两轮评定。首先分别审核、修正并综合专家意见形成专家审核表,然后再回答专家审核表,根据50%以上的专家意见形成"成就动机维度雏形",结果见表10-1。

表10-1 军人成就动机维度雏形的编码及修订结果

初稿维度			修订维度		赞同度(%)
维度	频次	字数	维度	定义	
进取	132	4 310	进取	不满足于已取得的成绩,不断为自己设立新目标,希望有所突破的想法和做法	100.0
主动	80	1 747	主动	不待外力推动而行动,出于自身主观愿望而提出的想法和做法	100.0
完美	50	1 225	求精	工作讲求高标准,对自己负责工作的每个细节尽量做到完善,严格要求自己的成果,精益求精	91.7

[①] 王建伟,徐蕊,曹建国,宋华淼.扎根理论结合专家评定对军人成就动机研究[J].人民军医,2008;51(11).

(续表)

初稿维度			修订维度		赞同度(%)
维度	频次	字数	维度	定义	
坚持 抗挫折	45 25	1 192 902	坚韧	对认定的想法和做法,尽量把它做成功或做完整,并伴随时间的延续,即使遇到困难、阻力和失败,也抱有成功的希望,奋力争取,永不放弃	75.0
舍弃	68	1 578	奉献	为了工作,可以暂时或长久地放弃能够获得的利益,或者损失固有的利益	83.3
乐业	101	3 350	乐业	对所从事职业的一种积极的情感(如喜爱、热爱等),能够从中得到快乐和满足,感受到自我价值的体现	100.0

军人成就动机特征的提取由2名编码者根据"成就动机维度雏形",分别对材料②和③独立编码,讨论和整理编码并提出"军人成就动机特征雏形",包括名称和定义,结果如表10-2所示。(下略)

表10-2 军人成就动机维度特征编码及修订结果

维度	编码结果	维度特征雏形名称	维度特征终稿名称
进取	共307个编码,合并为30种语义条目,归纳为6个特征	a1 目标和规划,a2 职务(级别)晋升,a3 荣誉和成绩,a4 比较、反馈和进步,a5 直面挑战,a6 成败应对	a1 目标性,a3 荣誉感,a4 进步性
主动	共198个编码,合并为25种语义条目,归纳为10个特征	a7 信息关注,a8 寻找和解决问题,a9 预见预防,a10 大局观念,a11 经验汲取,a12 主动沟通,a13 形象意识,a14 目的性学习,a15 积累与尝试,a16 争取机会	a7 信息关注,a8 研究意识,a9 警惕性,合并a11和a6 经验汲取,合并a14和a15 学习意识
求精	共102个编码,合并为3种语义条目,归纳为3个特征	a17 工作标准,a18 过程控制,a19 成果要求	a17 工作标准,a18 过程控制,a19 成果要求
坚韧	共57个编码,合并为8种语义条目,归纳为3个特征	a20 耐受挫折,a21 持久坚持,a22 有始有终	a20 耐受挫折,合并a21和a22 持之以恒
奉献	共76个编码,合并为12种语义条目,归纳为5个特征	a23 物质利益舍弃,a24 身体利益舍弃,a25 社会利益舍弃,a26 情感舍弃,a27 休闲娱乐舍弃	a23 物质舍弃,a24 身体舍弃,a25 功名舍弃,a26 情感舍弃,a27 休闲舍弃
乐业	共86个编码,合并为18种语义条目,归纳为3个特征	a28 工作兴趣,a29 职业自豪感,a30 工作满足感	a28 工作兴趣,a29 职业自豪感,a30 工作满足感

注:访谈为20份,传记为20篇;a2、a5、a10、a12、a13和a16因指标值偏低,故删除。

调查研究中收集的各种原始资料杂乱无章,只有经过整理、编码分析才能从中提取出有用的信息。

第一节 问卷调查资料的整理

整理调查资料就是根据研究的目的,运用科学的方法,对调查所获得的资料进行审核、检验、编码、分类、汇编等初步加工,使之系统化和条理化,并以集中、简明的方式反映调查对象总体情况的工作过程。

一、问卷调查资料的审核

对调查资料进行审核的目的,是保证数据的质量,审核工作贯穿于数据收集与数据处理的全过程。从不同渠道取得的调查数据,在审核的内容和方法上都有所不同,不同类型的数据在审核的内容和方法上也有差异。

对于直接调查得来的一手数据,应从完整性、准确性两方面进行审核。

完整性审核主要是检查应调查的单位是否有遗漏,所有的调查项目是否齐全等。

准确性审核包括两个方面:一是计算检查,即从定量角度对数据进行审核、检查计算结果和计算方法有无错误。例如,各项数字之和是否等于相应的合计数;各组结构比例之和是否等于1或100%;出现在不同表格上的同一指标数值是否相同。计算检查主要用于对数值型数据的审核。二是逻辑检查,即从定性角度审核数据是否符合逻辑,是否说得通。例如,在家庭住户调查登记中,填写内容为,某人年龄:12岁;文化程度:大学;职业:干部。这显然不符合逻辑,在登记中有误,应进行更正。

对于间接取得的二手数据,除了对其完整性和准确性进行审核外,还应审核数据的适用性和时效性。为此,应弄清二手数据的来源、统计口径以及有关的背景材料,以便确定这些数据是否符合自己的需要。

资料在经过审核后,再做进一步的加工处理。对审核过程中发现的错误,应尽可能进行纠正,如果无法弥补,就需要对数据进行筛选。

二、问卷资料的编码

如果整理后的资料要用计算机进行数据处理,则在资料的整理工作中还须对资料进行编码,即将问卷或调查表中的信息转化成计算机能识别的数字符号。

(一) 编码含义

编码就是将被访者的回答变成数字。数字是计算机认识的符号,当被访者的各种回答用数字代表后,研究者就可以通过计算机方便地进行统计计算了。

调查问卷开始设计的时候,编码工作就已经开始了。因为有些问题的答案范围研究者事先是知道的,如性别、学历等。这样的问题,在问卷中以封闭问题的形式出现,被访者回答问题时只要选择相应的现成答案就可以了。

如果所有的问题都是封闭式的,问卷回收后就可以直接录入计算机,这对调查来说是非常便捷有效的。问卷调查形式的采用正是看中了这一点。所以正常的问卷调查都尽可能地使用封闭问题。

还有一些问题研究者在设计问卷时是不完全知道答案的,这样的问题在问卷中一般有

两种形式。一种是只有问题没有备选答案,称为完全开放式问题。例如:

Q4. 请问您不喜欢吃巧克力的原因有哪些?（追问:还有呢？还有呢？）

另一种是有部分备选答案同时还有要求被访者注明的"其他"选项,称为半开放式问题或隐含的开放式问题。

对于开放式问题,被访者需要用文字来叙述自己的回答。问卷回收后这些答案不能马上录入计算机,需要后期的人员对其进行"编码",即"后编码"。但对于问卷调查来说,开放式问题出现得较少。从功能的角度来看,开放式问题是对封闭式问题的补充。

（二）后编码步骤①

当编码人员接到含有开放式问题的问卷后,需要进行三项工作才能将问卷交到数据处理人员那里录入。

1. 预分类和预编码

首先要在问卷总数中任意选择10%左右的问卷,分别对每个开放问题部分进行答案"抄录",这个过程要求执行人员把问题的每一种不同含义的答案都抄在表格上,从而形成预分类和预编码。在这个阶段,分类应尽可能详尽一些,只有这样才便于以后的合并归类。并且对明显相同的答案统计出现次数。假如现在处理的问题是"Q4. 请问您不喜欢吃巧克力的原因有哪些?"抄录的结果如表10-3所示。

表10-3 初次编码表

Q4,原因	次数
价格不合理	5
价格有点贵	4
价格原因	1
糖多怕胖	10
因为体重有增加	8
热量高,怕发胖	8
妈妈说上火	4
天气太热了,易上火	15
天气热想吃清淡的	16
……	…

2. "对号入码"并不断"加码"

按照预分类类别和预编码,对剩余90%左右（一般再查看20%左右问卷就差不多了）问卷中有关该问题的回答"对号入码",进行分类和编码。如果发现预分类中没出现过的新的答案,就在编码表中增加一个新类别,同时增加一个新代码。这样,不断增加类型和编码,直至把开放问题的所有答案全都包括进去为止。

3. 选择、合并、确定最终类别和编码

编码人员及研究人员根据调查的目的对抄出的答案进一步选择、归纳,即合并相似的类

---

① 江立华,水延凯. 社会调查教程[M]. 北京:中国人民大学出版社,2012:206—207.

别,形成类别数量适当的"编码表",仍以上题为例,归纳的结果如表 10-4 所示。

表 10-4　归纳合并后的编码表

Q4,原因	编码
价格不合理	1
担心发胖	2
易上火	3
……	…

在这里可以看到,答案的数量减少了,每一个保留的答案是对实际填写的同类答案的总结。

4. 按最终编码表完成编码

编码人员根据最终编码表对所有开放问题的答案进行归类,在每个问题旁边写上实际答案在编码表中对应的号码。如下所示:

Q4. 请问您不喜欢吃巧克力的原因有哪些?（追问:还有呢？还有呢？）

价钱贵①而且吃了容易发胖②

到此为止问卷上的文字答案经过编码变成了数字,接着就可以录入电脑进行下一步的统计分析。

三、编码的原则

不论是访问前还是访问后,编码工作都有相同的原则,从这些原则可以看出编码的好坏,也可以看出问卷设计是否合理。

1. 完备性

完备性有两个含义:（1）每个答案都可以在最终的编码表上找到合适的对应,否则编码表是不完备的;（2）最终的编码表应当全面地涵盖问题设计时所要收集的各个方面的信息,有时候出现频次少但观点特别的回答可能代表一个特定的重要群体,从研究的角度来说包含这类编码就非常重要。在确定最终编码表的时候,可以通过经验判断编码表是否包含了各个角度的回答。

2. 唯一性、互斥性

每个答案只能有唯一的编码条目与之对应,不应出现同一个答案对应两个或以上编码条目的情况,否则编码表就不满足唯一性。例如:如果编码表中出现……5—高兴、……8—愉快……,那么对于"快乐"这个答案就可以编成 5 也可以编成 8。这种情况需要对编码表重新进行归纳。

3. 单一维度

对于同一个问题,不同的人可能从不同的方面或角度考虑它,每一个方面又会有多种有关的观点和事实。例如,对于"您现在的职业？"这个问题,有可能得到就业状态的回答,如全职、兼职、失业、待业等;有可能得到所属行业的回答,如农业、制造业、商业、金融业、教育、艺术等;还有可能得到具体职业的回答,如农民、工人、商人、会计师、律师、教师等。如果这些答案都出现在同一道问题中,会给编码工作造成麻烦。比如银行会计师,既可以编为会计师的代码,也可以编为金融业的代码,同时它也符合全职的定义,在这种情况下编码工作就不能保证唯一性的要求。此类问题是编码人员无法解决的,要避免这种情况的出现,应尽量在正式问卷确定之前与研究人员协商,调整提问的方式。如果研究目的需要了解一个问题多个方面属性的话,可以将一个问题分为多个问题,每个问题要求一个方面的有关答案。

4. 详略适当

在归纳确认最终编码表的时候,经常会遇到将一些答案归纳在一起还是将它们分开的情况。对于这样的问题要根据研究目的和数据分析的要求进行取舍。如果问卷的问题是询问事实的,如"您使用什么牌子的洗发水",编码员可能会按研究的要求保留出现频次最高的前20个品牌,而将其余归纳为"其他品牌";或者在保证归纳为"其他品牌"的比例不超过总样本量3%的要求下进行工作。如果问卷的问题询问的是观点、意见,如"您为什么喜欢××牌子的洗发水",对较分散的答案则不能简单地从频次决定取舍。对于研究目的来说,有1%的回答者因为"味道"而喜欢一个品牌可能是很重要的。而过于细致的分类又可能造成分析的不便。所以对这类问题,编码工作是否能做好,决定于编码者对调查目的的理解程度如何。通常在抄列答案时,分类详细是有好处的,因为将已经归纳的编码条目再分开的唯一办法就是重新做一遍。

一般地讲,开始时分类可以细一些,当分析不要求过细的分类时可以将某些类别进行合并。分类的多少还要考虑统计分析方面的问题。

四、特殊类型客观题的编码[①]

1. 无限制多项选择题的编码

在调查研究中,研究者经常要求被调查者针对某一问题在多个答案选项中进行无限制多选,例如下列用来调查择偶条件的多选题。

> 你想选择下列哪些择偶条件(任选几项):
> 1—相貌 2—文化水准 3—气质风度 4—志同道合 5—人品 6—家庭收入 7—其他

该题有7个选项,编码时需要编码成7个变量,即题目中每一个答案选项,都被设定为一个(0—1)新的二分复选变量:$V2\_1$、$V2\_2$、$V2\_3$、$V2\_4$、$V2\_5$、$V2\_6$、$V2\_7$。如果该答案选项没有被选中,则复选变量取值为0,被选中则取值为1。表10-5是根据4个被调查者对该问题的回答,编码输入计算机后形成的数据文件片段。

---

① 郝大海.社会调查研究方法[M].北京:中国人民大学出版社,2005:203—206.

表 10-5

ID	Gender	V2_1	V2_2	V2_3	V2_4	V2_5	V2_6	V2_7
1	2	1	0	0	0	1	1	0
2	1	1	0	1	0	1	0	0
3	1	0	0	1	0	1	0	0
4	2	1	1	0	0	1	1	0

2. 限制性多项选择题的编码

所谓限制性多选题,即在多个选项中不是无限多选而是限选 2 个、3 个等。如上例中可以规定限选 3 个,也就是说可以选 1 个、2 个或 3 个,但不要超过 3 个。如果把上面的例题改成限选 3 题,有两种编码方式:一种是和上题一样,设定成 7 个变量;另一种编码方式是设计定成 3 个变量,如只有 V2_1、V2_2、V2_3,注意这三个变量不是对应 1、2、3 三个选项,只是代表三个无具体对应关系的变量,在数据录入电脑时要录入实际的选项编号。假设表 10-3 中 ID1 和 ID3 的数据抽出来当做限选 3 项的回答结果,则按 3 个变量的录入方式,如表 10-6 所示。表中 ID3、V2_2 变量对应的录入数据为 5,这里的 5 表示 ID3 选的是第 5 个选项即"人品"。

表 10-6

ID	Gender	V2_1	V2_2	V2_3
1	2	1	5	6
3	1	3	5	0

3. 排序题的编码

请问您希望学校提供哪些就业方面的指导?选出三种您最希望的,并依重要程度标出 1、2、3 的次序(1 为最希望的):
(1) 个人简历制作的指导　　(2) 就业面试技巧的介绍　　(3) 公共场合的社交礼仪
(4) 职业生涯规划　　　　　(5) 素质拓展　　　　　　　(6) 就业体验
(7) 其他_____

这类题编码比较复杂,与无限多选题不同的是,每个答案的取值不是(0—1),而是(0、1、2、3)四种可能,其中 0 代表该选项没有被选中,1、2、3 则分别代表被指定为第一位、第二位、第三位。表 10-7 是根据 4 个被调查者对问题的回答,编码输入计算机后形成的数据文件片段。

表 10-7

ID	Gender	V5_1	V5_2	V5_3	V5_4	V5_5	V5_6	V5_7
1	1	0	1	0	3	0	2	0
2	2	1	2	3	0	0	0	0
3	2	0	3	0	0	2	1	0
4	1	0	3	0	0	1	2	0

五、数据录入

现在数据录入的方式一般是直接从问卷上将编码完毕的数据输入计算机中的相应软件,如 SPSS、EXCEL。

第二节 数字资料的初步整理

数字资料经过审查、编码、预处理之后要进行分组、汇总、制作统计表或统计图等步骤(一般在录入电脑软件后进行)。

一、统计分组

(一) 统计分组的定义

统计分组,也称资料分组,是指根据管理调查研究的目的和现象总体的内在特点,按照一定标志,将资料划分为若干性质不同又有联系的几个部分,称为统计分组。它的最基本的原则就是要把不同性质的事物区别开来,把性质相同的事物联系起来。也就是说统计分组应达到的效果是:① 组间差异性越大越好;② 组内同质性越高越好。

(二) 统计分组的作用

统计分组在调查资料的整理过程中所起的作用主要体现在:

(1) 划分现象类型,并反映各类型组的数量特征。

(2) 可以深入了解现象总体的内部结构。将资料按一定的研究目的分组,并计算出各组单位数占总体单位总数的比重,就能反映出事物或现象内部的构成状况和发展变化的规律。

我国 1987—1997 年从业人员分布情况(见表 10-8)。

表 10-8 1987—1997 年从业人员分布情况

	1987 年		1997 年	
	从业人员数(万人)	比重(%)	从业人员数(万人)	比重(%)
第一产业	31 663	60.0	34 730	49.9
第二产业	11 726	22.2	16 495	23.7
第三产业	9 395	17.8	18 375	26.4
合计	52 783	10.0	69 600	100.0

(3) 可以显示管理现象之间的依存关系。统计分组可以根据现象间的影响因素和结果因素的对应更好地揭示现象之间的依存关系,如工人的劳动生产率与产品成本的对应、商店的规模与营业额的对应等等,都可以用分组法来揭示它们之间依存关系的性质,并从数量上来描述其关系的密切程度。例如从表 10-9 的资料中可以看出,企业的商品销售额扩大,流通费用率相对地呈下降趋势。

表10-9　某公司规模与流通费用率依存关系表

企业按商品销售额分组(万元)	企业单位数	流通费用率(%)
400以下	3	3.84
400—500	10	3.09
500—600	15	2.66
600以上	2	1.94

（三）统计分组的一般步骤

1. 选择分组标志

分组标志就是分组的标准或依据。要正确选择分组标志,必须遵循以下基本原则：

（1）要根据调查研究的目的和任务选择分组标志。

（2）要选择能够反映研究对象本质的标志。例如,毛泽东在兴国调查中选择农村人口的阶级成分作为分组标志,从而揭示出旧中国农村的阶级关系。

（3）应多角度地选择分组标志。除了反映事物本质特征的标志以外,还有一些反映事物非本质特征的,但又能提供许多有价值的信息的标志。因此,多角度分组,能使我们更加全面地认识现象总体内部的结构以及各部分之间的差别。

常见的分组标志如下：

（1）按质量标志分组,就是按照事物的性质或类别分组。如男、女、好、中、差。

（2）按数量标志分组,就是按照事物的发展规模、水平、速度、比例等数量特征分组。如月收入1 000元以下、1 000—2 000元、2 000—4 000元、4 000—8 000元、8 000元以上。按数量标志分组的目的并不是单纯确定各组在数量上的差别,而是要通过数量上的变化来区别各组的不同类型和性质。

数量标志分组的三个要点是：通过数量的变化来区分各组质的差别；正确选择决定事物性质差别的数量界限；采用适当的分组形式。

（3）按空间标志分组,就是按照事物的地理位置、区域范围等空间特性分组,如北京、上海、广州、兰州、沈阳等。

（4）按时间标志分组,就是按照事物的持续性和先后顺序分组,如第一季度、第二季度、第三季度、第四季度等。

许多复杂事物,有时采用两个或两个以上的标志分组。

2. 确定分组界限

指划分组与组之间的间隔限度。确定分组界限,包括：

（1）组数：当数量标志值变动范围很小,而且标志值项数不多时,可直接将每个标志值确定为一组。当数量标志值变动范围很大,而且标志值项数又很多时,就可将临近的几个标志值合为一组,一般以5—7组为宜。

（2）组距：就是各组中最大数值与最小数值之间的距离。

等距分组：标志值在各组保持相等的组距,适用于标志值变动均匀的情况。

不等距分组：标志值在各组的组距不等,适用于标志值变动很不均匀的情况。

（3）组限：是相邻两组的界限。组距中,最大值称为上限,最小值称为下限。一般遵循"上限不在内"的原则,即某单位的变量值刚好等于相邻两组的界限值时,例行规定是将这个单位归入作为下限的组内。

(4) 组中值：组中值 =（下限 + 上限）/2。

3. 编制变量数列

(1) 按质量标志分组的变量数列表。

(2) 按数量标志分组的变量数列表(见表 10-10)。

表 10-10　某车间某日工人日产量情况

按日产量分组(件)	工人数(人)	比重(%)
134 以下	10	10
134—138	25	25
138—143	40	40
143—150	20	20
150 以上	5	5
合计	100	100.0

数量数列直观地反映出各组间在数量上的差异,说明总体内部的数量结构及变化,同时也能反映出总体内部各组的不同性质。

(3) 按空间标志分组的变量数列表。

(4) 按时间标志分组的变量数列表。

二、汇总

汇总计算是在统计分组的基础上,将原始数据逐个分配到不同的组内,并计算出各组的单位数及各组单位数占总体单位数的比重,进而研究现象的分布特征。

汇总就是将数据逐个分配到已分出来的各个组中去。统计汇总具体体现为计数、求和等活动。汇总有手工汇总与计算机汇总两种方式。随着科学技术的发展,利用计算机进行汇总,提高了数据汇总、加工的速度和质量。计算机数据处理的步骤主要有:(1) 编码。编码是将问卷中的信息数字化,转换成统计软件和统计程序能够识别的数字,这项工作是一种信息代换的过程。编码工作主要是建立编码手册,编码手册记录着每一个数字所表示的实际意义。(2) 录入。录入到计算机上。(3) 计算。计算是根据汇总的结果计算各种统计指标。只有经过统计分组、汇总和计算,所收集的反映个体特征的标志才能转变为指标,并显示出总体的内部结构和各种综合数量特征。

三、制作统计表和统计图

(一) 统计表的制作

统计表是用来表达研究变量与被说明的事物之间数量关系的表格。它可以将大量数据的分类结果清晰、概括、一目了然地表达出来,便于分析、比较和计算。

1. 统计表的结构

统计表由标题、横标目、纵标目、线条、数字及合计构成,其基本格式如下：

表号	标题	
总横标目(或空白)	纵标目	合计
横标目	数字资料	
合计		

2. 统计表的要求

编制统计表的总原则是,结构简单,层次分明,内容安排合理,重点突出,数据准确,便于理解和比较分析。具体要求如下:

(1) 标题:标题要简明扼要、准确地说明表的内容,有时须注明时间、地点。

(2) 标目:标目分横标目和纵标目两项。横标目列在表的左侧,用以表示被说明事物的主要标志;纵标目列在表的上端,说明横标目各统计指标内容,并注明计算单位,如%、kg、cm 等。

(3) 数字:一律用阿拉伯数字,数字以小数点对齐,小数位数一致,无数字的用"—"表示,数字是"0"的,则填写"0"。

(4) 线条:表的上下两条边线略粗,纵、横标目间及合计用细线分开,表的左右边线可省去,表的左上角一般不用斜线。

3. 统计表的种类

简单表:只按研究现象(或变量)的名称、地点、时序等列出数据的统计表。

分组表:只按一个标志分组的统计表称为分组表。

复合表:按两个或两个以上标志分组的统计表称为复合表。

注意,现在国际科研论文中的表格通用为三线表的形式,这里不再赘述,可查看相关资料中的介绍。

(二) 统计图的制作

统计图是整理和呈现数据的另一种方法,它把研究变量与被说明事物之间的数量关系用图形表现,直观、形象地表达出事物的全貌及其数据的分布特征,一目了然,便于理解和记忆,印象深刻。

常用的统计图有长条图(bar chart)、饼图(pie chart)、线图(linear chart)、直方图(histogram)和折线图(broken-line chart)等。图形的选择取决于资料的性质,一般情况下,计量资料采用直方图和折线图,计数资料、质量性状资料、半定量(等级)资料常用长条图、线图或饼图。

统计图一般由图号、标题、标目、图形、图注等几部分构成。

1. 统计图绘制的基本要求

(1) 标题简明扼要,列于图的下方。

(2) 纵、横两轴应有刻度,注明单位。

(3) 横轴由左至右、纵轴由下而上,数值由小到大;图形长宽比例约 5∶4 或 6∶5。

(4) 图中需用不同颜色或线条代表不同事物时,应有图例说明。

2. 常用统计图

(1) 长条图:它用等宽长条的长短或高低表示按某一研究指标划分属性种类或等级的

次数或频率分布,即主要是用来比较性质相似的间断型资料。

(2) 饼图:用于表示计数资料、质量性状资料或半定量(等级)资料的构成比。所谓构成比,就是各类别、等级的观测值个数(次数)与观测值总个数(样本含量)的百分比。把饼图的全面积看成100%,按各类别、等级的构成比将圆面积分成若干分,以扇形面积的大小分别表示各类别、等级的比例。饼图主要用于表示总体中各组成部分所占的比例,在研究结构性问题时经常用到。

(3) 线图:用来表示事物或现象随时间而变化发展的情况。线形图用来表示连续型资料。它能表示两个变量之间的函数关系;一种事物随另一种事物变化的情况;某种事物随时间推移的发展趋势等。

第三节 定性资料及其整理与初步分析

一、定性资料及其分析特征

(一) 定性资料的定义

定性资料(qualitative data)定义为:研究者从实地研究中所得到的各种以文字、符号表示的观察记录、访谈笔记,以及其他类似的记录材料。

定性资料的来源一般有两个:一是实地调查资料,包括访谈和观察记录等方面的资料;二是文献资料,包括机关档案、政府文件、会议记录、信件、发言稿、报告、论文、日记、学生作业等。

需要注意的是,对定性资料可以进行定性和定量两种方式的处理。

(二) 定性资料分析与定量资料分析的区别

(1) 分析程序与技术的标准化程度不同。定量资料有专门的、标准化的分析程序和技术;定性资料很少有标准化的模式,研究过程具有很强的摸索性。

(2) 资料分析的开始点不同。定量资料分析在资料收集并录入以后才开始;定性资料则从资料收集阶段就同步进行,直至研究工作结束。

(3) 与理论间的关系、分析倾向模式不同。定量资料与理论关系紧密,一般采取假设检验模式、演绎模式;定性资料没有变量和概念的观念,以建立新的概念或草根理论为目的,一般采取归纳模式。

(4) 分析的方式和所用的工具不同。定量资料能用数字表示,可采用统计手段分析;定性资料往往用文字、概念表示,是不精确的、零散的或片断性的文字材料,分析过程中具有主观性、顿悟和直觉特色。

(三) 定性资料分析的目标

定性资料分析的主要目标是将大量的、特定的细节组织成一幅清楚的图画,一种概括的模式,或一组相互连接的概念。它很少去试图证明某种普遍的法则,而经常是力图去发现或提出某种理解的模型,提出某种尝试性的理论解释。

二、定性资料的整理①

资料分析意味着寻求资料中所隐含的模式。当我们识别了某种模式，这些资料也就在某种社会理论或背景中得到了说明。而资料整理的工作，正是为寻求和识别这种模式提供基础，它是研究者从对事件或社会背景的描述走向对其含义更为一般的说明的过程中十分重要的一步。

定性资料的整理和分析没有一套固定的、适用于所有情景的规则和程序。一般要根据自己的研究目的以及资料来源的特性选择合适的方法。一般来说定性资料的处理要经过以下步骤。

（一）整理笔记与建立档案

定性资料的整理比定量资料的整理工作量更大，难度也更大。具体内容有分类、建档、编码等。将实地记录或现场笔记全部录入计算机，录入时不要做任何修改。

在具体整理资料之前，我们可以先给每一份资料编号，然后在这个基础上建立一个编号系统。编号系统通常包括如下几个方面的信息：资料的类型（比如访谈、观察、实物）；资料提供者的姓名、性别、职业等；收集资料的时间、地点与情境；研究者的姓名、性别与职业等；资料的排列序号（比如对某人的第一次访谈）等。为了方便整理资料，我们还可以给每一项赋予一个标号。所有的书面资料都应该标上编号，并且按页标上页码，以便今后分析时查找。而原始资料经过初步的整理编号以后，我们还应该将所有这些资料复印一份，以便分析时用来剪贴与分类。不过，原件应该保持原封不动，以便今后查找。当然，研究者也可以使用电脑文书处理来撰写资料。假如研究者留有较大的空白处做注释以及排序做译码，则会增加研究者的工作量。最后，研究者要记住，如果用计算机进行文字处理，应做备份以防丢失。

（二）定性资料的编码

对资料进行分类、汇总，以便发现其中的规律，这就是对资料的编码过程。即将原始资料组织成概念类别，创造出主题或概念，然后用这些主题或概念来分析资料。这种编码是在研究问题的指导下进行的，而其结果又会导致提出新的问题。

在定性分析中，当我们面对通过观察、访谈或开放性的问卷所获得的研究资料时，最常用的编码方式就是对研究资料进行归类。归类的原则可以是研究者已有的理论背景、前人研究的结论等，但更重要的是这些定性资料自身内在的规律性。例如，我们在研究儿童的友谊观时，面对由开放式的问卷或访谈所得到的研究资料，就可以按照研究资料本身的特征进行意义归类。可以说，对研究资料的定性归类，是定性分析的重要前提。

斯特劳斯曾界定了三种类型的定性资料的编码方法，包括开放式编码、主轴式编码、选择式编码。实际上，这也是定性资料分析的基本过程。因此，定性资料分析的基本过程是，定性研究者应在以上三种情况下检视资料，每一次使用不同的编码方法，并且应对同一原始资料进行三次编码。下面以李志刚、李兴旺（2006）②写作《蒙牛公司快速成长模式及其影响

---

① 李晓凤，余双好.质性研究方法[M].武汉：武汉大学出版社，2006：178—194.
② 李志刚，李兴旺.蒙牛公司快速成长模式及其影响因素研究——扎根理论研究方法的运用[J].管理科学，2006，19(3).

因素研究——扎根理论研究方法的运用》研究报告为例做一介绍。

1. 开放式编码

开放式编码(open coding)是编码的第一阶段,开放式编码重在阅读资料,发现各种各样的概念。在初次对所收集的定性资料进行分析时,研究者常常采用该方法。研究者在第一次的尝试中,会找出概念并且指派最初的符码或标签,把大量的资料浓缩成数个类别即范畴。

开放式编码的具体做法是:

(1)研究者先设置一些主题,同时,将最初的代码或标签分配到资料中,以便将大量零散的、混杂的资料转变成不同的类别。

(2)慢慢地阅读实地记录,寻找评论的项目、关键的事件或主题,然后标上记号。

(3)在记录卡的边缘写一个初步的概念或标签,并用红笔或其他方式做出明显的标记。在这一过程,研究者可以不受任何约束地创造新的主题,也可以在后来的分析中改变原来的编码。

总之,开放性译码指将原始资料记录逐步进行概念化和范畴化,也就是根据一定原则将大量的资料记录加以逐级缩编,用概念和范畴来正确反映资料内容,并把资料记录以及抽象出来的概念打破、揉碎并重新综合的过程。开放性译码的目的在于指认现象、界定概念、发现范畴,也就是处理聚敛问题。[①] 开放性译码的程序为定义现象(概念化)——挖掘范畴——为范畴命名——发掘范畴的性质和性质的维度。对范畴的性质和性质的维度进行界定是为了确保概念到范畴的提炼操作尽量科学贴切。

为了说明开放式编码过程,对蒙牛资料记录中部分资料记录的开放式编码举例如表10-11所示。概念和范畴的命名有多重来源,有的来自文献资料,有的来自访谈记录,有的是笔者研讨的结果。概念和范畴的得出也并不是一劳永逸的,为了找到最能反映资料本质的概念和范畴,需要在资料和概念、范畴间不断循环往复地考察。通过对蒙牛资料记录的开放式编码分析,最终从资料中抽象出118个概念和12个范畴。由于概念数量庞大且有交叠,而范畴是对概念的重新分类整合,于是范畴就成为后续分析的重点。挖掘出的12个范畴(A1—A12)分别为时机、成长、追随、自知、移情、柔道、独行、融合、架构、造势、学习和文化。时机是指公司创立和成长过程中对内外部机会的洞察和把握;成长是指公司对快速成长的热衷和获取;追随是指公司紧紧与优势企业绑缚以借力发展;自知是指公司知己知彼、审时度势的量力运营;移情是指公司正确定位与所有利益相关者尤其是竞争对手和顾客的关系;柔道是指公司灵活果断以巧制胜;独行是指公司敢为人先,强力创新;融合是指公司与地域和产业结为一体;架构是指公司组织设计和资源管理的匹配互动;造势是指公司有效利用势能宣传和提升企业形象;学习是指公司全员全方位学习补足差距;文化是指德治为先、统一思想,共造企业辉煌。

无论是否在开始就有概念名单,但在开放式编码结束后都应该有一张概念名单。

[①] Michael Quinn Patton. 质的评鉴与研究[M]. 吴芝仪,李奉儒译. 台北:桂冠图书公司,1990:38.

表 10-11 蒙牛资料记录的开放式编码分析举例

蒙牛资料记录	开放式编码			
	概念化	范畴化	范畴的性质	性质的维度
企业准备成立时,市场正处于蒸蒸日上的态势(a_1) …… 其他企业生产能力远远不能满足市场需求的增长(a_2) 行业的快速发展创造了本企业发展空间,也导致了竞争对手无暇他顾(a_4) 这是企业得以生存并能够快速成长的一个必要条件(a_5) 企业创建之初明确提出向伊利学习、做第二品牌的战略(a_6) …… 最初没有资金建工厂,就派骨干奔赴黑龙江、包头等地进行委托加工运营(a_{20}) 成立蒙牛商学院,创立学习节,通过塑造学习型组织自主开发人才(a_{21}) 在乳业内伊利的广告是最美的,如草原的奶牛会说话等,我们一直很佩服伊利(a_{22}) 蒙牛公司引进了利乐枕包装,并做到全球销量第一(a_{23})	a_1 产业环境 a_2 …… a_3 供给能力 a_4 产业时机 a_5 快速成长 a_6 跟随战略 …… a_{20} 自知 a_{21} 学习精进 a_{22} 尊重对手 a_{23} 敢为人先 …… (计 118 个概念)	1. 以概念 a_1,…, a_4 范畴化为:时机(A_1); 2. 以概念 a_5 范畴化为:成长(A_2); 3. 以概念 a_6 范畴化为:追随(A_3); …… (计 12 个范畴)	1. 时机的性质:有利时机、不利时机…… 2. 成长的性质:成长速度、成长范围…… 3. 追随的性质:追随的时间、追随的方式……	有利时机的面向;有利/不利; 不利时机的面向;有利/不利; 成长速度的面向;快/慢; 成长范围的面向;国内/国外; 追随时间的面向;短暂/持续/长期; 追随时间的面向;复制/模仿/创新; ……

注:资料的开放性译码和主轴译码涉及大量的分析表格,为了说明研究过程和节省空间,文中只截取了部分表格,以此为例证。

2. 主轴式编码

主轴式编码(axial coding)是处理资料的第二阶段。在开放式编码时,研究者的注意力集中在资料本身,并且针对概念加上编码标签。这时并不重视建立概念范畴之间的关联性。主轴式编码,研究者更注重的是各种概念范畴之间的关系,而不是资料本身。在该过程中也会产生新的观点、思想,或添加新的编码。主轴式编码着重于发现和建立类别(范畴)之间的各种联系,包括因果关系、时间关系、语义关系等等。

主轴式编码是指通过运用"因果条件→现象→脉络→中介条件→行动/互动策略→结果"这一典范模型,将开放式编码中得出的各项范畴联结在一起的过程。① 主轴式编码并不是要把范畴联系起来构建一个全面的理论架构,而只是要发展"主范畴"和"副范畴"。换言之,主轴式编码要做的仍然是发展范畴,只不过比发展其性质和维度更进一步而已。典范模型是扎根理论方法的一个重要分析工具,用以将范畴联系起来,并进一步挖掘范畴的含义。其作用体现在:我们可以利用产生某个事件的条件、这个事件所寄寓的脉络(也就是该事件在维度上的位置),以及在事件中行动者采用的策略和采用后的结果,来帮助我们更多、更准确地把握该范畴,从而实现剖析范畴内涵和识别范畴关系的统一。因此,条件、脉络、策略和结果虽然也都是范畴,但都是与某一"主范畴"有关而用来帮助了解该主范畴的,故将其称为副范畴。

---

① Anseln Strauss,Juliet Corbin. 质性研究概论[M]. 徐宗国译. 台北:巨流图书公司, 1997:165.

"蒙牛案例"在主轴编码阶段通过典范模型共得到三个主范畴,分别为厚积薄发成长(AA1)、柔道运势发展(AA2)和动态学习完善(AA3)。厚积薄发成长是由成长、时机、自知、移情4个范畴以及厚积薄发、经验、快速成长、资源吸附、资源集聚、尊重对手、社会责任、速度制胜、整合、感恩、资源外取、快速扩张、创新13个概念通过典范模型构成;柔道运势发展是由独行、柔道、造势、追随4个范畴以及攀附、捆绑、迂回、借势、跟随、模仿、立异、首创8个概念通过典范模型构成;动态学习完善是由融合、架构、学习、文化4个范畴以及讲习、培训、外派、借鉴、认同、组织设计、架构调整、人力管理、价值观、理念10个概念通过典范模型构成。关于典范模型分析过程举例如图10-1示。

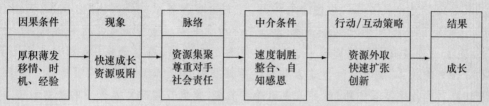

图10-1 主范畴厚积薄发成长的典范模型

典范模型的六个主要方面,用以引导对范畴的整理和分析,实际上就是将范畴安排至典范模型的六个方面的不同位置,位置即体现了关系。典范模型建构起了范畴间的紧密关系,通过典范模型,我们对主范畴有了更加全面、准确的了解,这其实也展示了与企业资料的持续互动。基于现象的复杂性,我们得出的主范畴可能不止一个(当然太多的话也会失去意义),对应的典范模型也会不同。于是,某一范畴可能在针对不同主范畴的典范模型中发挥不同作用,也就是说,某范畴在分析主范畴 A 时可能是原因,而在分析另一主范畴 B 时则成为结果。我们可以把同一范畴反复置于不同典范模型的不同位置,原则是服从于解释和说明主范畴的内涵及体现范畴间的联系。①

3. 选择式编码

经过以上对范畴的典范模型分析,我们对范畴及其关系的理解又加深了一步。在对原始资料、概念、范畴,尤其是范畴关系不断比较的过程中,分析进入了第三个译码阶段——选择式编码(selective coding),指选择核心概念,将它系统地与其他范畴联系起来,验证它们之间的关系,并将概念化尚未发展完备的范畴补充整齐的过程。该过程的主要任务包括识别出能够统领其他所有范畴的"核心范畴";用所有资料及由此开发出来的范畴、关系等扼要说明全部现象,即开发故事线;继续开发范畴使其具有更细微、更完备的特征。选择性译码中的资料统合与主轴译码差别不大,只不过它所处理的分析层次更为抽象。

开始时,研究者已经意识到研究课题的最重要的主题。比如,研究小型公司职员生活的研究者决定把"两性关系"作为其重要的主题之一。在选择式编码过程中,仔细阅读各种实地笔记,寻找男职员与女职员在谈论找对象、约会、订婚、婚礼、离婚、夫妻角色等方面问题时所存在的差别。对二者在各种涉及婚姻的主题中所存在的态度差别进行比较,以便得到某种概括的模式。选择式编码在编码过程中,主要的主题或概念始终指引研究者的研究。同

---

① 李志刚. 扎根理论方法在科学研究中的运用分析[J]. 东方论坛,2007(4).

时探讨和分析多个不同的重要主题。比如,在小型公司职员生活的研究中,研究者通过考察不同性别与生活中不同阶段所面对的主题。采取这个做法,主要是因为对婚姻的看法可从"两性关系"的主题以及"生命周期中不同阶段"的主题这两方面来理解。

> "蒙牛案例"(接上面)通过对时机、成长、追随、自知、移情、柔道、独行、融合、架构、造势、学习和文化这12个范畴的继续考察,尤其是对厚积薄发成长、柔道运势发展和动态学习完善这3个主范畴及相应副范畴的深入分析,同时结合原始资料记录进行互动比较、提问,发现可以用厚积薄发、柔道运势、学习型高成长(AA)这一核心范畴来分析其他所有范畴。蒙牛公司充分展现了这一概念的内涵,即利用自身多年的资源、能力积累,快速打破追随发展的态势,改变企业生存环境,力求主导产业走势。围绕该核心范畴的故事线可以概括为:企业创建后采取追随战略,与业内优秀企业捆绑,厚积薄发;灵活处理与竞争者及利益相关者关系,善于借助竞争者和热点事件捆绑,善于借时机助势,吸附整合资源,实现快速发展;持续学习创新,最后改变追随者态势,积极打造自己领先者的企业地位。

(三) 撰写分析型备忘录

定性研究的一个重要特征就是研究者不停地写笔记。分析型备忘录(analytic memo)是研究者对于编码过程的想法和观点的一种备忘录或一种讨论记录。每一编码主题或概念都是形成一个单独的备忘录的基础。其中包含自己与自己对该主题或概念的讨论。这种备忘录是研究报告中资料分析的基础。

撰写分析型备忘录的建议有以下几点:

(1) 在收集资料或整理资料或其他形式的编码的过程中,可随时停下来写分析型备忘录,以免转眼即逝的思想火花消失。

(2) 对写好的备忘录要进行反复比较,看是否能将相近的内容进行结合,或看是否能将那些有差异的内容区分得更清楚些。

(3) 为每个概念或主题都建立一份专门的分析型备忘录。

(4) 在写某个概念或主题的备忘录时,要注意思考它与其他概念或主题之间的相似性、差异性以及因果关系。

(5) 将分析备忘录与资料记录分开写,因为它们具有不同的目的。资料记录是证据,而分析型备忘录则具有概念的和理论建构的目的。

三、定性资料的分析

(一) 定性资料的一般分析方法

定性资料的分析过程是一个对资料进行分类、描述、综合、归纳的过程。定性资料分析的基本逻辑是从具体的、个别的、经验的事例中逐步概括、抽象到概念和理论。定性资料分析的主要工作任务可以概括为对信息的组织、归类和对信息内涵的提取。在定性资料分析过程中,研究者所采取的典型的方法就是对在实地研究中观察、访谈所得到的资料进行重新研读,并按照基本的社会学范畴或方法对它们进行分类。尽管定性资料分析的过程贯穿整个研究的始终,但主要还是集中在资料收集结束后。

定性资料的分析原则有五点,分别是描述性解释、建构类属或主题、进行逻辑分析、提出假设及证实资料。研究者可以依据研究目的选择应用这五种原则的全部或其中一两项。

(二) 几种定性资料分析方法

定性资料分析方法的多样性与其在分析过程中依赖于研究者的主观作用有很大关系。比如寻找资料中的相似性、寻找资料中的相异性。四种常用的分析方法如下:

1. 连续接近法

连续接近法(successive approximation):通过不断反复和循环的步骤,使得研究者从开始时一个比较含糊的观念以及杂乱、具体的资料细节,到达一个具有概括性的综合性的综合分析的结果。

该方法在操作中具体表现为:

(1) 研究者从研究问题和一种概念与假设的框架出发,通过阅读和检查资料,寻找各种证据,了解概念对资料中的特性的揭示程度。同时,对经验证据进行抽象,创造新的概念,或修改原来的概念,使之能更好地与证据相适应。

(2) 研究者又从资料中收集另外的证据,对第一阶段未能解决的问题进行探讨。

(3) 不断重复上面的过程,在每一阶段使证据和理论不断地相互塑造。这种过程被称为"连续接近",因为经过多次的反复和循环,修改后的概念和模型几乎接近了所有证据,并且这种经过连续地、一遍又一遍地修改的概念和模型也更加准确(见图10-2)。①

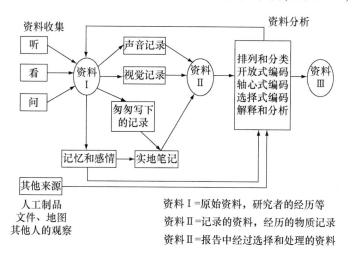

图 10-2 实地研究中的资料

资料来源:F. R. Ellen. 引自风笑天. 社会学研究方法[M]. 中国人民大学出版社,2001:298。

2. 举例说明法

举例说明法(illustrative method):用经验证据来说明某种理论。这是定性资料分析中最为普遍的一种方法。研究者事先有一个理论——一只空盒子,用资料中那些可以作为证据的内容填满这个盒子。填满盒子的内容既可以是支持理论的,也可以是否定理论的。

举例说明法具体有两种方式:

---

① 范伟达,范冰. 社会调查研究方法[M]. 上海:复旦大学出版社,2010:346。

（1）表明理论模型是如何说明或解释某种特定的个案或特定的现象。所列举的主要是一个个案或一种现象的证据。

（2）对一种理论模型的"平行说明"，即研究者平行列举多个不同的个案，来说明这种理论可以应用于多个不同的个案，可以解释或说明多个个案中的情况。比如，研究农村劳动力流动现象，先发展出一种有关该现象形成原因或条件的分析模型，然后分别从甲地农村、乙地农村、丙地农村等不同的个案中提供证据，来共同说明这一模型。

3. 比较分析法

比较分析法（analytic comparison）：从先前已有的理论或从归纳中发展出相关的规律或关系模型的思想，然后研究者将注意力集中在少数规律上，用其他替换的解释与之进行比较。在此基础上，进一步考察那些不限于某一特定背景（如某一特定时间、特定地点、特定群体等）的规律性。比较是各种资料分析的中心过程。

19世纪英国哲学家 J. S. 米尔提出了比较的逻辑方法。其中的一致性比较和差异性比较的方法，形成了定性资料分析中比较分析法的基础。

（1）一致性比较法。

一致性比较法（method of agreement）：将注意力集中于各个不同个案所具有的共同特性上，并通过运用一种排除的过程来进行。基本思想是：先找出不同个案所具有的某种共同的作为结果的特性，比较各种可能的作为原因的特性，如果某种被视为原因的特性不为所有具有共同结果的个案所共有，那么研究者就将这种特性从可能的原因中排除掉，而所剩下的那种为所有个案所共有的特性则为可能的原因。

考察四个不同的群体，它们具有某种共同的结果（假设为特性 A）。同时，还发现这四个群体的资料中具有多种可能的作为原因的特性（假设为 B、C、D、E、F、G）。研究者对它们进行比较，发现除了特性 C 以外，其他几种特性都不同时为四个群体所同时具有。根据一致性比较法，特性 B、D、E、F、G 都将从可能的原因中排除掉，而只有特性 C 才是结果 A 的原因（见表 10-12）。

表 10-12　一致性比较法的假设例子

群体 1	群体 2	群体 3	群体 4
A	A	A	A
B		B	B
C	C	C	C
D		D	
	E		E
F		F	
	G		G

资料来源：风笑天.社会学研究方法[M].中国人民大学出版社,2001:313.

（2）差异性比较法。

差异性比较法（method of difference）：研究者先要找出那些在许多方面都十分相同，但在少数方面不同的个案;然后找出那种使这些个案具有相同的原因和结果的特性,同时找出另一组在这种结果上与此不同的个案,即找出那些不出现第一组个案中的结果的另一组个案;比较两个组,查找那些在不出现结果特性的个案中,也没有出现的原因特性。这种没有出现的特性就是结果的原因。

表10-13中群体1和群体2在许多特性上都相同。通过比较发现,二者在五个特性(A、B、C、F、O)上都相同。由于两组同时出现的可能成为原因的特性太多了,一致性比较法很难发现真正的原因。再找出两个群体,群体5和群体6,它们有相同的共同特性也有不同的特性,重要的是它们都不具有群体1和群体2的结果特性A(这是理解差异性比较法的关键)。比较群体5和6与群体1和2,看看在这些不具备A的群体所具有的各种特性中,缺乏原来那组群体中共同的特性。群体1和群体2有可能成为原因的特性有四个:B、C、F、O。群体5和6都有特性F,群体5有特性O,群体6有特性C。群体5和6唯一缺乏的是特性B。所以,特性C、F、O都不是原因,真正的原因是特性B。简而言之,凡没有特性B的群体就不会出现结果A;而只要出现了特性B,就一定会出现结果A。

表10-13 差异性比较法的假设例子

群体1	群体2	群体5	群体6
A	A	X	X
B	B	D	P
C	C	E	C
F	F	F	F
H	G	N	M
O	O	O	K

资料来源:风笑天.社会学研究方法[M].中国人民大学出版社,2001:314.

差异性比较法不仅从正面的个案(即那些具有共同的原因和结果特性的个案)中获取信息,同时,它还从反面的个案(即那些缺乏结果特性的个案)来增加信息,因而这种比较方法的结论更加准确。

4. 流程图法

流程图法(flow charts):以历史和现时发展过程为标准,对定性资料进行的描述。这种方法的最大好处是能够很好地展现事物发展变化的过程。

比如贝克利的《成为大麻吸食者的过程》,试图概括出个人态度和经历的一系列有关变化,以解释吸食大麻的问题。对50个不同背景的大麻吸食者,访问的注意力在于他们吸食大麻的经历、他们对大麻的态度、实际使用情况的变化,以及这些变化的原因。最后概括的是一系列态度变化的表述,这些态度变化是在研究者所观察到的各种事例中发生。

总之,无论我们采取什么样的分析方法,都应记住一点:定性研究的分析过程是一个开放式结构,如果初步建立的分析框架、类别,甚至所研究的问题不符合搜集到的原始材料,研究者可以随时进行修改。① 为研究结果下结论时应注意材料之间的异同,避免为了使结论看上去完整精确而牺牲材料的丰富复杂性。定性研究在理论建构方面强调"扎根理论",即在原始材料的基础上发展理论。如果前人建立的有关理论可以用来深化对研究结果的理解,则可以借助于既存理论。如果这些理论和本研究的结论不符,研究者则应该尊重自己的发现,真实地再现被研究者看问题的方式和观点。建立理论时,研究者也可以借助个人的经验和直觉,不过,因此而下的结论必须建立在原始材料基础之上,不能凭空杜撰。②

[复习思考题]

1. 举例说明问卷调查后编码的步骤。
2. 编码的原则有哪些?
3. 统计分组的作用有哪些?
4. 说明统计分组的一般步骤。
5. 绘制统计表、统计图的要求各自有哪些?
6. 举例说明定性资料的三种编码方式。

[实训题]

问题:为什么您喜欢喝 A 品牌的啤酒?

回答结果初步整理如下:

1. 因为它口味好。
2. 它具有最好的味道。
3. 我喜欢它的口味。
4. 我不喜欢其他啤酒太重的口味。
5. 它最便宜。
6. 我买任何打折的啤酒,它大部分时间都打折。
7. 它不像其他牌子的啤酒那样使我的胃不舒服。
8. 其他牌子的啤酒使我头痛,但这种不会。
9. 我总是选择这个品牌。
10. 我已经喝了 20 多年了。
11. 它是大多数同事喝的品牌。
12. 我的所有朋友都喝它。
13. 这是我妻子在食品店中买的牌子。
14. 这是我妻子/丈夫最喜欢喝的牌子。
15. 我没有想过。
16. 不知道。
17. 没有特殊原因。

请对上述初步整理的结果进行归类并编码。

---

① 范伟达,范冰.社会调查研究方法[M].上海:复旦大学出版社,2010:348—349.
② 陈向明.社会科学中的定性研究方法[J].中国社会科学,1996(6).

参考答案：

回答类别描述	上述回答	因素归纳	分配的数字编码
口味好/喜欢味道/比其他味道好	1,2,3,4	口感因素	1
最便宜/打折/较低价格	5,6	价格因素	2
不会引起头疼、胃不适	7,8	没有不适感	3
长时间喝,习惯	9,10	习惯	4
朋友喝/受朋友影响	11,12	朋友的影响	5
妻子/丈夫喝/买	13,14	喜欢	6
没想过/不知道	15,16,17	不知道	7
其他		其他因素	8

第十一章 统计分析

引导案例

比利时学者阿道夫·凯特勒(Adolphe Quetelet)将概率论引入社会研究,尤其是对犯罪原因进行分析方面,认为犯罪有自然属性和社会属性两方面的影响。自然属性,如罪犯的年龄以 25 岁为高峰,男性罪犯大约是女性的 4 倍;犯罪的种类夏天多为危害人身的犯罪,冬天多为关于财产的犯罪。社会属性包括经济、政治、文化、道德、教育等方面的影响。更有趣的是,他还根据各项社会、生理、自然因素的指标,构造出一个平均人,这个人在身高体重、智力水平、道德水平和犯罪倾向等方面均是一个平均数,据此理论,他在 1829 年预测了 1830 年法国可能出现的犯罪行为的总数和犯罪的种类,据说,其预测结果与法国当年的犯罪情况惊人地相近。

从该案例可以看出统计推断的理论价值和实际应用价值。本章将对描述统计和推断统计等做概要性的阐述。

第一节 统计基础概述

一、统计的基本概念

1. 总体

总体(population)是指所研究的全部个体(数据)的集合,其中的每一个元素称为个体。总体分为有限总体和无限总体,有限总体的范围能够明确确定,且元素的数目是有限的,无限总体所包括的元素是无限的、不可数的。

2. 样本

从总体中抽取的一部分元素的集合称为样本(sample)。构成样本的元素的数目称为样本容量。

3. 参数

参数(parameter)又称总体参数,是描述一个总体情况的统计指标,是研究者想要了解的总体的某种特征值。总体参数主要有总体均值(μ)、标准差(σ)、总体比例(π)等总体参数,通常用希腊字母表示。

4. 统计量

统计量(statistic)是从一个样本中计算出来的一些量数,用来描述样本的特征。样本统计量有样本均值($\bar{x}$)、样本标准差(s)、样本比例(p)等,通常用小写英文字母表示。

5. 抽样误差

指由于抽样引起的样本统计量与总体参数之间的差异。

6. 标准误

δ_x、S_x 表示抽样误差大小的指标和样本均数的标准差。标准误越小,抽样误差越小,用样本均数估计总体均数的可靠性越大。SPSS 软件中用 std error of mean 表示。

二、统计方法分类

统计方法分类的流程如图 11-1 所示。

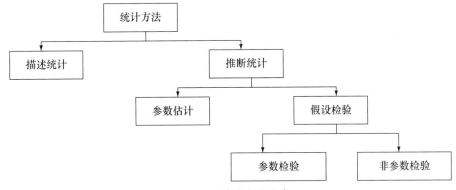

图 11-1 统计方法分类

1. 描述统计

描述统计(descriptive Statistics)指仅就统计资料本身特性的描述。它主要包括相对指标分析、动态分析、集中量数和离中量数分析等几种方法。描述统计是相对推断统计而言的,凡是只对样本数据进行分析而不涉及推断总体的统计分析都属于描述统计。

2. 推断统计

推断统计(inferential Statistics)是在随机抽样调查的基础上根据样本资料或其他资料对总体进行推断的一种方法。它主要包括回归分析、抽样推断分析、预测分析、综合评价等几种方法。

推断统计的必备前提是样本数据必须来自随机抽样调查,即只有运用随机抽取的样本,其样本统计量才具备推断总体的资格。推断统计的常用方法有两种:

(1) 参数估计:运用统计学原理,用从样本计算出来的统计指标量,对总体指标量进行估计。

(2) 假设检验:又称显著性检验,是指由样本间存在的差别对样本所代表的总体间是否存在着差别做出判断。假设检验又分为参数检验和非参数检验。

① 参数检验:我们介绍的统计推断方法,通常要求样本来自正态总体,或方差齐性等,在这些假设的基础上,对总体参数进行检验,称为参数检验,如 t 检验、F 检验等。

② 非参数检验:有许多资料不符合参数统计的要求,不能用参数统计的方法进行检验,

而需要一种不依赖于总体分布类型,也不对总体参数进行统计推断的假设检验,称为非参数检验,如卡方检验等。

描述统计与推断统计要求的资料和变量性质及其分析方法比较如表 11-1 所示。

表 11-1 描述统计与推断统计

	描述统计	推断统计(1)	推断统计(2)
测量资料、连续变量	集中趋势 离散趋势	抽样误差 标准误 t、u、F 检验	直线相关与回归 偏相关 多元线性回归
计数资料、间断变量	频数分布 相对数 统计图表	u、χ^2 检验 秩和检验	Logistic 回归

第二节 描述统计

一、频数和百分比分析

类别数据统计上可以用频数来表示,但顺序、等距和等比量表的数值型数据分布也可以作为类别来对待,用频数表描述,只要不同量表值的数目有限。频数表提供了变量数据分布的非常完整的画面。

表 11-2[1] 显示了回答者在 5 个教育水平上的频数和百分比。这个例子中的表格是分析调查数据的统计分析程序产生的典型表格。频数表的第二列标示代码值,即分配给答案的代码。第三列标示为"频数",表示做出特定反应的回答者人数。第四列标示为"百分比",表示选择每一答案的回答者的比例。这些比例的计算方法是,用每个类别的频数除以回答者总数,并把分数用百分比表示。

表 11-2 频数表的打印输出

没有规定缺失值				
类别	代码	频数	百分比	调整后百分比
中学肄业	1	28	4.2	4.2
中学毕业	2	191	28.5	28.5
大学肄业	3	141	21.0	21.0
大学毕业	4	136	20.3	20.3
研究生	5	118	17.6	17.6
拒绝回答	6	57	8.5	8.5
总计		671	100.0	100.0

---

[1] Pamela L. Alreck, Robert B. Settle. 调查研究手册[M]. 王彦,译. 北京:中国轻工业出版社,2008:219—220.

(续表)

规定 0 为缺失值				
类别	代码	频数	百分比	调整后百分比
中学肄业	1	28	4.2	4.6
中学毕业	2	191	28.5	31.1
大学肄业	3	141	21.0	23.0
规定 0 为缺失值				
类别	代码	频数	百分比	调整后百分比
大学毕业	4	136	20.3	22.1
研究生	5	118	17.6	19.2
拒绝回答	0	57	8.5	—
总计		671	100.0	100.0

表 11-2 的第五列标示为"调整后的"百分比。调整是基于报告的变量的缺失值。调查中经常有一些被调查者回答了完整的问卷，但没有回答一些个别项目。如果放弃这个问卷太可惜，一般调查中还把它作为有效问卷处理。因此，调整后的百分比与前一个百分比计算方式的区别在于调整后的百分比是基于回答了这一特定项目的人数。

表 11-2 上半部分的百分比与调整后的百分比相同，是因为拒绝回答教育水平的人被分配了代码值6，没有被规定为"缺失值"。

在使用单向频次表时需要解决的一个问题是选择百分比的基数。有三种选择：

（1）全部被调查者人数。如果有 300 人参加了某项调查，并决定利用所有参加者作为计算百分比的基数，每张单向频次表的百分比都将以 300 作为基数。

（2）需回答具体问题的人数。在大部分问卷中，不是所有的人都回答全部的问题。例如一项调查，调查了 300 人，其中问题 4 是问调查者是否有狗或猫，其中回答没有的为 100 人，回答有的为 200 人，而问题 5 和 6 是专门问这 200 人的。在这种情况，用 200 作为计算百分比的基数较为恰当。

（3）做出回答的人数。在单向频次表中计算百分比的另外一个基数是回答了特定问题的人数。如 300 人问及某个特定问题，但 28 人表示"不知道"或没有回答，则要以 272 作为百分比的基数。

一般来说，需回答问题的人数被作为制表中计算百分比的基数。但也许在一些特殊场合，使用其他的基数会更合适。

例如，某问题要求被访者列出所有记忆中的商场的名称，多数人会列举不止一家商场。因此，答案的数量会超过被访者人数。如果 200 名被调查者中，平均每位列出 3 家商场，则 200 名被调查者会给出 600 个答案。问题是计算商场被提及的百分比应根据被调查者的人数还是众多答案的数量？这里可以有两种算法，一种是以 600 作为基数，另一种是以 200 作为基数。在调查中，一般的算法是以被调查者的人数为基数计算百分比，因为我们对给出特定答案的人的数量更感兴趣。

就数据的解释来说，如果分析的变量只能作为类别考虑，类别变量是不连续的，唯一适合描述这种分布的统计量就是众数——数据频数最大和百分比最高的类别。

二、相对程度分析

相对程度分析是统计分析的重要方法,是反映现象之间数量关系的重要手段。它通过对比的方法反映现象之间的联系程度,表明现象的发展过程,还可以使那些利用总量指标不能直接对比的现象找到可比的基础,因而在经济与市场调查分析中经常使用。经济和市场调查分析中常用的相对指标,主要有结构相对指标、比较相对指标、比率(例)相对指标和强度相对指标等几种。

1. 结构相对指标

研究某种社会现象总体时,不仅要掌握其总量,而且要揭示总体内部的组成数量表现,亦即要对总体内部的结构进行数量分析,这就需要计算结构相对指标。

结构相对指标就是在分组的基础上,以各组(或部分)的单位数与总体单位总数对比,或以各组(或部分)的标志总量与总体的标志总量对比求得的比重,借以反映总体内部结构的一种综合指标。一般用百分数、成数或系数表示,可以用公式表述如下:

$$结构相对指标 = (总体部分数值 / 总体全部数值) \times 100\%$$

概括地说,结构相对数就是部分与全体对比得出的比重或比率。因为对比的基础是同一总体的总数值,所以各部分(或组)所占比重之和应当等于100%或1。

结构相对指标从静态上反映总体内部构成,揭示事物的本质特征,其动态变化可以反映事物的结构发展变化趋势和规律性。

2. 比较相对指标

比较相对指标是指不同总体同类现象指标数值之比,就是将不同地区、单位或企业之间的同类指标数值做静态对比而得出的综合指标,表明同类事物在不同空间条件下的差异程度或相对状态。比较相对指标可以用百分数、倍数和系数表示。计算公式可以概括如下:

$$比较相对数指标 = \left[\frac{甲地区(单位或企业)某类指标数值}{乙地区(单位或企业)同类指标数值} \right] \times 100\%$$

3. 比率(例)相对指标

比率(例)相对指标是总体内部不同部分数量对比的相对指标,用以分析总体范围内各个局部、各个分组之间的比例关系和协调平衡状态。它是同一总体中某一部分数值与另一部分数值静态对比的结果。其计算公式如下:

$$比率(例)相对指标 = 总体中某一部分数值 / 总体中另一部分数值$$

通常用倍数(系数)或百分数表示。

社会经济现象总体内各组成部分之间存在着一定的联系,具有一定的比例关系。为了掌握各部分之间数量的联系程度,需要把不同部分进行对比。比例相对指标就是同一总体内不同部分的指标数值对比得到的相对数,它表明总体内各部分的比例关系,如国民经济结构中的农、轻、重比例等,通常用百分数表示,也可以用一比几或几比几的形式表示。

4. 强度相对指标

在经济和市场调查中,有时要研究不同事物间的联系,如流通费用与商品销售额、产值与固定资产等,这就需要通过计算强度相对指标来分析。强度相对指标是两个性质不同但有一定联系的总量指标之间的对比,用来表明某一现象在另一现象中发展的强度、密度和普遍程度。它和其他相对指标根本不同的特点,就在于它不是同类现象指标的对比。强度相对指标以双重计量单位表示,是一种复名数。

强度相对指标的分子分母位置可以互换,因而有正指标、逆指标之分。实际应用时应注意与平均指标的区别。

在掌握了几种常用的相对指标的概念、作用及计算后,要注意区分不同的相对指标。

结构相对指标是以总体总量为比较标准,计算各组总量占总体总量的比重,来反映总体内部组成情况的综合指标,如各工种的工人占全部工人的比重。

比率(例)相对指标是总体不同部分数量对比的相对数,用以分析总体范围内各个局部之间比例关系和协调平衡状况,如轻重工业比例。比率(例)相对指标和比较相对指标的区别是:

(1)子项与母项的内容不同,比率(例)相对指标是同一总体内,不同组成部分的指标数值的对比;比较相对指标是同一时间同类指标在空间上的对比。

(2)说明问题不同,比率(例)相对指标说明总体内部的比例关系;比较相对指标说明现象发展的不均衡程度。比较相对指标是不同单位的同类指标对比而确定的相对数,用以说明同类现象在同一时期内各单位发展的不平衡程度,如甲地职工平均收入是乙地职工平均收入的1.3倍。

强度相对指标与其他三者的主要区别是:

(1)其他各种相对指标都属于同一总体内的数量进行对比,而强度相对指标除此之外,也可以是两种性质不同的但又有联系的属于不同总体的总量指标之间的对比。

(2)计算结果表现形式不同。其他相对指标用无名数表示,而强度相对指标主要是用有名数表示。

(3)当计算强度相对指标的分子、分母的位置互换后,会产生正指标和逆指标,而其他相对指标不存在正、逆指标之分。

5. 计划完成程度相对指标

计划完成程度相对指标是用来检查、监督计划执行情况的相对指标。它以现象在某一段时间内的实际完成数与计划数对比,来观察计划完成程度。用公式来表示:

$$计划完成率(\%) = (实际完成数 / 计划完成数) \times 100\%$$

此指标根据下达计划任务时期的长短和计划任务数值的表现形式不同,而有多种计算方法,实际应用时需注意区别。

6. 动态相对指标

动态相对指标就是将同一现象在不同时期的两个数值进行动态对比而得出的相对数,借以表明现象在时间上发展变动的程度。通常以百分数(%)或倍数表示,也称为发展速度。其计算公式为:

$$动态相对指标 = (报告期指标数值 / 基期指标数值) \times 100\%$$

三、集中量数、离散量数和数据分布形态分析

(一)集中量数的分析方法

集中量数所表示的是一组数据的集中程度或水平。常见的有算术平均数(mean)、中位

数(median)、众数(mode),另外还有加权算术平均数、几何平均数等。

1. 算术平均数

算术平均数是用来描述数据分布集中趋势的一个统计量,常用符号 $\bar{X}$ 来表示,它是一组观测值的总和除以该数目所得的商得到的,定义公式为:

$$\bar{X} = \frac{\sum_{i=1}^{n} x_i}{n}$$

式中,$\bar{X}$ 代表平均数,$\sum_{i=1}^{n} x_i$ 表示 $x_1 + x_2 + \cdots + x_n$,n 表示观察值个数。

例如,甲组5位员工的考核成绩分别为100、99、60、21、20,乙组5位员工分别为65、63、60、57、50。那么,

$$\bar{X}_{甲} = \frac{100 + 99 + 60 + 21 + 20}{5} = 60$$

$$\bar{X}_{乙} = \frac{65 + 63 + 60 + 57 + 50}{5} = 60$$

$$\bar{X}_{甲} = \bar{X}_{乙}$$

算术平均数的优点是:容易理解,便于计算;灵敏度高;稳定性好。缺点是:易受极值(极大值、极小值)影响;在偏斜分布和U形分布中,不具有代表性。

在社会调查中,平均数有着广泛的用途:

(1) 利用平均数可以对各个样本或总体进行比较。如可以利用不同群体的满意度的平均数进行比较与分析。

(2) 利用平均数可以反映样本或总体的一般水平。如要了解某一群体的平均消费水平,我们可把分数的总和除以人数,得出平均数,这样就能清晰地反映这个群体消费的一般水平。

(3) 利用平均数可以分析现象之间的依存关系。如根据员工对管理方式满意度的高低,可以看出员工的满意度与该部门领导的管理水平有密切关系。

(4) 利用平均数可以研究样本或总体的一般水平在时间上的变化。如比较某个部门的客户满意度在不同时期平均分的提高,可以看出该部门服务效果的提高过程。

计算和应用算术平均数的条件及其要注意的问题有:

(1) 要注意数据的同质性。算术平均数只能用于表示同类数据的集中趋势。不同质的数据不能计算平均数。所谓同质数据是指使用同一观测手段,采用相同的观测标准,能反映某一问题的同一方面特质的数据。

(2) 数据要准确。要求一组数据中每个数据都比较准确、可靠,若数据模糊不清或分组资料有不确定组限时,不能计算平均数。

(3) 要求数据无极端值(极大值、极小值)出现。

(4) 使用中要注意平均数与个体数值相结合。在解释个体特征时,既要看平均数,也要结合个体的数据。

(5) 注意平均数与标准差、方差相结合。描述一组数据时既要分析其集中趋势,也要分析离散程度。

2. 中位数

中位数(或中数)是一组数据按从小到大排序后,处于中间位置上的变量值。中位数是一个位置代表值。如下列一组数的中位数为43。

$$25 \quad 27 \quad \underline{43} \quad 64 \quad 190$$

中位数找出后,我们即可知全部数据中有50%的分数是高于此分数,也有50%的分数低于此分数。

中位数寻找的方法须视数据中有多少个案(cases)来决定。

(1) 若样本数目 N 是奇数,则先将 $N+1$ 然后除以2,即 $(N+1)/2$,在 $(N+1)/2$ 之位置者之分数即为中位数。

$$M_d = x_{(n+1)/2}$$

以上例为例,有5个分数,所以 $(5+1)/2 = 3$,因此在顺序中第3位者即为中间之个案,其分数为中位数。

(2) 若样本数目 N 是偶数,则中间两个分数的平均数为中位数。我们可以 $N/2$ 及 $(N/2)+1$ 来找出这两个中间的个案,然后将此两个个案之分数相加后除以2。

$$M_d = \frac{x_{n/2} + x_{(n/2+1)}}{2}$$

如:

$$25 \quad 27 \quad \underline{43} \quad \underline{64} \quad 75 \quad 190$$

43及64两个分数所占之位置是在次数分配顺序中的中间,中位数即为 $(43+64)/2 = 53.5$。

中位数不受两端极端数据的影响,但反应不灵敏,也不适合进一步代数运算的要求。

中位数的适用条件为:当一组数据有极端值出现时;当一组有序数据两端有个别数据模糊不清或分组资料有不确定组限时;当需要快速估计一组数据的代表值时。

3. 众数

众数是一组数据中出现次数最多的变量值。众数可用观察法直接求得,如一组原始数据为49、65、57、38、49、51、68、83、75、80、65、68、57、49、67,其中出现次数最多的数值是49,所以49就是该组数值的众数,如果各个数据都不相同,就没有众数。

在大批量生产的服装、鞋帽中,可以用绝大多数人的尺码作为众数,男鞋42,女鞋37、38等。从这个例子也可以看出在一组数据中众数是不唯一的,可以有一个以上,也可以没有。

众数的优点是概念简单易懂,缺点是比较粗略,不能灵敏地反映一组数据的变化,而且不适合进一步代数运算。众数一般用于类别变量或等级变量的资料。

4. 集中量数的选择方法

在应用时,哪种集中量数能最准确、最稳定地反映数据整体的集中趋势,哪一种数据就是最好的集中量数。

平均数应用最多,但它往往受一个或几个极端数据的影响,使平均数反映数据整体集中趋势的准确性变得极低。当一组数据存在极端数据,或数据整体中有个别数据不准确、不清楚时,中位数能比平均数更准确、更稳定地反映数据整体的集中趋势。在需要快速而又粗略地找出一组数据的代表值时,众数较好。

> **平均数的误用实例**
>
> 据建设部公布的 2005 年城镇房屋概况统计数据,北京人均住宅建筑面积为 32.86 平方米。按照这个数据,一个三口城镇之家,居住面积可达 97 平方米,这当然是相当不错的居住条件了。所以,乍一看这个数据,肯定会有不少人认为北京人有这样好的居住条件而羡慕。
>
> 但是,到底有多少北京居民真正享受到了这一平均数所描述出的生活质量呢? 对于很多人来说,这个人均数字可能只是一个遥不可及的目标。在现实生活中,小两口挤一间房甚至几个人挤一间房的现象也非常普遍。
>
> 然而,在统计报告中,这些人却能分享一个非常体面的平均数。这个平均数,实际上掩盖了很多人居住条件差的事实。

(二) 离散量数的分析方法

当得到集中量数之后,我们就可以知道整组数据的平均结果,可以知道每一个数据和其他数据的比较结果。但是我们还无法了解数据相互之间的差别到底是大还是小,也就是不知道这些数据的分布或离散的程度。因此我们还需要描述数据离散趋势的统计量数。

离散量数表示一组数据变异程度或分散程度的量数。离散量数越大,表示数据分布范围越广,越不集中,越不整齐。反映了集中指标对数据的代表性。

如图 11-2 所示,三个不同的曲线表示三个不同的总体,其均值相同,但离散趋势不同。

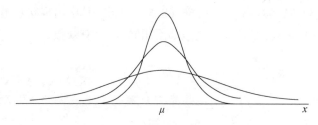

图 11-2　数据离散程度

1. 全距

全距(range):又称极差,数列中最大值与最小值之差。

$$R = X_H - X_L$$

其中,X_H 为最大数值,X_L 为最小数值。

如某班学生数学成绩最高为 95 分,最低为 32 分,则全距 $R = 95 - 32 = 63$。

2. 平均差

平均差(mean deviation,MD):各个数据与平均数差数的绝对值的平均数,称为平均差。

如果以算术平均数为原点,计算各变量与原点之差,这种差就叫离差。离差有正有负。若按正、负计算,其总和等于零,无法算出一个表示差异情况的指标。为了解决这个问题,不取离差的代数和,而取其绝对值之和,再除以变量的个数。这样,就可以反映一群变量的差异情况。

平均差意义明确,它受两极端数值的影响较小,它利用了全部观测值,考虑到全部的离差,因而能说明全部观测值的离散情况,但计算时运用到绝对值,不便于代数运算。

3. 方差与标准差

方差(variance,σ^2、S^2):各数据与平均数差数的平方和的平均值称为方差,也称为变异数。

总体方差定义公式为:

$$\sigma^2 = \frac{\sum(X_i - \mu)^2}{N}$$

式中,μ 是总体平均数。

样本方差的定义公式为:

$$s^2 = \frac{\sum(X_I - \bar{X})^2}{N-1}$$

计算方差时使用了平方,也就是夸大了数据和平均数的距离,因此需要将方差开方以还原其本来的差异,这就是标准差。

标准差(standard deviation,σ、S)是表示一组数据中各个数值与平均数的离散趋势。具体一点说,标准差越大,说明各个数值彼此之间的差异就越大,各个数值距离平均数这个中心的离散趋势也越大。标准差越小,说明各个数值之间差异越小,各个数值与平均数的离散趋势小。

总体标准差计算公式为:

$$\sigma = \sqrt{\frac{\sum(X_i - \mu)^2}{N}}$$

样本标准差计算公式为:

$$S = \sqrt{\frac{\sum_{i=1}^{n}(x_i - \bar{x})^2}{n-1}}$$

其中,x_i 为某一变量的各个取值;$\bar{x}$ 为某一变量的平均数;n 为数据的个数。

下面举一例子说明标准差分析的意义。

例如,要调查居民人均月购买副食品的状况,从甲、乙两个街道各抽选 5 户调查,调查数据如下:

甲街道:75 元、80 元、82 元、85 元、78 元

乙街道:90 元、60 元、100 元、40 元、110 元

通过计算,这两个街道的居民人均月购买副食品都是 80 元。我们再来计算它们的标准差:

$$S_{甲} = \sqrt{\frac{\sum(x_i - \bar{x})^2}{n-1}}$$

$$= \sqrt{\frac{(75-80)^2 + (80-80)^2 + (82-80)^2 + (85-80)^2 + (70-80)^2}{5-1}}$$

$$= 6.2$$

$$S_{乙} = \sqrt{\frac{\sum(x_i - \bar{x})^2}{n-1}}$$

$$= \sqrt{\frac{(90-80)^2 + (60-80)^2 + (100-80)^2 + (85-80)^2 + (78-80)^2}{5-1}}$$

$$= 15.2$$

$$S_{乙} > S_{甲}$$

甲街道的抽样标准差为 6.2，乙街道抽样的标准差为 15.2，乙街道抽样标准差明显高于甲街道抽样标准差。这说明乙街道 5 户居民之间购买副食品额差异大，它们与平均数这一中心差距大，即离散趋势大。而甲街道 5 户居民之间购买副食品额差异较小，它们与平均数这一中心差距也小，即离散趋势小。

方差和标准差是表示一组数据离散程度的最好指标，是最常用的差异量数。其特点有：反应灵敏，每个数据变化都能在方差上体现；计算严密；容易计算；适合代数运算；受抽样变动影响小；简单明了；容易受极端数据影响。

方差和标准差的作用主要有以下三方面：用于说明均值的代表性大小；反映现象的质量与风险；用于统计推断。

4. 离散系数

方差、标准差、全距都属于绝对离散量数，绝对离散量数的局限是只有当两种离散数量的单位相同时，才能比较其大小；当两种离散量数的单位不同时，就无法进行比较差异。这时可用离散系数比较。所谓离散系数又称变异系数，即标准差与算术平均数的百分比值。它是一个相对变异指标。变异系数可以消除单位和(或)平均数不同对两个或多个资料变异程度比较的影响。离散系数用 CV 表示，计算公式为：

$$C \cdot V = \frac{S}{\bar{x}} \times 100\%$$

其中，S 为标准差，$\bar{x}$ 为平均数。

离散系数的最大功用是可以比较不同单位数据分布的差异程度。

例如，某班级在一次考试中，语文成绩为标准差 21 分、平均分 95 分（满分 150 分），物理成绩为标准差 18 分、平均分 72 分（满分 100 分），试比较它们的离散程度。

解：语文 CV = 21/95 × 100 = 22.1；物理 CV = 17/72 × 100 = 25。语文成绩的离散程度小于物理。

（三）数据分布形态——峰度和偏度分析

对于一组数据，不仅要描述其集中趋势、离散趋势，而且要描述其分布形态。这是因为一个总体如果均值相同，标准差相同，但分布形态可能不同。另外，分布的形态有助于识别整个总体的数量特征。总体的分布形态可以从两个角度考虑，一是分布的对称程度，另一个是分布的高低。前者的测定参数称为偏度或偏斜度,后者的测定参数称为峰度。

1. 偏度

偏度(skewness)是描述数据分布对称性的统计量,而且也是与正态分布的对称性相比较而得到的。如果分布的偏度等于0,则其数据分布的对称性与正态分布相同;如果偏度大于0,则其分布为正偏或右偏,即在峰的右边有大的偏差值,使右边出现一个拖得较远的尾巴;如果偏度小于0,则为负偏或左偏,即在峰的左边有大的偏差值,使左边出现一个拖得较远的尾巴。

最常见的方法是计算偏度系数。它是以标准差为度量单位计量的众数与算术平均数的离差,用SK表示。

$$SK = \frac{\bar{X} - M_o}{\sigma}$$

式中,SK为偏度系数,其余符号同前。SK为无量纲的系数,通常取值为[-3 +3]。绝对值越大,表明偏斜程度越大;反之,则表明偏斜程度越小。

当分布呈右偏态时,$\bar{X} > M_O$,$M_O > 0$,SK > 0,故也称正偏态;

当分布呈左偏态时,$\bar{X} < M_O$,$M_O < 0$,SK < 0,故也称负偏态;

当$\bar{X} = M_O$,SK = 0,分布为对称分布。

2. 峰度

峰度(kurtosis)是描述某变量所有取值的分布形态陡缓程度的统计量,而峰度对陡缓程度的度量是与正态分布进行比较的结果。样本资料的峰度公式为:

$$\text{Kurtosis} = \left\{ \frac{n(n+1)}{(n-1)(n-2)(n-3)} \sum_{i=1}^{n} \left(\frac{x_i - \bar{x}}{s} \right)^4 \right\} - \frac{3(n-1)^2}{(n-2)(n-3)}$$

如果峰度等于0,其数据分布的陡缓程度与正态分布相同;峰度大于0,其数据分布比正态分布更陡峭;峰度小于0,其数据分布比正态分布更平坦。

四、位置量数——标准分数

在社会调查和测量后得到的分数,一般称为原始分。原始分存在两大缺陷:一是不能反映各分数在总体中的地位。同样是80分,可能在总体中名列前茅,也可能名落榜尾。二是不同类型或不同次测量的分数具有不同的价值,不能简单相加求其总和来确定位次。因此,仅仅用原始分的总分来判别水平的高低,显然是不够公正科学的。为了解决原始分的上述缺陷,就得引进地位量数。

地位量数是描述或确定某一个观测值在全体数据中所处位置的统计量数。常用的地位量数是标准分数(standard score, Z)。

标准分数又称Z分数,是以标准差为单位来表示一个分数在团体中所处位置的量数,所以也叫相对位置量数。比如Z分数为1.5,则其比平均数大1.5个标准差。

用公式表示:

$$Z = \frac{X - \bar{X}}{S}$$

其中，X 为各原始数值，$\bar{X}$ 为各原始数值的平均数，S 为标准差。

> 某单位各部门举办专业知识考试，择优选拔聘用。成绩统计结果为财务部应试者分数的均值和标准差分别为 78.53 和 9.43，销售部应试者分数的均值和标准差分别为 70.19 和 7.00。
> 现知财务部小李成绩为 90 分，销售部小张成绩为 82 分，若要对小李和小张的成绩进行比较，哪位更优秀呢？
> 将分数标准化，再进行比较：
> $$(90 - 78.53)/9.43 = 1.22$$
> $$(82 - 70.19)/7 = 1.69$$
> 从标准分数来看，小张的位置更靠前，小张更优秀。

在实际应用中，为了避免小数的不便，可以对标准分数进行线性转换：
$$T = 10Z + 50$$
比如某人在艾森克人格问卷的测量中，其精神质得分比同年龄人的平均成绩高 2.0 个标准差，则其换算后的标准分数为 70 分；如果另一人的测试分数正好等于平均数，则其标准分数为 50 分。

标准分数不仅能说明原始分数在分布中的地位，而且因为它是以标准差为单位的等距量表，故经过把原始分数转化为标准分数，可以在不同分布的各原始分数之间进行科学的比较，因此，标准分数比较多的是用于成绩评定和新员工录取、学生录取等工作。

第三节 相关与回归分析

一、相关分析

社会调查研究的很多是相关的事件，在研究相互关联的事件上，我们通常借助于相关分析和回归分析这两种统计方法，度量变量之间关联程度的方法叫相关分析。如果考虑的是两个变量之间的关系，称为简单相关；如果讨论一个变量与两个或多个其他变量的关系，就称为复相关或偏相关。而回归分析则是根据已知的一个或一个以上变量(自变量)的值来估计另一个变量(因变量)的值，并且算出估计的误差。

两个变量之间的变化关系，既表现在变化方向上，又表现在密切程度上。为了确定相关变量之间的关系，首先应该收集一些数据，这些数据应该是成对的。例如，每人的身高和体重。然后在直角坐标系上描述这些点，这一组点集称为散点图。

> 为了研究父亲与成年儿子身高之间的关系，卡尔·皮尔逊(Karl Pearson)测量了 1 078 对父子的身高。把 1 078 对数字表示在坐标上，如图 11-3。用横轴 X 上的数代表父亲的身高，纵轴 Y 上的数代表儿子的身高，1 078 个点所形成的图形是一个散点图。它的形状像一块橄榄状的云，中间的点密集，边沿的点稀少，其主要部分是一个椭圆。

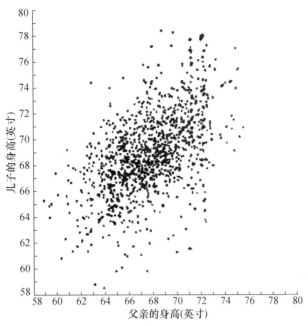

图 11-3 父子身高相关分析散点图

用来描述两个变量相互之间变化方向及密切程度的统计指标称为相关系数,一般样本的相关系数用 r 表示。

相关系数 r 的值在 -1 到 1 之间,但可以是此范围内的任何值。正相关时,r 值在 0 到 1 之间,散点云图是斜向上的,这时一个变量增加,另一个变量也增加;负相关时,r 值在 -1 到 0 之间,散点云图是斜向下的,此时一个变量增加,另一个变量将减少。r 的绝对值越接近 1,两变量的关联程度越强,r 的绝对值越接近 0,两变量的关联程度越弱。

下面介绍两种基本相关系数及其计算方法。

(一) 积差相关

积差相关(product-moment coefficient of correlation,r)是英国统计学家皮尔逊于 20 世纪初提出的一种计算相关的方法,因而被称为皮尔逊积差相关,也称为积矩相关(product moment correlation)。

积差相关适用于以下情形:两个变量都是连续数据,即为两列变量为等距变量或等比变量;两变量总体都为正态分布;两变量之间为线性关系;成对数据,样本容量大($n>30$)。

用公式表示为:

$$r = \frac{\sum_{i=1}^{n}(x_i - \overline{X})(y_i - \overline{Y})}{\sqrt{\sum_{i=1}^{n}(x_i - \overline{X})^2 \cdot \sum_{i=1}^{n}(y_i - \overline{Y})^2}}$$

其中,$x_i(i=1,2,\cdots,n)$ 是 n 个第一类变量;$y_i(i=1,2,\cdots,n)$ 是 n 个第二类变量;$\overline{X}$ 是第一类变量的均数;$\overline{Y}$ 是第二类变量的均数。

使用公式时,两类变量的对数 n 要超过 $30(n>30)$,否则计算它们的积差相关系数就失去有效意义。

> 某小学在统考中随机抽取 30 名考生的语文与数学成绩,试计算它们的相关系数。
> 语文成绩:60,62,53,57,62,59,48,41,46,58,51,55,78,74,60,62,53,57,62,59,48,41,46,58,51,55,78,74,60,62
> 数学成绩:62,80,77,65,64,67,53,58,67,65,68,68,69,58,88,62,80,77,67,65,61,58,65,68,68,69,58,88,62,80
> 代入计算公式,得 $r=0.32$,说明 30 位考生的语文成绩与数学成绩呈普通相关。

> 使用 SPSS 计算积差相关系数:
> 【Analysis】→【Correlate】→【Bivariate】,把两列要计算相关系数的连续变量放入右边的【Variables】→【Pearson】→【OK】。

(二)等级相关

在实际工作中,如果所掌握的资料不是用分数表示,而是用等级或顺序来表示的,即定序变量或顺序变量,就需要用 Spearman 等级相关(rank correlation,r_R)来计算相关系数。

用公式表示:

$$r_R = 1 - \frac{6\sum_{i=1}^{n}(d_i)^2}{n(n^2-1)}$$

其中,d_i 表示两类变量每对数据等级的差数;n 表示变量的对数;等级相关对 n 的多少不做要求。

某校 10 名教师,教龄与教学能力评定等级如表 11-3 所示,试分析两者的相关程度。

表 11-3　教龄与教学能力评定等级

教学人员	教龄	教龄等级	教学能力等级	等级差数 d	差数平方 d^2
一	3		10		
二	8		3		
三	2		9		
四	10		5		
五	6		8		
六	6		6		
七	12		2		
八	9		4		
九	5		7		
十	7		1		
合计					

计算时,先按教龄长短排出教龄等级,写在相应栏目内,最长为1级,余依次类推。教龄相同的,给予平行的等级,如序号"五""六"两位教师都定级为6.5级(此时无7级)。表中的"等级差数d"等于"教龄等级"减去"教学能力等级"。如表11-4所示。

表11-4 教龄与教学能力评定等级结果

教学人员	教龄	教龄等级	教学能力等级	等级差数 d	差数平方 d^2
一	3	9	10	-1	1
二	8	4	3	1	1
三	2	10	9	1	1
四	10	2	5	-3	9
五	6	6.5	8	-1.5	2.25
六	6	6.5	6	-1.5	2.25
七	12	1	2	-1	1
八	9	3	4	-1	1
九	5	8	7	1	1
十	7	5	1	4	16
合计					33.50

代入公式,得 $r=0.80$。由此可见,教龄与教学能力呈高度正相关。

使用 SPSS 计算 Spearman 等级相关系数:
　　【Analysis】→【Corrlate】→【Bivariate】,把两列要计算相关系数的定序变量放入右边的【Variables】→【Spearman】→【OK】。

(三) 偏相关

1. 偏相关的概念

当有多个变量存在时,通过控制一个或几个其他影响变量从而在剔除其影响的条件下分析两个变量之间相关关系的方法称为偏相关分析(partial correlation),所求相关系数为偏相关系数。

2. 前提条件

计算偏相关的前提是假定变量之间的关系均为线性关系,没有线性关系的变量不能进行偏相关分析。

SPSS 实现过程:【Analyze】→【Correlate】→【Partial】完成菜单的选择进入分析的对话框,并进行变量的选择,→【OK】

二、回归分析

当我们知道了两个变量之间有直线相关关系,并且一个变量的变化会引起另一个变量的变化时,如果它们之间存在准确、严格的关系,它们的变化就可用函数方程来表示,它们的关系就是函数关系,它们之间的关系式就叫函数方程。但在实际生活当中,由于其他因素的干扰,许多双变量之间的关系并不是严格的函数关系,不能用函数方程反映,为了区别于两变量间的函数方程,我们称这种关系式为直线回归方程,称这种关系为直线回归。回归模型的分类如图11-4所示。

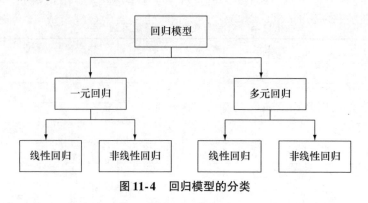

图 11-4　回归模型的分类

(一) 一元线性回归

线性回归(linear regression):自变量与因变量之间呈线性关系(linear relationship)的回归。

一元线性回归又称为简单线性回归(simple linear regression),是指只有一个自变量的线性回归。因此一元线性回归方程的一般形式是:

$$\hat{Y} = b_{YX}X + a_{YX}$$

式中,a是回归直线在Y轴上的截距,即$X=0$时的Y值;b为样本的回归系数,即回归直线的斜率,表示当X变动一个单位时,Y平均变动b个单位。如果a、b已知,代入上式,就可求得直线回归方程。

$$a = \bar{Y} - b\bar{X}, \quad b = \frac{\sum(X - \bar{X})(Y - \bar{Y})}{\sum(X - \bar{X})^2}$$

一元线性回归分析用于估计两个变量的关系。其中一个变量作为因变量或输出变量(y)。另一个变量作为自变量或预测变量、解释变量(x)。有时两个变量中哪一个是因变量(例如高度和重量)是不好区分的。

(二) 多元线性回归简介

由于现实生活中,某一事物的变化总会受到多方面因素的影响,多元回归模型更符合实际。多元线性回归方程模型为:

$$Y_i = b_0 + b_1 x_1 + b_2 x_2 + \cdots + b_n x_{ni} + e_i$$

其中,b_0是常数项,是各自变量都等于0时,因变量的估计值,有时人们称它为本底值;b_1,b_2,$\cdots$,b_n是偏回归系数(partial regression coefficient),其统计学意义是在其他所有自变量不变的情况下,某一自变量每变化一个单位,因变量平均变化的单位数;e_i是残差。

如果所有参加分析的变量都是标准化的变量,这时b_0就等于0,b_1,b_2,$\cdots$,b_n就变成了标准化偏回归系数,用符号b_1',b_2',$\cdots$,b_n'表示。标准化回归系数可以相互比较大小,反映自变量对因变量的影响作用大小。但非标准化回归系数的大小不能反映自变量对因变量的影响谁大谁小,因为非标准化回归系数的大小本身受该自变量的测量单位大小的影响,如一个自变量是"资金",用分做单位回归系数就大,改用万做单位回归系数就变小。

多元线性回归模型中因变量 y 的变化可由两个部分解释:一部分是自变量 x_i 的变化引起的 y 的线性变化部分;另一部分是由其他随机因素引起的 y 的变化部分(叫随机误差)。那么,y 的总的方差的变化(即总离差平方和 SST)也是由两部分组成的:一部分是 x_i 的变化引起的,我们把由自变量引起的方差平方和称为回归平方和(SSA),而由随机因素引起的 y 的方差平方和称为残差平方和(SSE),这样 SST = SSA + SSE。我们把回归模型中所有自变量总和对因变量的波动的解释程度称为决定系数,也称为判定系数或判别系数,用 R^2 来表示(R 是复相关系数),用公式来表示为 R^2 = SSA/SST。R^2 取值为[0,1],R^2 越大,说明自变量对因变量的解释力度就越大。

(三) 回归分析的应用

1. 线性回归应用条件

做线性回归分析要满足这样一些条件(或称假设)①:

(1) 线性关系假设,即自变量与因变量在总体上具有线性关系。

(2) 正态性假设,即因变量 y 服从正态分布。

(3) 独立性假设。这里有两个意识,一个是指与某一个 x 值对应的一组 y 值和与另一个 x 值对应的一组 y 值之间没有关系,彼此独立。另一个是指误差项独立,不同 x 所产生的误差之间应相互独立,无自相关,而误差项也需与自变量 x 相互独立。

(4) 误差等分散性假设。特定 x 水平的误差,除了应呈现随机化的常态分配,其变异量也应相等,称为误差等分散性。

2. 线性回归分析中控制变量的处理方式

在研究过程中有时只需要重点分析一个自变量对因变量的影响作用,把其他自变量作为控制变量。这样就可以分析某一自变量对因变量的独特贡献。

> 使用 SPSS 做层级次回归分析就可以考察某一自变量的独特贡献:
> 【Analysis】→【Regression】→【Linear】,将所有控制变量放入【Independent】中,单击【Statistics】,出现一个对话框,在其中选择【Estimate】→【Model fit】→【R squared change】,单击【Continue】,单击【OK】,就可以得到 R_1^2。在对所有控制变量回归分析的基础上单击【Next】,所有控制变量消失,【Independent】列表空,出现"Block2 of 2",这时将所研究的独特变量放入【Independent】中,单击【OK】就可以得到该变量的回归系数以及它的独特贡献力 $\Delta R^2 (R_2^2 - R_1^2)$。

三、相关与回归应用中要注意的问题

(一) 相关与回归的区别与联系

1. 相关与回归的区别

(1) 意义不同:相关反映两变量之间的双向关系,即在两个变量中,任何一个的变化都

---

① 张厚粲、徐建平.现代心理与教育统计学[M].北京:北京师范大学出版社,2004:371.

会引起另一个的变化,是一种双向变化的关系,没有主从之分。回归反映的是两个变量的依存关系,一个变量的改变会引起另一个变量的变化,是一种单向的关系。相关关系用相关系数来表示,而回归关系用数学模型来表示。

(2) 应用不同:研究两个变量的相互关系用相关分析。研究两个变量的依存关系用回归分析。

(3) 研究性质不同:相关是对两个变量之间的关系进行描述,看两个变量是否有关,关系是否密切,关系的性质是什么,是正相关还是负相关。回归是对两个变量做预测性描述,研究两个变量的数量关系,已知一个变量值可以预测出另一个变量值,可以得到预测能力的结果。

(4) 相关系数 r 与回归系数 b:r 与 b 的绝对值反映的意义不同。r 的绝对值越大,散点图中的点越趋向于一条直线,表明两变量的关系越密切,相关程度越高;b 的绝对值越大,回归直线越陡,说明当 X 变化一个单位时,Y 的平均变化就越大。反之也是一样。

2. 相关与回归的联系

(1) 相关分析是回归分析的基础和前提(只有具有相关关系的数据,才能引入回归分析)。

(2) 能进行回归分析的变量之间存在相关关系。所以,对于两组新数据(两个变量)可先做散点图观察,再计算求出它们的相关系数。对于确有相关关系的变量再进行回归分析,求出回归方程。

(3) 相关系数 r 与回归系数 b:r 与 b 的符号一致。r 为正时,b 也为正,表示两变量是正相关,是同向变化;r 为负时,b 也为负,表示两变量是负相关,是反向变化。

(4) 如果只有一个自变量加入回归方程,回归系数就等于简单相关系数。

(二) 应用直线相关与回归的注意事项

1. 要考虑实际意义

进行相关、回归分析要有实际意义,不可把毫无关系的两个事物或现象用来做相关或回归分析。例如,有人说,孩子出生后,在院子里种一棵小树。孩子身高在长,院子里的小树也在长。求孩子和小树之间的相关关系就毫无意义,用孩子的身高推测小树的高度则更加荒谬。

2. 相关关系不等于因果关系

相关关系不一定是因果关系,也可能是伴随关系,并不能证明事物间有内在联系,例如,有人发现,对于在校儿童,鞋的大小与阅读技能有很强的相关关系。然而,学会新词并不能使脚变大,而是涉及第三个因素即年龄。当儿童长大一些,他们的阅读能力会提高,而且由于年龄长大,脚也变大,当然所穿的鞋就大。

3. 善用散点图

对于性质不明确的两组数据,可先做散点图,在图上看它们有无关系、关系的密切程度、是正相关还是负相关,然后再进行相关回归分析。

第四节 中介作用与调节作用的统计分析

一、中介作用分析[①]

(一) 中介变量的含义

一般来说,当一个变量在某种程度上能解释自变量和因变量之间的关系时,我们就认为它可能起了中介效应(mediator effect)。中介变量(mediator)可以解释变量之间为什么会存在关系以及这个关系是如何发生的。因此,研究中介效应的目的是在我们已知某些关系的基础上,探索这个关系内部产生的作用机制。[②]

考虑自变量 X 对因变量 Y 的影响,如果 X 通过影响变量 M 来影响 Y,则称 M 为中介变量。例如,"父亲的社会经济地位"影响"儿子的教育程度",进而影响"儿子的社会经济地位"。又如,"工作环境"(如技术条件)通过"工作感觉"(如挑战性)影响"工作满意度"。在这两个例子中,"儿子的教育程度"和"工作感觉"是中介变量。

(二) 中介效应分析检验方法

假设所有变量都已经中心化,即减去各自的平均数(或称均值为零),可用下列方程来描述变量之间的关系(相应的路径图见图 11-5)。

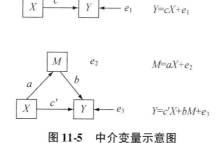

图 11-5 中介变量示意图

假设自变量 Y 与因变量 X 的相关显著(路径 c),意味着回归系数 c 显著,在这个前提下考虑中介变量 M。如何知道 M 真正起到了中介变量的作用,或者说中介效应显著呢?如果一个变量满足以下条件,就认为它起到了中介变量的作用:(1) 自变量的变化能够显著地解释中介变量的变化(路径 a);(2) 中介变量的变化能显著地解释因变量的变化(路径 b);(3) 当控制路径 a 和 b 时,自变量与因变量之间在之前所表现出的显著作用(路径 c)不存在或减小了。当控制路径为 a 和 b 时,c 变为 0,属于完全中介,这种情况很少,大部分是部分中介。

假设所有变量都已经中心化,用回归方程进行检验的步骤如下:

第一步,检验自变量 X 与因变量 Y 之间是否存在显著的线性相关关系,用线性回归方程 $Y=cX+e_1$ 来表示,如果两者之间不存在显著的线性相关关系,即 c 不显著,Y 与 X 相关不显著,则停止中介效应分析,说明不存在中介效应。如果 c 显著,则进行第二步检验。

[①] 温忠麟,张雷,侯杰泰,刘红云.中介效应检验程序及其应用[J].心理学报,2004,36(5).
[②] 刘军.管理研究方法[M].北京:中国人民大学出版社,2008:238.

第二步,检验自变量 X 与 M(假设的中介变量)之间是否存在显著的线性相关关系,用线性回归方程 $M = aX + e_2$ 来表示,如果两者之间不存在显著的线性相关关系,即 a 不显著,则停止分析。如果 a 显著,则进行第三步检验。

第三步,检验在控制 M 的情况下,X 与 Y 之间是否存在显著的线性相关关系,用线性回归方程 $Y = c'X + bM + e_3$ 来表示。如果 b 显著而 c' 不显著,则 M 是 X 与 Y 之间的完全中介变量;如果 b 与 c' 都显著,但是 $c' < c$,即在控制 M 的情况下 X 对 Y 的影响作用明显减小,则 M 是 X 与 Y 之间的部分中介变量。

(三)中介效应大小的衡量

$Y = cX + e_1$, $M = aX + e_2$, $Y = c'X + bM + e_3$。其中,c 是 X 对 Y 的总效应,ab 是经过中介变量 M 的中介效应,c' 是直接效应。当只有一个中介变量时,效应之间有 $c = c' + ab$,中介效应的大小用 $c - c' = ab$ 来衡量。

二、调节作用分析

(一)调节变量的含义

我国学者刘军这样界定调节变量(moderator):"一个包含了调节变量的研究往往会这样陈述:'在什么样的情况下'或'对于哪些人',A 能够更好地预测 B,或 A 对 B 影响更大。具体地说,调节变量是这样一个变量,它能够影响某个自变量与因变量之间关系的方向和/或强度。"简单地说,变量 Y 与变量 X 的关系受到第三个变量 M 的影响,就称 M 为调节变量。调节变量可以是定性的类别变量,如性别、工作岗位、种族、单位类型等,也可以是连续变量,如年龄、受教育年限、收入水平、考试成绩等。

管理学界 20 世纪七八十年代发展起来的所谓权变管理理论的主要论点就是管理方法要应情境的不同而变化。如当工人的工资水平低时,增加工资可以提高工作业绩;当工资水平高时,再提高工资水平就不见得有效了。权变理论主要是探讨两个变量在不同情况下的关系,这个"不同情况"就是第三个变量,就是我们所要讲的调节变量,有时也叫条件变量。[①]

典型的调节变量简要模型为 $Y = aX + bM + cXM + e$,该模型可转化为 $Y = (a + cM)X + (bM + e)$。Y 与 X 的关系由回归系数 $a + cM$ 来刻画,它是 M 的线性函数,c(X 与 M 的交互效应)衡量了调节效应(moderating effect)的大小。如果 c 显著,说明 M 的调节效应显著,证明调节效应存在。

(二)调节效应的分析检验方法

调节效应统计分析的核心是,测量在调节变量的影响下,自变量对因变量产生不同的作用。调节效应分析方法要根据自变量和调节变量的测量级别而定。变量的测量级别可分为两类:一类是类别变量(categorical variable),包括定类和定序变量;另一类是连续变量(continuous variable),包括定距和定比变量。定序变量的取值比较多且间隔比较均匀时,也可以近似作为连续变量处理。根据调节变量和自变量的类型不同,调节效应分析方法分为四种情况,如表 11-5 所示:

---

① 徐云杰.社会调查设计与数据分析[M].重庆:重庆大学出版社,2013:153.

表 11-5 调节效应分析方法[1]

调节变量(M)	自变量(X)	
	类别	连续
类别	两因素有交互效应的方差分析(ANOVA),交互效应即调节效应	分组回归:按 M 的取值分组,做 Y 对 X 的回归,若回归系数的差异显著,则调节效应显著
连续	自变量使用虚拟变量,将自变量和调节变量中心化,做 $Y=aX+bM+cXM+e$ 的层次回归分析: 1. 做 Y 对 X 和 M 的回归,得测定系数 R_1^2。 2. 做 Y 对 X、M 和 XM 的回归得 R_2^2,若 R_2^2 显著高于 R_1^2,则调节效应显著。或者,做 XM 的回归系数检验,若显著,则调节效应显著	将自变量和调节变量中心化,做 $Y=aX+bM+cXM+e$ 的层次回归分析(同左)。 除了考虑交互效应项 XM 外,还可以考虑高阶交互效应项(如 XM^2 表示非线性调节效应;MX^2 表示曲线回归的调节)

当调节变量是类别变量,自变量也是类别变量时,用两因素交互效应的方差分析,交互效应即调节效应,交互效应显著即调节效应存在。

当调节变量是类别变量,自变量是连续变量时,可以根据调节变量的两个类别将数据分成两组,分别进行回归分析,得到两个回归系数以后,应该首先确认回归系数间的差异是否有统计学上的意义,如果有意义再去比较两个斜率的大小。

当调节变量是连续变量,自变量是二分类别变量时,不能做分组回归,而是将自变量重新编码成为虚拟变量(dummy variable),用带有乘积项的回归模型,做层次回归分析。当调节变量与自变量都是连续变量时也做层次回归分析,即先将自变量和调节变量中心化,做 $Y=aX+bM+cXM+e$ 的层次回归分析:(1)做 Y 对 X 和 M 的回归,得测定系数 R_1^2。(2)做 Y 对 X、M 和 XM 的回归得 R_2^2,若 R_2^2 显著高于 R_1^2,则调节效应显著。或者,作 XM 的回归系数检验,若显著,则调节效应显著。

下面结合 SPSS 软件的使用具体介绍一下后两种情况的调节效应的检验操作步骤[2]:

第一步,在做调节效应分析时,通常要将自变量和调节变量做中心化变换(即标准化),中心化有两个好处:一是回归系数及其显著性会随测量尺度的变化而变化,变量中心化即标准化后就不受测量尺度影响了;二是中心化可以降低多重共线性而不至于影响真正的关系。这里所有变量都做中心化处理,其操作为:选择菜单【Analysis】→【Descriptive Statistics】→把左边要转换的原始变量 x、y、m 放入右边的【Variables】中,选中【Save Standardized Variables】→单击【OK】。原始变量变成 X、Y、M,即完成数据的中心化处理。

第二步,构造 XM 交互作用项。选择菜单【Transform】→【Compute】,然后在【Target Variable】中输入变量名称如 G,在【Numeric expression】中输入交互项 $X*M$,然后单击【OK】。交互作用项构造完成。准备工作完成后就可以进行正式的回归分析。注意这里的 $X*M$ 中的自变量与调节变量都是中心化后的数据,$X*M$ 形成的新变量 G 不需要再做中心化处理。

---

[1] 温忠麟,侯杰泰,张雷. 调节效应与中介效应的比较和应用[J]. 心理学报,2005,37(2).
[2] 刘军. 管理研究方法[M]. 北京:中国人民大学出版社,2008:260—263.

第三步,先将 X 放入线性回归方程。选择菜单【Analysis】→【Regression】→【Linear】,将 X 放入【Independent】中,单击【Statistics】,出现一个对话框,在其中选择【Estimate】→【Model-fit】→【R squared change】,单击【Continue】,单击【OK】,就可以得到回归系数 a 的估计值以及 R_1^2。

第四步,在 Y 对 X 回归分析的基础上单击【Next】,X 消失,【Independent】列表空,出现"Block2 of 2",这时将 M 放入【Independent】中,单击【OK】就可以得到相应的回归系数的估计值及 $\Delta R^2 (R_2^2 - R_1^2)$。

第五步,用同样的方法单击【Next】,把 G 放入【Independent】中,单击【OK】,就可以得到相互项 G 的回归系数以及它的独特贡献力 $(R_3^2 - R_2^2)$。如果 G 的回归系数显著则表示变量 M 具有调节作用,属于调节变量。

三、调节变量与中介变量的比较

调节变量和中介变量是两个重要的统计概念,它们都与回归分析有关。相对于人们关注的自变量和因变量而言,调节变量和中介变量都是第三者,容易被人们混淆。

当预测变量(自变量)与因变量之间存在的关系并不像我们设想的那么强,或者存在不一致的关系时,常常引入调节变量。而当我们知道了两个变量之间有着稳定的关系,想进一步了解它们之间作用的内部机制时,我们会去寻找一些可能的中介变量。

关于调节变量与中介变量的比较如表 11-6 所示。

表 11-6 调节变量与中介变量的比较

	中介变量 M	调节变量 M
研究目的	X 如何影响 Y	X 何时影响 Y 或何时影响较大
关联概念	中介效应、间接效应	调节效应、交互效应
什么情况下考虑	X 对 Y 的影响较强且稳定	X 对 Y 的影响时强时弱
典型模型	$M = aX + e_2$ $Y = c'X + bM + e_3$	$Y = aM + bM + cXM + e$
模型中 M 的位置	M 在 X 之后 Y 之前	X、M 在 Y 前面,M 可以在 X 前面
M 的功能	代表一种机制,X 通过它影响 Y	影响 Y 和 X 之间关系的方向(正或负)和强弱
M 与 X、Y 的关系	M 与 X、Y 的相关性都显著	M 与 X、Y 的相关性可以显著或不显著(后者较理想)
效应	回归系数乘积 ab	回归系数 c
效应检验	ab 是否等于零	c 是否等于零
检验策略	做依次检验	做层次回归分析,检验偏回归系数 c 的显著性(t 检验);或者检验测定系数的变化(F 检验)

资料来源:温忠麟,侯杰泰,张雷. 调节效应与中介效应的比较和应用[J]. 心理学报,2005,37(2).

第五节 推断统计

一、总体均数的估计

根据样本统计量对相应总体参数所做的估计称为总体参数估计。总体参数估计分为点估计和区间估计。

由样本的标准差估计总体的标准差即为点估计;根据样本均数,按一定的可信度计算出总体均数很可能在的一个数值范围或区域长度,这个范围称为总体均数的置信区间(confidence interval,CI),也称置信间距。例如,0.95置信区间是指总体参数落在该区间之内,估计正确的概率为95%,而出错误的概率为5%($\alpha = 0.05$)。

显著性水平(significance level,Sig.)是指估计总体参数落在某一区间时,可能犯错误的概率,用符号α表示。$1-\alpha$为置信度或置信水平。置信度,即置信概率,是做出某种推断时正确的可能性(概率)。显著性水平在假设检验中,还指拒绝虚无假设时可能出现的犯错误的概率水平。

> 使用 SPSS 求置信区间:
> 【Analyze】→【Descriptive Statistics】→【Explore】→数据文件名→【Statistics】→【Descriptives】→【Continue】→【OK】

表11-7显示全体女大学生身高均数为163.0—164.5 cm的可能性是95%,换句话说,做出在校全体女大学生身高均数为163.0—164.5 cm的结论,说对的概率是95%,说错的概率是5%。

表 11-7

项目	变量	统计量	标准误
身高	平均值	163.7430	0.37998
	95% 置信下限	162.9890	
	间隔均值限	164.4970	
	5% 截尾均值	163.7522	
	中位数	163.6500	
	方差	14.439	
	标准差	3.79985	
	最低值	154.70	
	最高值	173.60	
	全距	18.90	
	四分位数间距	5.05	
	偏度	-0.30	0.241
	峰度	-0.250	0.478

二、假设检验概述

假设检验也叫显著性检验,主要用来判断某事件的发生是由于碰巧还是由于必然的原因。统计学家运用显著性检验来处理这类问题。

假设检验主要用来判断是由于何种原因造成的两组或多组数据的均数不同,以做出决策。

1. 假设检验的原理

(1) 假设检验用的是反证法。当一件事情的发生只有两种可能 A 和 B 时,为了肯定其中的一种情况 A,但又不能直接证实 A,这时否定另一种可能 B,则间接肯定了 A。

(2) 概率论(小概率)。如果一件事情发生的概率很小,那么在进行一次试验时,我们说这个事件是"不会发生的"。

2. 假设检验的一般步骤

以样本平均数与总体平均数差异显著性检验为例。

步骤一:提出假设。

即根据研究假设提出相应的统计检验的假设。

双侧检验的假设形式为:

$$H_0: \mu = \mu_0, \quad H_1: \mu \neq \mu_0$$

单侧检验的假设形式为:

$$H_0: \mu \geq \mu_0, \quad H_1: \mu < \mu_0 \quad (左侧检验)$$

或者

$$H_0: \mu \leq \mu_0, \quad H_1: \mu > \mu_0 \quad (右侧检验)$$

步骤二:选择检验统计量并计算统计量的值。

各种检验统计量的计算公式都是针对特定条件的,学习时一定要注意把条件与统计量计算公式联系起来。

步骤三:确定显著性水平。

在假设检验中有可能会犯错误。如果零假设是正确的,却把它当成错误的加以拒绝,就会犯 α 错误。α 表示做出统计结论时犯错误的概率,称为显著性水平。显著性水平就是我们用来区分大概率事件和小概率事件的标准,是人为规定的。当某事件发生的概率 P 小于 a 时,则认为该事件为小概率事件,是不太可能发生的事件。显著性水平 a 通常取 0.05 或 0.01(P,在 SPSS 程序上用 Sig. 表示)。

步骤四:做出统计结论。

根据已确定的显著性水平,查统计量的分布表,找到该显著性水平上统计量的临界值,并以计算得到的统计量值与查表得到的临界值比较,根据统计决断规则做出拒绝或接受零假设的决定。

当 $p < a$,拒绝 H_0,接受 H_1,按接受 H_1 下结论,可能犯错误,可能拒绝了实际上成立的 H_0,称为 I 类错误("弃真"的错误),其概率大小用 α 表示(弃真是指两总体均数相等)。

当 $p > a$,不能拒绝 H_0,不能接受 H_1,按不能接受 H_1 下结论,也可能犯错误,没有拒绝实际上不成立的 H_0,类称为 II 类错误("存伪"的错误),其概率大小用 β 表示,β 值一般不能确切地知道(存伪是指两总体均数不相等)。

三、t 检验

t 检验主要用于两组平均数的差异检验。在进行平均数差异显著性检验时，我们首先应对样本两个方面的信息进行考查:(1) 样本的性质，看两样本是相关样本还是独立样本，不同情况所用的检验公式不一样;(2) 样本的容量(样本中个体的数目)，看样本是大样本还是小样本。统计上，我们常将两样本容量皆大于30(即 $n_1 > 30$ 且 $n_2 > 30$)的样本称为大样本，如两样本中有一个样本的容量小于或等于30(即 $n_1 \leq 30$ 或 $n_2 \leq 30$)，我们称这样的样本为小样本。

(一) 单一样本 t 检验

1. 适用情形

检验样本的单一变量的平均数与某个已知值或预期值之间是否存在显著性差异。

2. 使用的前提条件

单一样本 t 检验要求样本取自的总体服从正态分布。

若检验的结果差异显著，可以认为该样本不是来自当前的总体，而是来自另一个与当前总体存在显著差异的总体。即该样本与当前的总体不一致。

> 某汽车厂商声称其发动机排放标准的一个指标低于平均值20个单位。在抽查了10台发动机之后，得到下面的排放数据:17.0、21.7、17.9、22.9、20.7、22.4、17.3、21.8、24.2、25.4。该样本均值为21.13。究竟能否由此认为该指标均值超过20?

> 使用 SPSS 进行样本平均数与总体平均数差异的显著性检验:
>
> 【Analyze】→【Compare Means】→【One Sample T test】→【test Variable】:将要检验的变量放到该对话框;将要比较的平均值放入"Test Value"框中→【Option】→【Confidence Interval】→【Continue】→【OK】

(二) 独立样本 t 检验

1. 适用情形

检验两个独立样本的平均数是否存在显著性差异,如检验男性和女性的身高或体重是否相同。

2. 使用的前提条件

(1) 两样本相互独立，即从一总体中抽取一批样本对从另一总体中抽取一批样本没有任何影响，两组样本个案数目可以不同，个案顺序可以随意调整。

(2) 样本来自的两个总体应服从正态分布。

> 使用 SPSS 进行两个独立样本的假设检验:
>
> 【Analyze】→【Compare Means】→【Independent Samples T test】→【test Variable】:放入要比较的变量】→【Grouping】→【Define Groups】→【Use specified values:根据对两组的编码一般"Group 1"中输入"1",在"Group 2"输入"2"】→【Continue】→【OK】。

(三) 相关样本 t 检验

两个样本的数据之间存在着一一对应的关系时,称两样本为相关样本,要判断不同的处理效果是否有差别,需要用相关样本 t 检验。常见的情形主要包括三种:一是同一组被试在前后两次在同一类测验上的结果;二是同一组被试分别接受两种不同实验的测验结果;三是按条件相同的原则选择的配对实验结果。

> 对促销人员培训前和培训后的销售额进行比较,以确认业务培训是否有效果。

使用 SPSS 进行配对样本的假设检验:
【Analyze】→【Compare Means】→【Paired Samples T test】→【将两变量同时选中移到 Paired Variable 中】→【OK】。

四、方差分析及协方差分析

(一) 方差分析的基本原理

方差分析又称为变异分析(analysis of variance, ANOVA),方差分析的理论基础是 F 检验,由 Ronald Fisher 发展而来,F 检验就是用他的名字命名。方差分析通过对多组平均数的差异进行显著性检验,分析数据中不同来源的变异对总变异影响的大小,用于推断多个总体均数有无差异。

方差分析与 t 检验的区别在于,t 检验只适宜检验两个平均数之间是否存在差异,而方差分析可以同时检验多个平均数之间的差异以及几个因素水平之间的交互作用。

方差分析的主要功能是分析因变量的总变异中不同来源的变异。

1. 方差分析的逻辑

方差分析作为一种统计方法,是把研究数据的总变异分解为若干个不同来源的分量。因而它所依据的基本原理是变异的可加性。在统计分析中,一般用方差来描述变量的变异性。

方差分析是将总平方和分解为几个不同来源的平方和(研究数据与平均数离差的平方和)。然后分别计算不同来源的方差,并计算方差的比值,即 F 值。根据 F 值是否显著,对几组数据的差异是否显著做出判断。

ANOVA 中,比较组间变异和组内变异,之所以要用各自的均方比较,而不能直接比较各自的平方和,是因为在求平方和时,是若干项的平方和,其大小和项目数有关,应该将项数去掉,求其均方才能比较。因此要除以各自的自由度,求均方。

2. 方差分析的基本过程

(1) 提出假设。
(2) 选择检验统计量并计算:
① 解平方和 SS;
② 分解自由度 df:d 组间 = 组数 – 1;d 组内 = N – 组数;
③ 计算方差 MS;

④ 计算 F 值：$F = MS$ 组间 $/MS$ 组内。

(3) 做出统计结论并列方差分析表。

3. 方差分析的基本条件

(1) 总体正态分布。

(2) 各研究处理是随机的且相互独立（一般情况下都能满足）。

(3) 各研究处理内方差一致（需要进行检验）。

4. 方差分析中的几个概念

自变量称为因素。只有一个自变量的研究称为单因素研究，两个或两个以上称为多因素研究。某一因素的不同情况称为因素的"水平"。水平包括量差或质别两类情况。

5. 方差分析中的方差齐性检验

方差分析中的方差齐性检验，常用哈特莱（Hartley）所提出的最大 F 值检验法，其计算公式为：

$$F_{max} = \frac{S^2_{max}}{S^2_{min}}$$

各组容量不等时，用最大的 n 计算自由度：$df = n - 1$。

对检验结果的判断如表 11-8 所示。

表 11-8 F_{max} 检验统计决断规则

F_{max} 与临界值比较	P 值	显著性	检验结果
$F_{max} < F_{max}(df)0.05$	$P > 0.05$	不显著	无差异，方差齐性。说明各组被试的个别差异是完全相同的，可进行方差分析
$F_{max}(df)0.05 \leq F_{max} < F_{max}(df)0.01$	$0.05 \geq P > 0.01$	显著*	有差异，方差不齐性，不能进行方差分析
$F_{max} \geq F_{max}(df)0.01$	$P \leq 0.01$	极其显著**	差异极其明显，方差不齐性，不能进行方差分析

(二) 单因素方差分析

为了检验某一个因素多种不同水平间（两个以上水平，不包括两个）差异的显著性，用方差分析对多个独立样本平均数差异的显著性进行检验，称为单因素方差分析。

单因素方差分析中，把各种变异的总和称为总变异。把总变异分成两部分，一部分称为组间变异，是在不同研究组之间表现出来的差异；另一部分称为组内变异，是在同一研究组内部不同被试之间表现出来的差异。处理因素导致的变异就是我们要研究的对象。

单因素方差分析的统计原理是：(1) 各组内部的差异（组内变异）只反映随机变异的大小；(2) 各组均数的差异（组间变异）反映了随机效应的影响与可能存在的处理因素的影响之和；(3) 总变异 = 组内变异 + 组间变异。

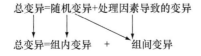

在研究处理的结果中,如果组内的差异较大,而组间的差异较小,表明几种不同的研究处理在效果上并没有明显的差别。如果组间的差异较大,而组内的差异较小,则说明几种不同的研究处理在效果上表现出明显的差别。

1. 变异来源

单因素方差分析将变异来源分解为组间变异和组内变异两部分。组间变异是不同研究组分数之间的变异;组内变异是研究组内部各分数之间的变异。

2. 单因素方差分析计算公式

(1) 分解平方和。

总平方和可以分解为组间平方和与组内平方和:

$$SS_T = SS_B + SS_W$$

组间平方和为:

$$SS_B = \sum \frac{\left(\sum X\right)^2}{n} - \frac{\left(\sum \sum X\right)^2}{\sum n}$$

组内平方和为:

$$SS_W = \sum \sum X^2 - \sum \frac{\left(\sum X\right)^2}{n}$$

总平方和为:

$$SS_T = \sum \sum X^2 - \sum \frac{\left(\sum \sum X\right)^2}{\sum n}$$

(2) 分解自由度。

总自由度可以分解为组间自由度和组内自由度:

$$df_T = df_B + df_W$$

组间自由度为:

$$df_B = k - 1$$

组内自由度为:

$$df_W = \sum n - k$$

总自由度为:

$$df_T = \sum n - 1$$

(3) 计算方差。

组间方差

$$MS_B = \frac{SS_B}{df_B}$$

组内方差

$$MS_W = \frac{SS_W}{df_W}$$

（4）计算 F 值。

$$F = \frac{MS_B}{MS_W}$$

（5）做出统计决断（见表 11-9）。

表 11-9 F 检验统计决断规则

F 与临界值比较	P 值	显著性	检验结果
$F < F(df_B, df_W)0.05$	$P > 0.05$	不显著	保留 H_0，拒绝 H_1
$F(df_B, df_W)0.05 \leq F < F(df_B, df_W)0.01$	$0.05 \geq P > 0.01$	显著*	在 0.05 显著性水平拒绝 H_0，接受 H_1
$F \geq F(df_B, df_W)0.01$	$P \leq 0.01$	极其显著**	在 0.01 显著性水平拒绝 H_0，接受 H_1

（6）列出单因素方差分析表（表 11-10）。

表 11-10

变异来源	平方和	自由度	方差	F 值	概率
组间变异	SS_B	df_B	MS_B	$F = \dfrac{MS_B}{MS_W}$	P
组内变异	SS_W	df_W	MS_W		
总变异	SS_T	df_T			

> 使用 SPSS 进行单因素方差分析：
> 【Analyze】→【Compare Means】→【One-way ANOVA】→【Dependent list（放入因变量）】→【Factor（放入自变量）】→【OK】
> 如果方差分析的结果是多组平均数之间差异显著，这时需要做进一步比较，确定在哪些研究处理组之间存在显著差异，而哪些研究处理组之间不存在显著差异，要选择进行两两比较，常用的方法有以下两种：一种是 Tukey 法，一般当各组人数相等时用此法；另一种是 Scheffe 法，当各组人数不等或想进行复杂的比较时用此法。

单因素方差分析既可以用 One-way ANOVA 也可以用 Univariate，如果用后者其 SPSS 操作流程为 Analyze/General Linear Model/Univariate。一般用 One-way ANOVA，但用 Univariate 的优点是可以探讨"关联强度"。

在单因素变异数分析中，如果样本很大，差异显著性检验很容易达到显著水准。因为受试样本很大，$MS_w = SS_w/(N-k)$ 的算式中，$(N-K)$ 值就会变得很大，MS_w 值会变得很小；相对的，在 MS_b/MS_w 的 F 值算式中，F 值也会变得较大，因而 F 检验很容易达到显著水准。进一步的探究应求其"关联强度"（ω^2）指数，以补充说明假设检验的结果，并了解变量间的关系程度，关联强度即因变量总变异可以由自变量解释的百分比，关联强度指数如同多元回归分析中的 R^2 一样，均表示自变量对因变量所能解释的变异量。在变异数分析中，如果 F 值达到显著，但 ω^2 值很小，表示自变量对因变量的影响不大，此种结果只有统计显著意义存在，欠缺实质应用的价值。关联强度指数与复回归的决定系数 R^2 的解释意义一样，在于说明因变量总变异量中，有多少百分比的变异量可以被自变量（或实验处理效果或预测变量）所解释到。因而在变异数分析中,如果 F 值达到显著,也应该呈现关联强度 ω^2 值。

$$单因子之关联强度\ \omega^2 = \frac{SS_b - (k-1)MS_W}{SS_t + MS_W}$$

在关联强度指数高低判断方面,根据 Cohen(1982,1988)所提标准,解释变异量在 6% 以下,显示变量间关系微弱;解释变异量在 6% 以上且在 16% 以下,显示变量间属中度关系;解释变异量在 16% 以上,显示变量间具有高强度关系(吴明隆,1986)。在 SPSS 窗口版 GLM 一般因子分析中,可进行单因素共变量分析,也可进行单因素变异数分析,其中也包括关联强度指数(Eta squared)与统计检验能力指数 $(1-\beta)$,实际的关联强度指数值为调整后的 R^2(adjusted R squared)。

表 11-11"非独立变量:数学成绩",是研究家庭情况因素对学生数学成绩影响的方差分析表。

表 11-11 非独立变量:数学成绩

Source	Type III Sum of Squares	df	Mean Square	F	Sig.	Partial Eta Squared	Noncent. Parameter	Observed Powel[a]
Corrected Mode	921.007[b]	2	460.503	4.200	0.016	0.028	8.399	0.735
Intercept	183 372.963	1	183 372.963	1 672.298	0.000	0.849	1 672.298	1.000
hom	921.007	2	460.503	4.200	0.016	0.028	8.399	0.735
Error	32 567.030	297	109.653					
Total	216 861.000	300						
Corrected Total	33 488.037	299						

注:$\alpha = 0.05$,$R^2 = 0.028$(调整后的 $R^2 = 0.021$)。

(1)"Eta Squared"即为 R Squared 等于 0.028,而关联强度 $\omega^2 =$ 调整后的 $R^2 = 0.021$,此处关联强度系数只有 2.10%,可见家庭情况对学生数学成绩的解释量不高,二者属于微弱关系。

(2)Observed Power(α)为统计检验力,此处统计检验力为 0.735,$1 - 0.735 = 0.265$,此分析推论犯第二类错误的几率为 26.50%,决策正确率不高。

(3)关联强度:

$$\omega^2 = \frac{921.007 - (3-1) \times 109.653}{33\,488.037 + 109.653} = 0.021$$

(三)重复测量的方差分析

重复测量的方差分析(repeated measures analysis of variance)是对多个相关样本平均数的差异进行显著性检验。

在检验某一因素多种不同水平(即不同研究处理)之间差异的显著性时,为了减少被试间个别差异对结果的影响,把从同一个总体中抽取的被试按条件相同的原则分成各个组(称为区组),使每个区组内的被试尽量保持同质。

在对各区组施以多种研究处理之后,用方差分析法对这多个相关样本平均数差异所进行的显著性检验,称为重复测量的方差分析。

1. 原则

重复测量的方差分析的原则是同一区组内的被试应尽量"同质",每一区组内被试的人数分配有以下三种方式:

(1) 每一个被试作为一个区组,所有的被试都要分别接受各种研究处理。

(2) 每一区组内的被试人数是研究处理数的整倍数。同一区组内的每几个被试可以随机接受同一种研究处理。

(3) 以一个团体为一个基本单元。

总之,就区组来说,每一个区组都接受所有的各种研究处理;就研究处理来说,每一种研究处理在各个区组中重复的次数相同。

重复测量的方差分析中,接受各种研究处理的是同一些区组,故个别差异可以从组内差异中分离出来,从而减少由个别差异造成的误差,增加研究的信息,提高研究的效率。

2. 变异来源

重复测量的方差分析将变异来源分解为组间变异、区组变异和误差变异三部分:

$$SS_T = SS_B + SS_R + SS_E$$

3. 重复测量的方差分析的计算公式

(1) 分解平方和。

总平方和为:

$$SS_T = \sum \sum X^2 - \frac{\left(\sum \sum X\right)^2}{\sum n}$$

组间平方和为:

$$SS_B = \sum \frac{\left(\sum X\right)^2}{n} - \frac{\left(\sum \sum X\right)^2}{\sum n}$$

区组平方和为:

$$SS_R = \sum \frac{\left(\sum R\right)^2}{k} - \frac{\left(\sum \sum R\right)^2}{nk}$$

式中,R 表示某一区组在某种处理的分数,n 表示区组数,k 表示处理数。

误差平方和为:

$$SS_E = SS_T - SS_B + SS_R$$

(2) 分解自由度。

总自由度可以分解为组间自由度、区组自由度和误差自由度:

$$df_T = df_B + df_R + df_E$$

总自由度为:

$$df_T = nk - 1$$

组间自由度为:

$$df_B = k - 1$$

区组自由度为：
$$\mathrm{d}f_R = n - 1$$

误差自由度为：
$$\mathrm{d}f_E = \mathrm{d}f_T - \mathrm{d}f_B - \mathrm{d}f_R$$

(3) 计算方差。

组间方差为：
$$\mathrm{MS}_B = \frac{\mathrm{SS}_B}{\mathrm{d}f_B}$$

区组方差为：
$$\mathrm{MS}_R = \frac{\mathrm{SS}_R}{\mathrm{d}f_R}$$

误差方差为：
$$\mathrm{MS}_E = \frac{\mathrm{SS}_E}{\mathrm{d}f_E}$$

(4) 计算 F 值。

组间方差与误差方差的 F 比值为：
$$F = \frac{\mathrm{MS}_B}{\mathrm{MS}_E}$$

区组方差与误差方差的 F 比值为：
$$F = \frac{\mathrm{MS}_R}{\mathrm{MS}_E}$$

(5) 重复测量的方差分析表（表 11-12）。

表 11-12　重复测量的方差分析

变异来源	平方和	自由度	方差	F 值	概率
组间变异	SS_B	$\mathrm{d}f_B$	MS_B	$F = \dfrac{\mathrm{MS}_B}{\mathrm{MS}_E}$	P
区组变异	SS_R	$\mathrm{d}f_R$	MS_R		
误差变异	SS_E	$\mathrm{d}f_E$	MS_E	$F = \dfrac{\mathrm{MS}_R}{\mathrm{MS}_E}$	P
总变异	SS_T	$\mathrm{d}f_T$			

使用 SPSS 进行重复测量的方差分析：
【Analyze】→【General Liner Model】→【Univariate】→（因变量）进入【Dependent】（自变量）进入【Fixed Factors】
【Model】→【Custom】→【Building Terms】→【Main effect】→【Factors & Covariates（所有自变量选入）】

重复测量的方差分析，一般不对区组差异的显著性进行检验。因为区组间差异的显著与否并不影响各种研究处理间平均数差异的显著性。

对区组间的差异进行检验,主要是考察区组之间在水平上是否存在显著性差异。若区组间差异不显著,说明各区组的被试本来就是同质的,它们之间的差异对总的研究结果影响不显著。

与单因素方差分析相比,重复测量的方差分析的最大优点是考虑到个别差异的影响(即区组效应),可以将这种影响从组内变异中分离出来,从而提高效率。但是这种设计也有不足,主要表现在划分区组的困难上。如果不能保证同一区组内尽量同质,则有出现更大误差的可能。

(四) 多因素方差分析

多因素方差分析是对一个因变量是否受两个以上因素或变量影响而进行的方差分析。SPSS 调用"Univariate"过程,检验不同因素各同水平组合之间因变量均数,由于受不同因素影响是否有差异的问题。在这个过程中可以分析每一个因素的作用,也可以分析因素之间的交互作用。该过程要求因变量是从多元正态总体随机采样得来,且总体中各单元的方差相同。但也可以通过方差齐次性检验选择均值比较结果。因变量必须是数值型变量,自变量是分类变量。

交互作用不显著时,进行主要效果比较,其结果与独立样本单因素方差一样(可以视为两次的单因素方差分析),不必进行单纯主要效果比较。

交互作用显著时,分析其主效应意义不大,仅可作为参考,主要分析其交互作用。

实例分析

研究教学方式、学习风格对学习成绩的影响

教学方式包括讲授式、图解式、操作式三种(称三个水平);学习风格包括听觉型、视觉型、动觉型三种(三种水平)。

本研究中的自变量为教学方式、学习风格;因变量为学习成绩。

自变量的因素和水平

因素指自变量的个数,如本研究的自变量有两个因素:教学方式和学习风格。水平指每一自变量的不同情况,如本研究每个自变量各有三个水平。

主效应:自变量每个因素的单独作用。如教学方法对学习成绩的影响、学习风格对学习成绩的影响。

交互作用:自变量之间各个水平组合的作用,如讲授式教学方法对听觉型学习风格的学生的学习成绩的影响、操作式教学方法对视觉型学习风格的学生的学习成绩的影响等。

使用 SPSS 进行多因素方差分析

【Analyze】→【General Linear Model】→【Univariate】完成菜单的选择进入分析的对话框,并完成变量的选择如图 11-6(教学方法编码为:1 = 讲授式,2 = 图解式,3 = 操作式;学习风格编码为:1 = 听觉型,2 = 视觉型,3 = 动觉型)所示。

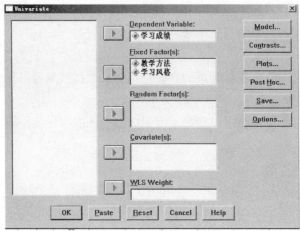

图 11-6

点击【Model】→【Full factorial】选项为包含所有固定效应及所有因素之间的交互作用，为默认选项，此例中选用此项。如果是不考虑交互作用或者只考虑某些因素间的交互作用，可以选【Custom】，自行设置模型。运行结果如表11-13"Tests of Between-Subjects Effects"所示。可知学习风格、教学方法主效应显著；学习风格与教学方法二者的交互作用也显著，$F=30.885$，$P<0.001$。

表 11-13 Tests of Between-Subjects Effects

Dependent Variable：学习成绩

Source	Type III Sum of Squares	df	Mean Square	F	Sig.
Corrected Model	10 500.963[a]	8	1 312.620	313.635	0.000
Intercept	96 003.704	1	96 003.704	22 938.938	0.000
学习风格	495.630	2	247.815	59.212	0.000
教学方法	9 488.296	2	4 744.148	1 133.558	0.000
学习风格 * 教学方法	517.037	4	129.259	30.885	0.000
Error	75.333	18	4.185		
Total	106 580.000	27			
Corrected Total	10 576.296	26			

注：R Squared = 0.993（Adjusted R Squared = 0.990）。

事后多重比较：单击【Post Hoc】，把教学方法、学习风格选入【Post Hoc test】，再选【Scheffe】，见图11-7。

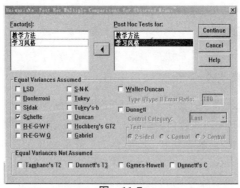

图 11-7

运行结果如表 11-14 "Multiple Comparisons" 和表 11-15 "Multiple Comparisons" 所示。

表 11-14　Multiple Comparisons

Dependent Variable：学习成绩
Scheffe

(I) 教学方法	(J) 教学方法	Mean Difference (I−J)	Std. Error	Sig.	95% Confidence Interval	
					Lower Bound	Upper Bound
1.00	2.00	−31.5556*	0.96439	0.000	−34.1269	−28.9842
	3.00	−44.6667*	0.96439	0.000	−47.2380	42.0953
2.00	1.00	31.5556*	0.96439	0.000	28.9842	34.1269
	3.00	−13.1111*	0.96439	0.000	−15.6824	−10.5398
3.00	1.00	44.6667*	0.96439	0.000	42.0953	47.2380
	2.00	13.1111*	0.96439	0.00	10.5398	15.6824

注：Based on observed means；* 表示在 0.05 水平上显著。

表 11-15　Multiple Comparisons

Dependent Variable：学习成绩
Scheffe

(I) 学习风格	(J) 学习风格	Mean Difference (I−J)	Std. Error	Sig.	95% Confidence Interval	
					Lower Bound	Upper Bound
1.00	2.00	−6.1111*	0.96439	0.000	−8.6824	−3.5398
	3.00	−10.4444*	0.96439	0.000	−13.0158	−7.8731
2.00	1.00	6.1111*	0.96439	0.000	3.5398	8.6824
	3.00	−4.3333*	0.96439	0.001	−6.9047	−1.7620
3.00	1.00	10.4444*	0.96439	0.000	7.8731	13.0158
	2.00	4.3333*	0.96439	0.001	1.7620	6.9047

注：Based on observed means；* 表示在 0.05 水平上显著。

多因素方差分析中的交互作用画图分析：单击【Plots】按钮，在弹出的对话框中，将移到"学习风格"移到【Horizontal Axis】，将"教学方法"移到【Separate Lines】框中，然后单击【Add】得到图 11-8。

（五）协方差分析

1. 协方差分析的含义

为了让研究成功，研究者必须控制其他无关的干扰变量。解决的方法就是将干扰变量作为一个自变量，统计分析中称为协变量（covariate），进行协方差分析。

2. 使用前提

要求因变量是连续变量，协变量也是连续变量，且多个协变量间相互独立，且与控制变量之间没有相互影响。

3. 协方差分析的原理

协方差分析将那些人为很难控制的因素作为协变量，并在排除协变量对观测变量（因变量）影响的条件下，分析自变量（可控）对观测变量的作用，从而更加准确地对自变量进行评价。协方差分析仍然沿袭方差分析的基本思想，并在分析观测变量时，考虑了协变量的影响，

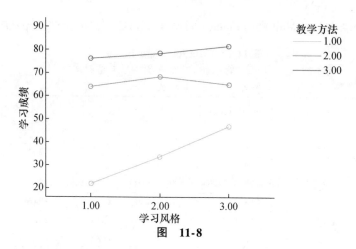

图 11-8

人为观测变量的变动受四个方面的影响,即自变量的独立作用、自变量之间的交互作用、协变量的作用和随机因素的作用,并在剔除协变量的影响后,再分析自变量的影响。

实例分析

为研究 A、B、C 三种饲料对猪的催肥效果,用每种饲料喂养 8 头猪一段时间,测得每头猪的初始重量(X)和增重(Y)数据如表 11-16 所示。试分析三种饲料对猪的催肥效果是否相同?

表 11-16 三种饲料喂养猪的初始重量 X 与增重 Y 单位:kg

	A 饲料		B 饲料		C 饲料		合计	
	X_1	Y_1	X_2	Y_2	X_3	Y_3	X	Y
	15	85	17	97	22	89		
	13	83	16	90	24	91		
	11	65	18	100	20	83		
	12	76	18	95	23	95		
	12	80	21	103	25	100		
	16	91	22	106	27	102		
	14	84	19	99	30	105		
	17	90	18	94	32	110		
n_j	8		8		8		24	
$\sum X \left(\sum Y_i \right)$	110	654	149	784	203	775	462	2 213
$\sum X \left(\sum Y_i \right)$	1 544	53 952	2 803	77 016	5 267	75 645	9 614	206 613
$\sum X_i Y_i$	9 103		14 667		19 911		43 681	
$\overline{X}_t (\overline{Y}_t)$	13.750	81.750	18.625	98.000	25.375	96.875	19.250	92.208

如果不考虑初始重量对增重的影响,那么本例就是一个典型的完全随机设计类型的方差分析。

三组的初始重量(X)均数不同,经采用两两比较,P 值均小于 0.05。在没有剔除 X 对 Y 的影响的情况下,提示猪的初始重量与饲料的效应混杂。

采用协方差分析,将三组的初始体重化为相等,以排除其影响,再比较三种饲料的增重是否相同,即检验三组修正均数间的差别有无统计学意义。

SPSS 典型操作见以下系列图表,初始重量(X)作为控制变量放到【Covariate】。

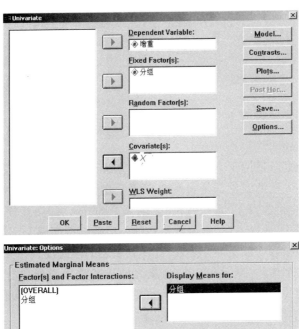

Descriptive Statistics

Dependent Variable: 增重

GROUP	Mean	Std. Deviation	N
A饲料	81.75	8.345	8
B饲料	98.00	5.127	8
C饲料	96.88	8.999	8
Total	92.21	10.542	24

Tests of Between-Subjects Effects

Dependent Variable: 增重

Source	Type III Sum of Squares	df	Mean Square	F	Sig.
Corrected Model	2328.344a	3	776.115	68.196	.000
Intercept	980.448	1	980.448	86.150	.000
X	1010.760	1	1010.760	88.813	.000
GROUP	707.219	2	353.609	31.071	.000
Error	227.615	20	11.381		
Total	206613.000	24			
Corrected Total	2555.958	23			

a. R Squared = .911 (Adjusted R Squared = .898)

X(初始重量)的组间差异有统计学意义,$F=88.813$,$P<0.01$。

Group(饲料间)的差异(在扣除了初始体重后)有统计学意义,$F=31.071$,$P<0.01$。

Estimated Marginal Means

GROUP

Dependent Variable: 增重

GROUP	Mean	Std. Error	95% Confidence Interval	
			Lower Bound	Upper Bound
A饲料	94.959a	1.840	91.120	98.798
B饲料	99.501a	1.203	96.991	102.011
C饲料	82.165a	1.964	78.068	86.263

a. Evaluated at covariates appeared in the model: 初始重量 = 19.25.

在扣除了初始体重后得到修正均数。

五、交互分类与 χ^2 检验

(一) 交互分类①

不同尺度测量的变量适用于不同的统计分析方法,在讨论两个变量之间的关系时也一样。由于社会调查中大量的变量都是定类或定序的变量,这里我们着重探讨专门用来分析两个定类变量(或一个定类、一个定序变量)之间关系的方法,即交互分类。

所谓交互分类,简单地说,就是将调查所得的一组数据按照两个不同的变量进行综合的分类。交互分类的结果通常以交互分类表,又称列联表的形式反映出来。

交互分类的第一个作用,就是可以较为深入地描述样本资料的分布状况和内在结构。但交互分类的更重要的作用则是可以对变量之间的关系进行分析和解释。为了说明这一点,风笑天曾在其书中举过两个简单的例子:

假设在一次抽样调查中,得到表 11-17 的结果。

表 11-17 人们对某政策的态度统计表

调查人数	赞成(%)	反对(%)	不表态(%)
2 000	45	45	10

从这一结果中,我们只能得到"该总体中持赞成态度和持反对态度的人大致相等"的结论。但是,当我们按性别对此结果进行交叉分类统计时,却得出了表 11-18 的结果。

表 11-18 不同性别人们对某政策的态度统计表

	调查人数	赞成(%)	反对(%)	不表态(%)
男	1 000	85	10	5
女	1 000	5	80	15

这一结果清楚地表明:不同性别的人对这一政策的态度有很大的差别,男性基本上倾

---

① 风笑天.现代社会调查方法[M].武汉:华中科技大学出版社,2005.

向于赞成,而女性则主要倾向于反对。这一结果就更深入、更科学地反映出客观现实。类似地,我们还可以做出年龄与态度、职业与态度、文化程度与态度等多种交叉分类表,以分别研究不同年龄的人、不同职业的人、不同文化程度的人对这一政策的态度有何不同。

假设我们调查了500名工人的工资收入情况,按一般单变量描述统计的方法,我们可以得到下列单项分组统计表(见表11-19)。

表11-19　500名工人的工资收入分布表

工资收入水平	人数	比例(%)
高	50	10
中	250	50
低	200	40
合计	500	100

根据表11-18的结果,我们可以知道工人工资收入的总体分布状况。同时,我们还可以通过计算工资收入的平均值或中位值,来概括和说明工人工资收入的总体水平。但是,我们不知道为什么工人的工资收入这样分布。现在,我们引进另外一个变量,比如说文化水平,对上述资料进行交互分类,看看能有什么新的发现(见表11-20)。

表11-20　500名工人文化水平与工资收入交互分类表　　　　单位:人

工资收入	文化水平			合计
	大专以上	中学	小学及以下	
高	26	18	6	50
中	14	202	34	250
低	5	55	140	200
合计	45	275	180	500

尽管在上述交互分类表中,我们已可以大致看出一些分布的趋势和特点,但因为样本中成员在文化程度变量的不同值上的分布频数互不相同(分别为45、275、180),所以难以进行比较和分析。为此,我们将表11-20转化为按"文化水平"这一变量方向计算的百分比表,结果见表11-21。

表11-21　500名工人文化水平与工资收入交互分类表　　　　单位:%

工资收入	文化水平			合计
	大专以上	中学	小学及以下	
高	58	7	3	10
中	31	73	19	50
低	11	20	78	40
合计	100	100	100	100
(n)	(45)	(275)	(180)	(500)

当把表 11-20 转化成表 11-21 后,很容易对不同文化程度的工人的收入情况进行比较。这就是交互分类表的第二个作用,即分组比较。同时,这也是我们分析变量间关系的基础。从表 11-19 中可知,在总共 500 名工人中,工资收入较高的只有 10%,但在文化程度较高的工人中,却有 58% 是高工资收入;500 人中,低工资收入的比例为 40%,而在文化水平低的工人中,低工资收入的比例却达到了 78%。相比之下,文化水平高的工人中的低收入者只占 11%,远远低于低文化水平工人中的比例。

通过将表 11-21 里每一行中的百分比进行相互比较,我们不难看出文化程度与工资收入水平之间的关系,这就是:文化水平不同的工人,其工资收入水平也不同。总的趋势是文化程度越高的工人中,工资收入水平高的比重越大;而文化水平越低的工人中,工资收入水平低的比重越大。这就是一个正的相关关系。

总之,交互分类表既可以用来对总体的分布情况和内在结构进行描述,又可以用来进行分组比较,还可以用来解释变量之间的关系。只是有一点需要记住,交互分类表所适用的变量层次是定类变量和定序变量。

需要指出的是,上述交互分类所得出的结论通常只是在所调查的样本范围内成立,而我们进行调查的目的常常又不仅仅是描述或说明样本的情况,更重要的是要通过样本的情况来反映和说明总体的情况。因此,要保证我们从样本中得出的结果具有统计意义,保证样本中所体现的变量间关系也反映总体的情况,就必须对它们进行 χ^2 检验。

(二) χ^2 检验及其特点

χ^2 检验(chi-square test)是专门用于计数数据的统计方法,对总体的分布不做要求,也不对总体参数进行推论。由于这类数据在整理时,常常以列联表(contingency table)或交叉表(cross tabulation)呈现,又被称为列联表分析或交叉表分析。

χ^2 值具有如下特点:χ^2 值具有可加性;χ^2 永远是正值;χ^2 的大小随实际频数与理论频数差的大小而变化,两者之差越小,说明样本分布与假设的理论分布越一致,两者之差越大,说明样本分布与假设的理论分布越不一致。

(三)单向表的 χ^2 检验

把实得的计数数据只按一种分类标准编制成表就是单向表。对单向表的数据所进行的 χ^2 检验,称为单向表的 χ^2 检验,也称为配合度检验(goodness of fit test)。

单向表 χ^2 检验的计算公式如下。单向表中只有一个变量,被按一定标准分为 k 组。单向表 χ^2 检验中,χ^2 值的计算公式可采用下式,自由度为 $df = k - 1$。

$$\chi^2 = \sum \frac{(f_0 - f_e)^2}{f_e}$$

这里 χ^2 检验是对由样本得来的实际频数与理论频数的分布是否有显著性差异所进行的检验。

χ^2 的连续性校正:当 $df = 1$ 时,其中只要有一个组的理论频数小于 5,就要运用亚茨(Yates)连续性校正法,计算公式为:

$$\chi^2 = \sum \frac{(|f_0 - f_e| - 0.5)^2}{f_e}$$

某项民意测验,答案有同意、不置可否、不同意3种。调查48人,结果同意为24人、不置可否12人、不同意12人。问持这三种意见的人数是否有显著不同?

该题 SPSS 计算步骤如下:

【Analyze】→【Nonparametric Tests】→【Chi-Square】→【Test Variable List:态度】→【OK】

输出结果与解释:

态度

	Observed N	Expected N	Residual
同意	24	16.0	8.0
不置可否	12	16.0	-4.0
不同意	12	16.0	-4.0
Total	48		

Test Statistics

	态度
Chi-Square(a)	6.000
df	2
Asymp. Sig.	0.050

"态度"表显示三个类别的观察频数、期望频数和残差。"Test Statistics"表为最终检验结果,给出 x^2 值、近似 P 值和精确 P 值。χ^2 为6,P 为0.050,因此在0.05水平上拒绝虚拟假设,说明三种意见存在显著差异。

(四)双向表的 χ^2 检验

把实得的计数数据按两种分类标准编制成的表就是双向表。对双向表的数据所进行的 χ^2 检验,叫双向表的 χ^2 检验,即双因素的 χ^2 检验。

假如把双向表中横行所分的组数用 r 表示,纵列所分的组数用 c 表示,那么双向表的 χ^2 检验也称为 $r \times c$ 表的 χ^2 检验。

在双向表的 χ^2 检验中,如果要判断两种分类特征,即两个因素之间是否有依从关系,则这种 χ^2 检验称为独立性检验。如果是判断几次重复实验的结果是否相同,则这种 χ^2 检验称为同质性检验。

公式:

$$\chi^2 = N\left(\sum \frac{f_{oi}^2}{f_{xi} \cdot f_{yi}} - 1\right)$$

其中,f_{oi} 表示双向表中每格的实际频数;f_{xi} 是与 f_{oi} 对应的那一行的总数,称为边缘次数;f_{yi} 是与 f_{oi} 对应的那一列的总数,也称为边缘次数;N 为总观察数目。

双向表的独立性 χ^2 检验和同质性 χ^2 检验,只是检验的意义不同,而方法完全相同。

对于同一组数据所进行的 χ^2 检验,有时既可以理解为独立性 χ^2 检验,又可以理解为同质性检验,两者无根本区别。

对男女生进行课外活动的调查结果如下,试问性别与课外活动是否相关?

	体育	文娱	阅读
男	21	11	23
女	6	7	29

该题的 SPSS 计算步骤如下:

【Analyze】→【Descriptive Statistics】→【Crosstabs】→【Rows:性别;Columns:课外活动; Statistics:Chi-square】→【Continue】→【OK】→【Weight Cases by: Frequency Variable:人数】→【OK】。结果如下:

Chi-Square Tests

	Value	df	Asymp. Sig. (2-sided)
Pearson Chi-Square	8.322(a)	2	0.016
Likelihood Ratio	8.668	2	0.013
Linear-by-Linear Association	8.236	1	0.004
N of Valid Cases	97		

χ^2 为 8.322 时,其 p 为 0.016,小于 0.05,拒绝虚拟假设,说明性别与课外活动存在相关关系。

(五) 四格表的 χ^2 检验

即使 r×c 表的 χ^2 检验所得的结论为差异显著,也并不意味着各组之间的差异都显著。如果需要进一步知道哪些组差异显著,哪些组差异不显著,还需要进行四格表的 χ^2 检验。

1. 四格表

四格表是只有两行、两列的双向表。也就是有两个变量,每一个变量各被分为两类的双向表(见表 11-22)。

表 11-22 双变量四格表

		变量 I		合计
变量 II		A	B	A+B
		C	D	C+D
合计		A+C	B+D	N=A+B+C+D

2. 独立样本四格表 χ^2 检验

(1) 缩减公式:

$$\mathrm{d}f = 1, \quad \chi^2 = \frac{N(AD-BC)^2}{(A+B)(A+C)(B+D)(C+D)}$$

(2) 校正公式。

当 $\mathrm{d}f=1$,样本容量总和 $N<30$ 或 $N<50$ 时,应对 χ^2 值进行连续性校正。

$$\chi^2 = \frac{N\left(|AD-BC|-\dfrac{N}{2}\right)^2}{(A+B)(A+C)(B+D)(C+D)}$$

3. 相关样本四格表的 χ^2 检验

相关样本四格表中，B 和 C 是实际上没有发生变化的数据，而 A 和 D 是实际上发生变化的数据。

（1）缩减公式。相关样本四格表 χ^2 检验的计算中，只需要用到 A 和 D。

$$\chi^2 = \frac{(A-D)^2}{A+D}$$

（2）校正公式。当 $df=1$ 时，两个相关样本数据的四格表中，$(A+D)<30$ 或者 $(A+D)<50$ 时（根据对检验结果要求的严格程度决定），应对 χ^2 值进行连续性校正。

$$\chi^2 = \frac{(|A-D|-2)^2}{A+D}$$

应用校正公式计算 χ^2 值时，允许四格中有一格的实际频数出现零的情况。

[复习思考题]

1. 描述统计与推断统计各有什么特点？
2. 计算和应用算术平均数的原则有哪些？
3. 积差相关系数应用的条件有哪些？
4. 相关分析与回归分析的区别与联系有哪些？
5. 如何进行中介效应和调节效应的统计分析？
6. 试说明 t 检验的类型及各自适用的条件。
7. 试说明方差分析的逻辑。
8. 比较方差分析的类型及各自适用条件。
9. χ^2 配合度检验与同质性检验有什么区别？

[实训题]

1. 在计算相关系数前，一般建议先用散点图对数据进行描述，因为_____。
2. 当研究者说他们的实验结果具有统计学意义时，这是指_____。

参考答案：1. 帮助确定两个变量间的关系是否是线性的。2. 结果不大可能由随机事件引起。

第十二章 调查资料的理论分析

引导案例

1945年美国社会学家戴维斯和穆尔运用结构—功能分析法提出一种层次理论。他们认为,在人类社会中至少存在这样一个分层制度,即一个职业等级系统,在这个制度系统中职位高的人比职位低的人领取更高的薪水,并享有更高的声望。戴维斯和穆尔的解释是某些职业对社会既重要又难以承担,需要更多的训练,应给与更高的报酬;如果此项职业对社会不重要,就没有必要支付高报酬;如果仅仅重要而不需要高技术,也没有必要支付高报酬和高声望,因此,在他们看来,这种分层制度的存在是会发挥正功能的,有助于现实社会的运行。[①]

对资料的整理、统计分析完成后,只是完成了对事物的表面认识,还需要接着对其进行理论分析,揭示事物的本质和规律,从而形成结论。

第一节　理论分析概述

一、理论分析的基本内涵

理论分析是指在对调查资料进行整理、分类和统计分析的基础上,借助抽象思维对资料进行加工制作,揭示事物的本质和内在联系,由此上升到理性认识的过程。

理论分析不同于统计分析,但它离不开事物的各种定量资料和统计分析。统计分析本身不能说明事物为什么会具有不同的状态,为什么会存在相互联系,也就是说,统计分析只能显示事物之间的差异,但无法对这些差异做出理论化的解释。而这正是理论分析的任务。同时科学的理论研究也离不开定量资料和统计分析。

理论研究方法多种多样,最基本的方法有两种:一是"公理思维",即分析与综合、归纳与演绎、抽象与概括、证明与反驳等;二是"辩证思维",即在运动发展和矛盾转化中把握事物的本质属性与特征。

[①] 范伟达,范冰. 社会调查研究方法[M]. 上海:复旦大学出版社,2010:376.

二、理论分析在社会调查中的作用

对资料的统计分析,只完成了分析过程的一半。统计分析只能告诉我们事物的外部现象、事物的规模与程度,以及不同事物之间的相关程度,换句话说,它只能帮助我们对调查对象进行一番描述,只能说明调查对象"是什么",而不能对事物表现出来的量的特征进行理论解释,不能告诉我们"为什么"。这个任务只有靠理论分析才能完成。

具体来说,理论分析的作用如下:

① 对统计分析的结果做出理论性说明和解释;
② 从理论上对研究假设进行检验和论证;
③ 由具体的、个别的经验现象上升到抽象的、普遍的理论认识;
④ 根据理论分析的结果,提出研究结论,并解释研究成果。

应该指出,理论分析不仅存在于社会调查总结阶段,在社会调查的其他阶段和环节上也离不开理论分析的帮助。事实上,理论分析贯穿于整个社会调查活动的全过程。

三、分类资料和假设的论证分析

虽然理论分析贯穿于整个调查活动的全过程,但其重点是对分类资料和研究假设的论证分析。

在整理资料和统计分析阶段,一般已按研究目的将资料进行了分类,这些分类资料既是统计分析的重点,也是理论分析的重点。分类资料的理论分析,是为论证具体研究假设服务的,对调查资料的理论分析的目的,是证明研究假设是否成立。

分类资料和具体研究假设的理论分析,大体分三个层次①:

第一层次是陈述性分类资料。该部分根据所分类型做到层次分明、结构清晰。对每一类型逐一阐述。

第二层次是进行概括和结论性分析。该部分是抓住分类资料的共性,概括出本质,通过论证形成结论。例如毛泽东的《兴国调查》,根据阶级阶层分类,分别陈述了地主、富农、中农、下中农、贫农、雇农、手工工人、商人、游民等阶级阶层的经济和政治状况,就各个阶级阶层的阶级性质和对土地革命的政治态度大都做了概括性的、总结性的分析,不但对各阶级阶层的一般情况有了清楚的了解,而且对谁是我们的敌人,谁是我们的朋友,有了明确的认识。

第三层次是论证具体研究假设。这是分类资料是理论分析的直接目的。论证具体研究假设,一方面是检查是否正确,另一方面说明其符合或不符合的原因。其实有的研究明确提出了研究假设,有的研究没有明确提出研究假设,但实质上是隐含在事实陈述和概括性结论分析之中的。

总之,理论分析的中心任务是通过对分类资料的共性分析,概括出本质性的东西,经过论证,形成研究结论。

---

① 范伟达,范冰.社会调查研究方法[M].上海:复旦大学出版社,2010:357—358.

四、理论分析方案的选择

关于怎样进行理论分析,我们不妨把它放在几个"模子"里进行阐述,会更容易理解,这里提到的"模子"可以理解成理论分析方案类型的选择,每种类型的理论分析方案都有其长期实践约定俗成的论证规范。找到了合适的理论分析方案,分析起来就比较容易把握。范伟达等在其《社会调查研究方法》教材中把理论分析方案分为四种:总体理论方案、分析方案、命题方案和模型方案。按这种方案也不是很好把握,作者认为,应根据不同的研究方式方法选择理论分析方案,这样选择更容易把握和理解。因为目前世界上用不同方式方法所做的研究,其研究报告的写作规范在具体操作上是不同的,如果做的是实验研究,就应按实验研究报告的写作论证规范进行理论分析;如果做的是个案研究,就按个案研究的写作论证规范进行理论分析。关于这些不同类型的理论分析规范,可参考本书第十三章"研究报告的撰写"和核心期刊上的论文进行学习总结。

第二节 理论分析的方法

一、比较分析

(一) 比较法概述

比较是对调查资料进行理论分析的最常用、最基本的方法,就是确定认识对象之间相异点和相同点的思维方法,所谓"不怕不识货,就怕货比货"。

比较法多种多样:数量比较、质量比较、纵向比较、横向比较、形式比较、内容比较、同类比较、异类比较、结构比较、功能比较、理论与事实比较等。采取哪种比较方法取决于研究的需要。

进行比较研究,要特别注意事物的可比性。要使两个事物或两种现象具有可比性,关键是选择恰当的比较角度,建立起对双方都适用的比较标准,否则就无法进行比较。例如可以把合资企业和国有企业的经济效益进行比较,但不可以把企业的经济效益与政府的工作作风放在一起比较。因为经济效益与工作作风是两种不同的指标。

理论分析中常用的比较方法有以下两种:

(1) 横向比较:就是根据同一标准对同一时间的不同认识对象进行比较的方法。

(2) 纵向比较:就是对同一认知对象在不同时期的特点进行比较,以发现其历史的变化趋势,因此又叫历史比较。

横向比较和纵向比较各有其长短。横向比较的优点是现实性强、容易理解、便于掌握,它侧重于从质与量上对认识对象加以区分;缺点是作为一种静态比较法,难以揭示事物的本质规律及发展趋势。纵向比较的优点在于能够揭示事物之间的有机联系,认识事物之间的发展趋势;但它往往对事物之间的横向联系注意不够。因此,在理论分析中需要将横向比较与纵向比较相结合,以达到对事物的深入了解和认识。

比较分析的一般原则包括:将横向比较和纵向比较结合起来;不仅要比较事物的共同点,还要比较事物的差异;使用统一的比较标准;善于发现和比较本质的异同。

(二) 类型比较——横向比较

类型比较就是对各种类型进行比较的方法,是一种横向比较。类型比较法包括两个步骤或两个层次,首先是建立或识别类型,然后是对不同类型进行比较,确定它们的异同点,抽象出本质特征。

类型比较的最终目的是更深入地认识客观事物。

> 毛泽东在《中国社会各阶级分析》一文中,把中国社会阶级区分为地主阶级、买办阶级、中产阶级、小资产阶级、半无产阶级、无产阶级和游民无产者,然后对他们的经济地位与政治态度进行了比较分析,在此基础上形成了谁是革命的敌人、谁是革命的朋友,应该依靠谁、团结谁、反对谁的理论认识,并据此制定出适合中国社会特点的新民主主义革命路线。

改革开放后在调查中广泛运用了类型比较法进行研究。如农村改革前期的安徽模式与四川模式的比较,改革后期的苏南模式与温州模式的比较。通过比较积累经验,再向全国推广。

1. 同类比较

同类比较是比较两种或两种以上同类事物而认识异同点的方法。同类相同点比较,可以找到事物发生发展的共同规律;同类相异点比较,可以找到事物发生发展的特殊性。如对我国社会经济发展水平不同的农村地区基础教育发展的比较研究,通过三个抽样县调查说明,虽然经济发展水平不同,但在普及九年制义务教育方面都采取了若干共同措施,也正是通过对不同地区普及义务教育的经验教训的比较分析,力图对促进农村地区基础教育发展做出若干概括性结论。

2. 异类比较

异类比较是比较两种或两种以上性质相反的事物或一个事物的正反两方面,通过比较表面相异的两类对象以发现异中之同,找出其中的共同规律。这种比较反差大、结果鲜明,有利于鉴别和分析。如有人对老子、赫拉克利特辩证思想做比较研究,发现二者在天道观、发展观、矛盾观等方面有惊人的相似之处,又有各自阐发的侧重和局限性,而该问题的研究,对探讨古代哲学的发展有重要意义。

(三) 历史比较——纵向比较

历史比较是对不同历史时期的社会现象的异同点进行比较和分析,由此揭示社会现象的发展趋势或发展规律。

历史比较法常用于宏观社会研究,如历史阶段的划分。其目的在于通过对比,发现社会现象在历史演变过程中的变化规律,从而获得对社会变迁的科学认识,建立科学的社会发展和社会变迁理论,以科学地解释人类社会。

(四) 类比法

类比法也叫"比较类推法",是指由一类事物所具有的某种属性,可以推测出与其类似的事物也应具有这种属性的推理方法。其结论必须由实验来检验。类比对象间共有的属性越多,类比结论的可靠性越大;反之,结论的可靠性越小。其实,在我国社会主义制度下可以搞市场经济,就是类比推理的结果。不管是社会主义还是资本主义,都要解决老百姓的吃饭问题,既然资本主义靠市场经济激发了人工作的积极性,带来了物质的极大丰富,社会主义也可以搞市场经济。结果检验这种推理是正确的。

此外,要注意的是,类比前提中所根据的相同情况与推出的情况要带有本质性。如果把某个对象的特有情况或偶然情况硬类推到另一对象上,就会出现"类比不当"或"机械类比"的错误。

1. 类比的特征

类比推理是这样的一种推理,它把不同的两个(两类)对象进行比较,根据两个(两类)对象在一系列属性上的相似性,而且已知其中的一个对象还具有其他的属性,由此推出另一个对象也具有相似的其他属性的结论。

类比推理的基本原理可以用下列模式来表示:A 对象具有属性 a、b、c,另有属性 d;B 对象具有属性 a、b、c;所以,B 对象具有属性 d。

上述的 A、B 是指不同的对象,可以指不同的个体对象、不同的两类对象、不同的领域。

类比的结论是或然的。类比的结论之所以具有或然性,是因为类比推出的结论不一定是正确的,但它能帮助我们认识和理解。

类比法的特点是"先比后推"。"比"是类比的基础,"比"既要比共同点也要比不同点。对象之间的共同点是类比法能否施行的前提条件,没有共同点的对象之间是无法进行类比推理的。

2. 类比的类型

(1) 性质类比。所谓性质类比,就是根据类比物的性质与应予解释的系统的性质之间的类似性所进行的类比。性质类比是类比方法中比较简单的类型,这种类比仅以类比物与应予解释的系统之间的性质相似为依据,这种类似性还是比较肤浅的,还没有确定各相似性质之间的必然性联系。由此可推出,所得的结论具有很大的或然性。

(2) 形式类比。形式类比是依据类比物与应予解释的系统两个领域的因果关系或规律性相似而进行的类比。因为形式类比是以相似的因果关系或规律性为依据的,所以这种类比结论的可靠性程度就能大大地提高。

(3) 综合类比。综合类比是在应用综合法建立数学模型的基础上,根据数学模型之间的相似性而进行的一种类比。

3. 类比法的一般应用

尽管类比推理的结论不是十分可靠的,但是它在研究活动中却有着非常重大的意义。

(1) 类比是提供一种发现事物规律和提出一种假设的重要方法。科学史上的重大发现,有许多是应用类比推理获得的。荷兰科学家惠更斯把光和声进行类比,根据光和声有许多相同的属性,而声是呈波动状态向外传播的,因此他推论光也以波动状态进行传播。科学史上运用类比推理的例子不胜枚举。无数事例说明,类比推理是人们思维活动中的一种重要的思维形式。

(2) 类比被用于解释新的理论和定义。当一个新理论刚提出之时,必须通过类比用人们已经熟悉的理论去说明新提出的理论和定义;新提出的理论必须与别的已知理论进行类比,才能得以解释。

(3) 类比与模拟实验也有密切关系。在客观条件受到限制而不能直接考察被研究对象时，往往可以依据类比而采用间接的模拟实验进行研究。

二、因果分析

(一) 因果分析的含义和特点

因果分析，是一种探寻现象之间因果关系的方法。因果联系是客观事物之间普遍存在的一种现象。客观事物之间的因果联系具有如下特点：一是因果联系具有先后相继性。因果联系总是原因在前，结果在后。但是，两个先后相继的现象并不一定存在着因果联系。二是因果联系具有必然性。只要在相同的条件下，同样的原因就会产生同样的结果。三是因果联系具有复杂性。有一因一果、一因多果、多因一果、多因多果等多种情况，因而认识现象间的因果联系是一个十分复杂的过程。

因果关系是事物之间普遍存在的一种关系，正因为有因果关系的普遍性这个客观基础，因果分析法才成为社会调查中一种常用的理论分析方法。形式逻辑和唯物辩证法是研究因果联系的最一般的方法。

(二) 形式逻辑因果分析法

在实地研究或个案调查中，一般是由一些事例归纳出因果关系。其主要方法有求同法、求异法、求同求异法、共变法、剩余法。

1. 求同法

求同法的基本思想是，研究者先找出不同个案所具有的某种共同点作为结果特性（或现象），然后再比较各种作为可能的原因的特性（或因素）。如果作为原因的因素不是所有个案共有的，就应排除掉；而所剩下的、为所有个案共有的因素，就是可能的原因（或变量）。其结论只能是一种或然性的结论，不能保证必然正确。为了提高结论的可靠程度，运用求同法时，应有足够多的事例，否则就不能使用求同法。

如表12-1所示，四个群体有一个共同的结果A，可能的原因只有C是共同的，那么C可能就是造成A结果的原因。

表 12-1 求同法

	群体1	群体2	群体3	群体4
结果	A	A	A	A
可能的原因	B	C	B	B
	C	D	C	C
	D	E	D	E
	F	G	F	G

某单位的三个仓库里都放有未熟的苹果，保管员未做任何处理，一段时间后未熟的苹果都自动变熟了。这是什么原因呢？保管员对三个仓库的温度、湿度、通风等条件做了考察，发现这些条件都不相同，唯一相同的是三个仓库都同时放有成熟的苹果，于是推断：成熟的苹果可能与生苹果变熟有因果联系，这个结论是运用求同法得出的。

2. 求异法

求异法的基本思想是先找出那些在许多方面都十分相同,但在少数方面不同的个案,然后找出使这些个案具有相同的原因和结果的那些特性,同时找出另一组在这种结果上与此不同的个案,即找出那些不出现第一组个案中的结果的另一组个案。

如果在考察某一被研究对象出现的事例与不出现的事例时,只有一种先行情况不同,其他先行情况都相同,并且当这种先行情况存在时,被研究现象就出现,当它不存在时,被研究现象就不出现,那么就可以认为这一先行情况是被研究现象出现的原因。其特点是"同中求异",由于它是从先行情况的有无两个方面进行考察的,较之求同法优越,其结论的可靠程度相对较高。但它的前提和结论的联系依旧是或然的,与求同法一样,有可能把真正的原因忽略掉。

> 选两块相邻的土地,它们的土壤成分、地势高低等情况相同,在浇水、施肥、防治病虫害和田间管理等措施上也大体相同,不同的是一块田地选用优良麦种,另一块田地用的是普通麦种,结果选用优良麦种的那块田地收成好,另一块田地则收成不好。由此可以得到结论:选用优良麦种是麦田收成好的重要原因。

3. 求同求异法

如果在出现所研究的现象的若干场合(第一组)中,只有一个情况相同,而在所研究现象不出现的若干场合(第二组)中,却没有出现这个情况,其他情况不尽相同,那么,这个情况可能是所研究现象的原因。求同求异法是把求同法与求异法结合起来运用,其正反场合使用的事例越多越好,场合越多,可靠性也就越高。当然,这种方法得出的结论仍只具有或然性。

4. 共变法

在其他先行情况都相同,只有一种情况不同的条件下,当这一情况发生变化时,被研究现象也随之发生变化,那么可以认为这一先行情况是被研究现象的原因。其特点是在变化中求因。共变法比求同法和求异法有更多的优点:共变法不但能探寻原因,还能找出因果的数量关系;共变法较求异法更简单,只要共变,便可得出结论,不必像求异法那样要从无到有,比较有、无两个方面。但是,共变关系不一定是因果关系,共变法的结论也是或然性的。

5. 剩余法

找出某一被研究对象的一组可能的原因,一一研究后,除了其中一个外,其他情况都不是被研究现象的原因,于是剩下的原因就是引起被研究现象的可能原因。剩余法的特点是"从余果求余因",剩余法的结论也只具有或然性。

(三) 唯物辩证法的因果分析

因果联系在时间顺序上,总是原因在先,结果在后,而不会出现相反的情况。但是,先后相随的联系并不一定都是因果联系。例如,白天黑夜先后交替、春夏秋冬前后相随就不是因果联系,地球自转和围绕太阳公转才是它们相继出现的真正原因。这说明,先后联系仅仅是因果联系的必要条件,而不是因果联系的充分必要条件。

唯物辩证法认为,世界上的一切现象都是由某种或某些现象所引起的,因果联系的本质就是引起和被引起的联系。其中,引起某一现象的现象叫原因,而被某种现象引起的现象叫结果。只有这种引起和被引起的联系,才是因果联系的充分必要条件。

在唯物辩证法看来,要判明社会现象之间的因果联系,除了要揭示社会现象之间引起和被引起的联系外,还应该把握以下几个要点:

(1) 因果联系是有条件的、相对的。

(2) 因果联系是特指的、对应的。

(3) 因果联系是对称的、相当的,即只有特定性质和规模的原因,才能引起特定性质和规模的结果;反之,特定性质和规模的结果,也只能被特定性质和规模的原因所引起。

(4) 因果联系是多样的、特殊的。

一般地说,因果联系有以下几种基本类型:一因多果,同因异果,即一种原因同时引起多种结果,同一原因在不同条件下引起不同结果;一果多因,同果异因,即一种结果由多种原因引起,同一结果在不同条件下由不同原因引起;多因多果,复合因果,即原因和结果都不是单一的,而是复合的。

在分析因果联系时,不仅要注意社会现象之间引起和被引起的关系,而且要注意分析不同事物、不同条件下因果联系的多样性和特殊性。只有实事求是地分析、揭示各种各样因果联系的不同特点,才能得出符合实际的科学结论。

三、结构—功能分析

(一) 结构—功能分析含义

结构—功能分析法,就是运用系统论关于结构与功能相互关系的原理来分析社会现象的思维方法。结构—功能分析法的主要内容是结构分析法、功能分析法,以及黑箱方法、灰箱方法和白箱方法。

结构—功能分析法是通过对社会现象在某一社会结构中的位置,以及它所具有的社会功能的分析来解释这一现象的产生和变化,并通过某一系统中的各种现象的相互联系和相互作用的分析来认识社会整体。

(二) 结构功能理论的基本观点

系统结构是指系统内部诸要素之间的联系方式;系统功能则是指系统与外部环境相互联系、相互作用的能力。

结构功能理论认为,任何社会事物都是由一定组成部分或要素构成的,这些部分或要素组成了一个社会系统,它们之间的相对稳定的联系就是这一系统的结构。每一系统要存在和发展下去,就必须满足一些基本的条件或需求,这些条件或需求是由系统的某一特定部分来满足的,换句话说,系统组成部分担负着特定的社会功能。在此分析基础之上,结构功能理论认为每一社会现象的产生、发展和变化,都是与它担负的社会功能紧密相关的。

结构与功能的相互关系是:结构说明系统内部的联系和作用,功能说明系统外部的联系和作用。一方面结构决定功能,有什么样的结构就有什么样的功能,结构的改变也必然引起功能的改变,结构的有序化也促进了功能的有序化。另一方面,功能也制约、影响结构的变化。事物原有功能的强化、削弱、丧失以及某种新功能的产生,会导致事物原有结构发生变化。三个和尚的故事可以清晰地说明结构和功能之间的转化。

一个系统总是处于动态平衡过程中,如果结构在内外因素的作用下发生失调,也会刺激结构自身重新调整。社会系统结构的改变必然引起社会功能的改变,社会系统结构的有序化则促进功能的有序化。进行结构功能分析,应该是动态的而不是静态的。

结构分析法,就是通过剖析系统内在结构来认识系统特性及其本质的思维方法。例如人口结构的研究,所使用的思维方法就是结构分析法。这说明,结构分析法具有广泛适用性和普遍指导意义。为了弥补结构分析法的不足,随着系统论、信息论、控制论的发展,功能分析法就得到了日益广泛的重视和应用。

功能分析法,就是通过系统与环境之间"输入"和"输出"的关系来判断系统内部状况及其特性的思维方法。所谓功能就是把特定的"输入"转化为特定的"输出"的能力。通过对这种转化能力的分析,就可以对系统内部结构及其特性形成一定的认识。

结构分析法,通常称为"内描述方法",它是一种静态研究方法;功能分析法,通常称为"外描述方法",它是一种动态研究方法。这两种方法,可以分别使用,也可以结合起来使用。只有既对系统进行静态"内描述"研究,又对系统与环境的关系进行动态"外描述"研究,并把两者结合起来的方法,才能算是完整的结构—功能分析法。

(三)结构功能分析的主要内容

功能分析的关键,主要包括以下几个方面的内容:

(1)系统结构和功能的承载物。系统结构和功能的承载物,也就是分析对象。同时,还应该进一步明确应就分析对象的哪些方面进行分析。

(2)系统的内部结构和功能。系统的内部结构是指系统内部各组成要素间在形式上的排列和比例。内部功能分析的内容包括三方面:一是内部功能关系的性质,即各组成要素之间是相互影响、相互作用,还是某一因素影响和作用于另一因素;二是内部功能建立与存在的必要条件,即在满足什么样的条件时,各要素间的相互影响和作用才能存在和建立起来;三是满足内部功能的机制,即促使各要素之间发生相互影响和相互作用的手段和方法。

(3)系统整体和各组成部分的特征。进行结构功能分析,不仅要分析系统每一部分的特点以及它对整个系统和其他部分的作用和影响;而且需要分析系统的整体特征,但整体特征并不等同于各个组成部分的特征的总和。

(4)系统的外部结构和功能。系统外部结构和功能分析,主要包括三部分的内容:一是系统在其外部环境中所处的位置;二是它对外部环境的影响和作用;三是系统外部功能的性质。

(四)结构功能分析的一般步骤

在调查资料的理论分析中运用结构功能分析方法,一般按下列步骤进行:

第一步,将所研究的现象置于一定的社会系统之中,说明这一系统的内部结构与外部结构,分析这一现象在社会系统中的地位和作用,分析它对社会运行和社会发展具有何种功能。

第二步,从性质上和数量上分析这一现象与其他现象的相互联系、相互影响和相互制约的关系。

第三步,结合各种分析,对所研究现象做出说明和解释,包括说明和解释所研究现象是如何产生的,是必然的还是偶然的,所研究现象与社会结构的哪些部分"配套",等等。

[复习思考题]

1. 什么叫理论分析?
2. 理论分析在社会调查中的作用有哪些?
3. 举例说明理论分析的方法的各自特点。

[实训题]

1. 请分析下列分析数据推理的合理性及其启示。

某保险公司对影响保户开车事故率的因素进行调查,并对各种因素进行了分析,从表12-2可以看出有61%的保户在开车过程中从未出现过事故。

表12-2 驾车者的事故率

	百分比(%)
开车时无事故	61
开车时至少经历一次事故	39
样本数量(人)	17 800

然后,在性别分析基础上分解这个信息,判断男女之间是否有差别,这就出现了表12-3。

表12-3 男女驾车者的事故率

	男(%)	女(%)
开车时无事故	56	66
开车时至少经历一次事故	44	34
样本数量(人)	93 200	8 480

表12-3的结果令男士懊恼,因为他们的事故率高。但人们会提出疑问而否定上述判断的正确性,即男士的事故多,是否因为他们驾驶的路程较长。这样就引入第三个因素"驾驶距离",如表12-4所示。

表12-4 不同驾驶距离下的事故率

驾驶距离	男(%)		女(%)	
	>1万公里	<1万公里	>1万公里	<1万公里
开车时无事故	51	73	50	73
开车时至少经历一次事故	49	27	50	27
样本数量(人)	7 170	2 150	2 430	60

此表表明,男驾驶者的高事故率是由于他们的驾驶距离比女驾驶者的长,结果证明事故率只跟驾驶的距离成正比而与驾驶者的性别无关。

(注意分析数据之间的内在联系推理和结构关系)

2. 请分析下列两则数据分析的问题所在。

(1) 美国约翰·霍普金斯大学打破传统,开始接收女学生时,一个不赞成异性同校的记者做了一个惊人的报道:约翰·霍普金斯大学1/3的女生嫁给了该校的教师。一时舆论哗然。后来,另一位记者到该校摸清了真相:该校总共有3名女生,其中1人嫁给了老师。

(2) 在美国与西班牙交战期间,美国海军的死亡率是9‰,而同时期纽约市民的死亡率是16‰。后来海军征兵人员就用这些数据来证明参军更安全。

——摘自《光明日报》2009年5月30日

(注意"死亡率"对不同的年龄段不具有可比性)

第十三章 研究报告的撰写

引导案例

我国女性高科技人才工作状态与需求调查分析[①]

一、问题的提出

当今世界经济全球化、高科技飞速发展,科技创新能力已成为决定国家核心竞争力的关键,高科技人才是国家最宝贵的资源。许多国家都已经认识到高科技人才是国家科技发展的核心力量。

在我国的高科技人才队伍中,女性高科技人才已发展成为一支不可忽视的重要力量。为了更好地开发女性高科技资源,本研究团队拟对如下两个问题进行调查研究:(1) 她们目前的基本工作状态如何? (2) 她们工作中的基本需求是怎样的?

二、研究方法

1. 高科技人才的界定

有关研究指出:高层次科技人才是指在一定的时间和空间范围内,得到同行专家的评价和确认,对某领域、某方面发展做出卓越贡献并处于领先地位,正在发挥引领和带头作用的高级科技人才群体。这些人才是多类型、多序列存在的,包括基础研究型、设计研发型、技术应用型、科技管理型等高层次的科技人才。本研究中主要是指在从事高科技研究的,多类型、多序列存在的,包括基础研究型、设计研发型、技术应用型、科技管理型等高层次的科技人才。

2. 样本的选取

(1) 样本选取的标准。本次调查样本的选取要求是工作在高科技领域的女性,涉及电子、通信、信息、生命工程、生物医药、航天技术、能源材料、农业等高科技领域。为与男性对比,同时调查了少量男性高科技人员。最终回收有效样本1052份。

(2) 样本选取的方式。为了保证样本区域的广泛代表性,本次调查选取上海、北京、广州、武汉、大连和兰州等六大科技人员相对集中的城市。样本的选取过程多数是依靠当地妇联根据选择标准的推荐,进行筛选而来,少数是研究人员利用关系资源根据选拔标准筛选而来。

[①] 注:改编自作者参与的科技部软科学课题《中国女性高科技人才成长规律与开发利用研究》的部分成果。

3. 调查方法

本研究采取发放问卷的方式进行调查。

三、结果分析

（一）基本工作状态

1. 科技人员每天工作时间较长

在"您每天的实际工作时间"的调查中，女性高科技人员每天工作9—10小时的占49.3%，10小时以上的占14.8%，多数人每天工作时间在9小时以上。这意味着多数人工作时间超过国家法定的8小时。高科技人员总体情况如图13-1所示，可见，目前高科技人员的工作时间相对较长。

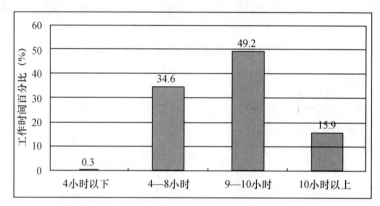

图13-1　每天的实际工作时间（$n=1\,045$，男女总）

2. 已婚女性比未婚女性压力感更大，职称越高压力感越大

在压力调查中科技人员选择压力较大和非常大的比例为64.7%，其中女性选择压力较大和非常大的比例为64.0%（见图13-2）。可见目前高科技人员的压力感受是比较大的。

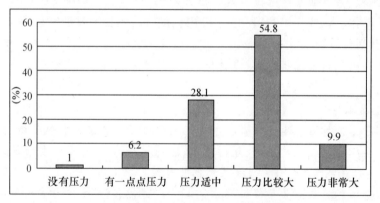

图13-2　总体压力感（$n=1\,043$，男女总）

进一步对已婚、未婚女性科技人员进行统计显著性分析，结果显示已婚女性压力感显著高于未婚女性，$t=3.84$，$P=0.000<0.001$（见表13-1）。

表 13-1　已婚、未婚女性科技人员压力感统计显著性检验

	n	均值	标准差	t	P
已婚	716	3.70	0.78	3.84	0.000
未婚	194	3.46	0.77		

对不同职称的女性高科技人员压力感进行比较,发现随着职称的升高,压力感增大,如图 13-3 所示。

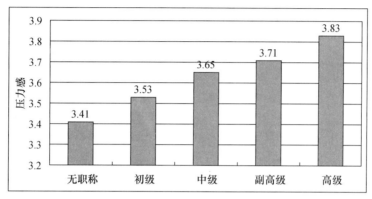

图 13-3　不同职称的女性高科技人员压力感比较

3. 科研难度和科研任务量大是女性高科技人员工作压力的主要来源

在"您认为自己目前工作压力的主要来源"的选项调查中,女性高科技人才排在前三位的依次为"科研工作难度大"、"科研任务过多、工作量大"、"经济压力大"。而男性排在前三位的是"科研工作难度大"、"经济压力大"、"单位内部人际关系复杂"(见表 13-2)。

表 13-2　目前工作压力的主要来源(1—5 打分)

工作压力主要开源	男			女			总计		
	均值	n	标准差	均值	n	标准差	均值	n	标准差
兼任管理职务	2.01	78	1.087	1.98	895	1.169	1.98	973	1.162
参与社会活动多	1.89	79	.987	1.76	908	1.008	1.77	987	1.006
科研任务过多,工作量大	2.62	79	1.180	2.83	918	1.237	2.82	997	1.234
科研任务不足	1.99	79	1.104	2.10	884	1.180	2.09	963	1.174
工作时间无规律,加班、出差多	2.43	80	1.209	2.36	916	1.251	2.36	996	1.247
科研工作难度大	2.84	75	1.103	2.94	905	1.215	2.93	980	1.206
单位内部人际关系复杂	2.67	79	1.185	2.44	926	1.241	2.46	1 005	1.238
聘用制或竞争上岗带来的竞争,甚至下岗的威胁	2.13	79	1.090	2.27	921	1.228	2.26	1 000	1.218
单位科研信息、资料、设备条件差	2.54	79	1.164	2.26	918	1.192	2.28	997	1.192
单位管理不公正	2.20	76	1.276	2.27	905	1.197	2.27	981	1.203
单位硬性下达了项目指标或创收指标	2.42	79	1.116	2.39	905	1.261	2.39	984	1.249
职称、职务不能及时晋升	2.56	80	1.241	2.39	915	1.277	2.40	995	1.274
经济压力大	2.75	80	1.317	2.72	919	1.280	2.73	999	1.282
工作影响到家庭生活	2.32	79	1.127	2.39	909	1.236	2.39	988	1.227

可见女性高科技人才压力大主要表现为科研方面即科研难度和科研任务量大。也正因为如此,多数人每天要工作9小时以上。

4. 倾诉、娱乐活动和逛街购物是女性高科技人员缓解压力的主要方式

面对压力她们采取怎样的应对措施呢?调查显示(见表13-3),女性高科技人员缓解压力的方式排在前三位的依次为"向家人或朋友倾诉"、"娱乐活动"、"逛街购物"。而男性高科技人员缓解压力排在前三位的依次为"体育运动"、"娱乐活动"、"做其他事情转移注意力"、"向家人或朋友倾诉"(后两者并列第三)。

表13-3 缓解压力方式

缓解压力方式	男		女	
	n	百分比	n	百分比
独处	15	19.0	181	19.5
阅读	20	25.3	247	26.6
体育运动	51	64.6	345	37.2
娱乐活动	37	46.8	376	40.6
短期休假	22	27.8	259	27.9
向家人或朋友倾诉	25	31.6	388	41.9
逛街购物	4	5.1	350	37.8
做其他事情转移注意力	25	31.6	263	28.4
其他			9	1.0

(二)基本需求

1. 自我实现是女性高科技人员工作的主导追求

在"您在工作中追求的目标"的调查结果显示,女性高科技人员排在前三位的是"得到学习、进修机会,个人研究能力不断提升"、"工作内容符合自己的兴趣和特长"、"取得科研成就"(见表13-4)。根据马斯洛的需求层次理论,这些追求主要体现在自我实现层面。

表13-4 工作中追求的目标(1—5打分)

在工作中追求的目标	男			女		
	n	均值	标准差	n	均值	标准差
得到学习、进修机会,个人研究能力不断提升	80	4.07	0.911	934	4.10	0.953
取得科研成就	80	4.09	1.046	929	4.00	0.917
赢得同行的尊重	80	3.82	0.911	929	3.82	0.958
提供优厚的薪酬和福利待遇	80	4.04	0.892	931	3.97	0.917
建立良好和谐的人际关系	80	4.13	0.769	929	3.93	0.943
具有自主的工作环境与条件	80	3.85	0.929	928	3.92	0.931
奉献社会	80	3.81	0.982	930	3.79	0.985
工作稳定	80	3.71	1.081	926	3.94	0.918
有管理他人的机会	80	2.89	1.125	921	2.81	1.203
工作内容符合自己的兴趣和特长	80	3.94	0.959	927	4.02	0.985
工作时间和地点都很有规律	80	3.35	1.080	928	3.58	1.106
可以有时间照顾家庭	80	3.50	1.055	928	3.67	1.081

不同职称的女性高科技人员其工作追求目标有什么具体的差异呢？分析结果显示，无职称、初级、中级、副高级排在首位的都是"得到学习、进修机会，个人研究能力不断提升"，正高级排在首位的是"取得科研成就"。

2. 工作稳定且有规律与人际和谐是目前高科技人员满足最高的需求

高科技人员在工作中追求的目标满足程度怎样呢？调查结果显示，男、女性高科技人员所追求目标满足程度由高到低排在前三位的依次都为"工作稳定"、"建立良好和谐的人际关系"、"工作时间和地点都很有规律"（见表13-5）。

表13-5　工作中追求的目标满足程度（1—5打分）

工作中追求的目标满足程度	男			女		
	n	均值	标准差	n	均值	标准差
得到学习、进修机会，个人研究能力不断提升	80	2.85	0.943	930	2.78	0.980
取得科研成就	80	2.75	0.879	925	2.71	0.929
赢得同行的尊重	80	2.87	0.891	922	2.91	0.914
提供优厚的薪酬和福利待遇	80	2.81	0.873	924	2.65	0.964
建立良好和谐的人际关系	79	3.22	0.887	926	3.33	0.947
具有自主的工作环境与条件	80	3.09	0.944	924	3.09	0.988
奉献社会	80	3.00	0.871	927	3.17	0.993
工作稳定	80	3.23	1.031	925	3.41	0.995
有管理他人的机会	80	2.84	0.974	920	2.94	1.118
工作内容符合自己的兴趣和特长	80	2.98	0.941	928	3.11	1.040
工作时间和地点都很有规律	80	3.14	0.951	926	3.23	1.058
可以有时间照顾家庭	80	3.06	0.959	931	3.03	1.027

3. 良好的工作团队、公平合理的评价晋升机制及福利待遇是急待改善的发展条件

在"在您看来，以下哪些条件急待改善以有利于您进一步发展？"的问题调查结果显示在表13-6中，女性高科技人员急待改善的条件排在前三位的依次为"建立良好合作的工作团队"、"具有公平、合理、客观的评价、晋升机制"、"提供优厚的薪酬和福利待遇"。而男性排在前三位的依次为"提供优厚的薪酬和福利待遇"、"建立良好合作的工作团队"、"得到科研课题或项目"。

表13-6　急待改善的条件（1—5打分）

急待改善的条件	男			女		
	n	均值	标准差	n	均值	标准差
改善研发试验设施与条件	78	3.51	1.029	926	3.37	1.120
具有良好的学术环境、实现知识共享	79	3.63	0.865	931	3.66	1.019
提供优厚的薪酬和福利待遇	79	4.01	0.742	934	3.86	0.976
具有公平、合理、客观的评价、晋升机制	78	3.87	0.873	928	3.90	0.982
具有自主的工作环境与条件	78	3.56	0.906	930	3.66	0.999
提供出国学习的机会	79	3.46	1.072	931	3.41	1.097
提供足够的经费从事您的研究与开发工作	79	3.90	0.942	931	3.83	1.059

(续表)

急待改善的条件	男			女		
	n	均值	标准差	n	均值	标准差
建立良好合作的工作团队	79	3.99	0.824	931	3.95	0.961
与国内外领先研究团队合作或获得指导	79	3.71	1.088	930	3.74	1.027
得到科研课题或项目	79	3.92	1.035	931	3.84	1.049
有充足的时间保证研究	79	3.84	0.854	926	3.81	1.021
处理好婚姻问题	79	3.18	1.163	921	3.20	1.271
子女教育培养问题	79	3.41	1.104	927	3.37	1.239
照顾老人问题	79	3.34	1.108	925	3.32	1.189

对于一个调查研究课题来说，撰写研究报告，是课题研究的最后一个程序。它是整个研究过程的全面规范的总结，是研究成果的集中体现。

第一节　研究成果呈现分类

写研究的书面报告之前一定要明确研究的目的以及报告的阅读对象。如果报告的目的只是应委托方的要求，单纯地提供他们感兴趣的特定问题的细节，则报告可用简单的形式来表述，多用图和表，只提供其所想要的信息。接下来将要介绍的是规范的学术性研究成果的呈现类型。

一、实证性研究报告

用实证性方法进行研究的研究报告，我们把它统称为实证性研究报告，如对某个社会问题进行调查研究写成的调查报告；对某种社会现象进行科学实验后写成的实验报告；对某个企业的经营经验进行总结以后写成的经验总结报告等。这类报告都是以直接研究所得到的材料为基础，又因为对事实认识的形成与方法设计、操作过程等有密切关系，所以，此类研究报告中还必须包括研究方法与过程的说明。用确凿的事实与科学规范的操作作为研究结果与结论可靠性的"坚强后盾"，是这类报告最显著的特点。

二、文献性研究报告

文献性研究报告即用文献法进行研究的报告，如管理理论发展历史研究。这类研究报告以对文献的分析、比较、综合为主要内容。可参考"文献研究法"部分章节。

三、理论性研究报告——科研论文

以理论分析为主的理论性研究报告，即论文。论文以阐述对某一事物、问题的理论性认识为主要内容，要求能提出新的观点或新的理论体系，并阐述新旧理论之间的关系。论文向人们展示的是论点及理论体系形成的思维过程。富有深刻的哲理性和逻辑力量，是此类论文独具的"魅力"。

论文通常有多种分类方法。按写作要求可分为投稿论文和学位论文;按篇幅数量和规模可分为单篇论文和系列论文;按研究的特点、层次和水平又可分为经验性论文(社会工作经验的理论总结)、研讨型论文(针对社会实践和理论中的问题,进行专题总结、分析、研究)、评述性论文(对问题进行专项综述和评析)、学术型论文(对社会问题进行专门、系统的研究,总结规律、揭示本质、进行论证和证明)等。

论文要求能提出新的观点或新的理论体系,不能对研究的问题提出新观点,或采用新材料,或运用新的研究方法,或得出新结论,或站在新的角度做出新的解释和论证,都不能称为有价值的管理论文。

应该指出,科研报告和论文在内容要求和表述形式上是有区别的。一般说来,论文比较简洁精炼,它仅仅突出表达一项研究、工作中最主要、最精彩和最具有创造性的内容。有创新的见解,形成某种新解释、新论点或新理论,不包括同行一般都知道的东西和一般的研究过程的叙述,也不包括过多的具体材料。科研报告则不限于新的或创造性的内容,整个研究工作的重要过程、方法和环节都可以包括进去。论文的内容中包含着较多的推理成分,而科研报告则要凭数据说话。当然,科研报告与论文之间并不存在截然划分的界线。就它们的性质和作用来说,都是科研工作结果的记录和总结。可以说,以理论分析为主要研究方法的理论性研究报告,如有创见的调查报告、实验报告、经验总结报告等,本身就是一篇好的论文。

不同类型的研究报告具有不同的风格,研究者需要把握好自己所写的报告的种类特征。如正文部分,实证性的报告以描述研究方法与过程及其每一步骤中获得的结果为主。文献性的报告以考证为主。理论性的报告以论证或反驳、构建理论观点或体系为主。

第二节　各类研究报告的结构及撰写方法

撰写不同类型的研究报告有一般的共同要求,但不同类型的社会研究报告由于其结构的不同,表现出不同的风格和特色。研究者撰写研究报告,首先必须把握各类报告的特征。

一、调查研究报告

对某种社会问题进行调查后,将其结果整理成文字材料,就是社会调查报告。其作用是就某一科研课题搜集材料、罗列现象,在整理过程中发现问题、提出问题,经过分析、归纳、综合,揭示出事物的本质,探索事物内部联系及其规律,找出解决问题的方法和途径。

调查报告应该包含调查目的、调查方法、调查时间、样本情况、调查内容、调查结构与分析、提出自己的看法等。

调查报告的结构一般有以下几个组成部分:

(一) 题目

题目应以简练、概括、明确的语句反映所要调查的对象、领域、方向等问题,应能概括全篇,引人注目。

标题的形式主要有:

(1)"直叙式",即直接用调查对象或调查内容作为标题。如《关于青年结婚消费问题的调查》。这种标题简明、客观,一般调查报告多采用这种标题,尤其是学术性的调查报告。其缺点是千篇一律,太一般化,难以吸引读者的阅读兴趣。因此,发表在各种非专业报刊的调查报告很少用这类标题。

(2)"结论式",也叫"表明观点式"的标题。直接阐明作者的观点、看法,或对事物进行判断、评价。如《创新是企业的生命》、《择友不当是青少年犯罪的重要原因》,揭示了报告主题,表明了作者态度,比较吸引人,多用于总结经验、政策研究、支持新生事物等类型的报告。

(3)"提出问题式",即以设问、反问等形式做标题。如《天之骄子为何弃学经商》、《当今青年农民在追求什么》等。这类标题的突出特点是十分吸引人们的注意力,有利于调动人们进一步阅读的欲望,一般用于揭露、探讨问题的调查报告。非专业刊物上发表的调查报告,较多地采用这类标题。

(4)双标题式,即两个标题。一种是主标题和副标题。在这种形式里,主标题多以提问式和结论式表达,而副标题则以陈述式表达,如《他们也有爱的权利——北京市老年人婚姻问题调查》、《独生子女都是小皇帝吗——对武汉市 1 000 名小学生的调查》等。另一种是引题和主标题,如《用智慧与良知拨开云雾——访经济学家吴敬琏》。这种形式的标题具有上述三种标题的优点,无论是普通调查报告还是学术性调查研究报告,都可以采用这种形式的标题,因而这也是各类报刊发表的调查报告中十分常见的一种标题形式。

(二) 摘要或概要

摘要主要包括以下四方面内容:

第一,简要说明调查目的,即简要说明调查的原因。

第二,简要介绍调查的对象和调查内容,包括调查时间、地点、对象、范围、调查要点及所要解答的问题。

第三,简要介绍调查研究的方法。介绍调查研究的方法,有助于确信调查结果的可靠性,并说明选用该方法的原因。

第四,简单介绍调查的结果或结论。

(三) 前言

前言亦即引言、序言、导言、问题的提出。前言作为整个报告的开始部分,使读者了解课题要解决什么问题,以及为什么要研究这个问题。因此简明扼要地说明调查的目的、背景、意义等。要注意将调查的目的性、针对性和必要性交代清楚,使读者了解概况,初步掌握报告主旨,引起关注。

阐明课题可以是平铺直叙的,也可以从揭示矛盾、提出问题的角度开始,提得好的问题可以引起读者的兴趣和积极思考。对课题的阐述还包括对题目中主要概念和术语的解释,尤其是一些一般人不熟悉的术语和容易引起歧义的概念。

揭示课题的意义总是围绕着两个方面展开:一方面指出课题的学术价值,说明它在哪些方面能提供新的认识;另一方面指出课题的现实意义,以及它对社会实践的直接或间接、当前或长远的指导意义。在前言中阐述调查研究课题的意义时,简单介绍一下前人有关这个课题的研究情况以及达到的水平,然后引出本研究有何发展的叙述。

(四) 调查研究方法

在一般的商业性调查、普通调查报告中,调查方法可以较为简单地描述,放在前言部分就可以。但在学术研究报告中,方法要详细叙述。从方法中可以看出研究的科学性和结果、结论的代表性、可靠性。具体来说,调查研究方法包括以下六方面①:

(1) 调查时间、地点与方式。写明调查的时间、地点;是普通调查还是非普通调查(重点调查、典型调查、抽样调查);是随机取样、机械取样,还是分层取样;调查方式是开调查会,还是访问或问卷等。

(2) 被调查对象相关主要特征。要介绍被调查对象的哪些特征,一般来说,与所研究内容相关、对研究结果影响较大的相关特征都要描述。同时,也要对研究对象变量进行清晰界定。

(3) 研究主要变量的操作定义。研究中涉及的主要变量的操作定义界定。

> "城市经历与女农民工的生育意愿"的调查研究中,其中变量"女农民工"的操作定义为离开农村常住地三个月以上,不改变农村原居住地户口,到城市务工经商的农村妇女。"生育意愿"的操作定义为人们关于生育行为的态度和看法,包括三个方面:一是人们的生育目的,即为什么要生育子女;二是生育数量的看法,即希望生育几个子女为理想子女数;三是有关子女性别的看法,即希望生育什么性别的子女。"城市经历"操作化为进城后所从事的职业、打工时间、群体交往、与大众传媒的接触。

(4) 资料搜集过程。要详细叙述资料的搜集过程,如怎样登门拜访、怎样发放问卷、问卷的回收率、有效回收率各是多少等。

(5) 资料分析方法。

(6) 调查的质量及局限性。一般来说,每一项社会调查研究工作都会存在某些局限,需要在方法部分的结尾指出。

(五) 调查结果

调查结果部分是调查报告的主要内容。在一份调查报告中,调查结果应以陈述形式进行表述,并配以表格、图形,以进一步支持和加强对结果的解释,还要对图表中数据资料所隐含的趋势、关系或规律加以客观地描述。

该部分在结构上可以先给出总体的、一般性的陈述,然后才是个别的、具体细节的陈述。

(六) 调查结论和建议

结论和建议是撰写调研分析报告的主要目的,包括对引言和正文部分所提出的主要内容的总结。仅仅将统计的结果总结出来是不够的,调查者应当按照定义的问题来解释统计结果,并从中提炼出一些结论性的东西。然后根据调查统计结果和结论,向决策者提出如何利用已被证明为有效的措施以及解决某一具体问题可供选择的方案和建议。

调查结论的提出可用简练的语言对调查研究前所提出的问题做明确的答复,同时简要地引用有关背景资料和调查结果加以解释、论证。建议则是针对调查获得的结论,提出可以采取哪些措施、方案或具体行动步骤。如针对网络经营开展的市场调查,其调查结论与建议应该紧紧围绕以下主题:网络经营者在网上经营的店铺设计应采用怎样的风格?店名叫什

---

① 范伟达,范冰.社会调查研究方法[M].上海:复旦大学出版社,2010:387—388.

么才更吸引消费者？网络营销宣传的主题是什么？与其他网络经营竞争者抗衡的办法有哪些？销售中采用何种价格与促销策略，等等。

有时候并不要求调查者提出建议，因为所做的调查项目可能涉及一个领域，对较大范围的情况不了解。如果要提建议的话，这些建议应该是合理的、实用的、可行的。

（七）参考资料与附录

在调查研究报告过程中对参考、引用的资料要写明出处。目的在于对所写报告负责，并为读者提供信息，也是尊重资料作者的劳动。

附录通常有调查或实验、观察所用的问卷或量表，研究过程中得到的主要原始资料，很难插入正文但与正文有较密切关系的资料或论文，某些具有旁证性的文献等。附录的作用有二：一是使正文简洁集中；二是为读者提供一些可供分析的背景材料和原始资料，这既有助于读者对报告的深入具体的理解，也为读者在原始材料基础上分析研究过程、方法、结论的科学性与合理性提供了依据。因此，附录的编制既要避免杂与乱，又要防止过分简单。

二、实验研究报告

对某种社会问题进行实验后，要对整个实验过程做全面总结，提出一个客观的、概括的、能反映全过程及其结果的书面材料，就是实验研究报告。观察研究报告的写法与实验研究报告类似，可以作为同一类型。

实验报告。必须向读者表明以下内容：实验目的是什么？实验材料是什么？实验过程如何？由实验得到哪些数据？是如何处理这些数据的？由数据的分析得出什么结论？

实验研究报告的结构由以下部分组成。

（一）标题

应以简练、概括、明确的语句反映出实验的对象、领域、方法和问题，说明自变量与因变量间的关系，使读者一目了然，判断出有无阅读价值。

（二）摘要、关键词

（1）摘要包含研究目的、方法、结果与建议。

（2）关键词3—7个。

（三）前言

前言或称问题的提出，用以说明本课题的来源、背景、针对性及解决该课题的实际意义的价值，明确表示出作者的研究方向、目的，表述要具体、清楚。有些要求可参考调查研究报告的写法"前言"部分。

（四）实验方法

这是实验报告的主要内容之一，目的是使人了解研究结果是在什么条件下和情况中，通过什么方法、根据什么事实得来的，从而判定实验研究的科学性和结果的真实性、可靠性，并可依此进行重复验证。关于实验方法主要应交代以下几点：

（1）怎样选择被试。被试的条件、数量、取样方式，实验时间及研究结果的适应范围。

（2）实验的组织类型（方法）及采取这种组织类型的依据。是单组实验、等组实验还是轮组实验；采取这种实验类型的依据包括哪些方面；基础测定及测定内容等。

（3）实验的具体步骤，对实验组进行实验处理的情况。

(4) 因果共变关系的验证(要注意自变量一定要出现在结果变量之前,或两者同时出现,但不能产生于结果变量之后,否则先果后因,实验就不成立了)。这里,要对两个变量进行测定。测定方法也要交代清楚,用的什么测量工具和材料,是个别测定还是集体测定等。因此,在实验前,就应对与结果变量测定内容相关的原因变量进行测定,以便与结果变量对比,只有经过这样的对比,才能发现共变关系。

(5) 对无关因子的控制情况。只有严格控制无关因子的作用,才能运用统计检验来消除偶然因子的作用。

(五) 结果

实验结果中最重要的是提出数据和典型事例。数据要严格核实,要注意图表的正确格式;用统计检验来描述实验因子与实验结果之间的关系。典型事例能使人更好地理解实验结果,使实验更有说服力。

(六) 分析与讨论

即运用有关理论或实践证据来讨论和分析与实验结果有关的问题。这部分是实验研究报告的"重头戏",它是体现研究者水平的关键环节。其主要内容有:(1) 由实验结果来回答篇首提出来的问题;(2) 对实验结果进行理论上的分析与论证;(3) 把实验结果与同类研究结果相比较,分析它们之间是否存在差距,并对造成这种差距的原因进行分析和解释;(4) 提出可供深入研究的问题及本实验研究方法和研究设计中存在的问题,使以后的研究方向更明确,少走弯路。

(七) 结论

结论是对整个实验的一个总结,它直接来自实验的结果,并回答实验提出的问题。结论的语言要准确简明,推理要有严密的逻辑性,结论适用的范围应同取样的范围一致。

(八) 参考文献和附录

参考调查报告写法的同样部分。

三、经验总结报告

经验总结报告是对在社会工作实践中,经过去粗取精、去伪存真的积极探索而积累起来的经验的系统化、理论化的书面材料。经验总结报告的基本结构大体有以下几部分:

(一) 题目

可以是既定的调研项目,即专题经验总结,也可以是对某一阶段(如一季度、一年等)全部工作的回顾。从中找出成效较大、印象较深,且富有新意的内容来确定总结的题目。

(二) 前言

没有固定的表达方式,大多数以凝练简洁的语言交代本篇经验总结的背景、写作目的、取得的主要成绩等,使读者一开始就判断出有无参考价值。

(三) 正文

围绕经验总结的主题(总观点)组织材料。可在文中设小标题,但要注意所叙述的若干个问题的内在联系。经验总结既要有典型的事例,又要通过分析研究,加以理论概括,做到内容生动、有理有据、说理性强,使人在思想上受到启迪,工作上可资借鉴。

(四) 结语

这是经验总结的精髓和结晶。它是通过正文的典型材料及对其分析而概括出的结论,是从大量具体事实中找出的规律性的东西,它能应反映作者的独到见解。

至此可见,各种类型的研究报告的写作形式是不尽相同的。尽管如此,它们都包含了前言、正文、结论这个三段式的基本格局。当然,这只是研究报告习惯格式的沿用,并不能限制文章结构形式的创新。研究报告的结构可以根据内容和体裁的不同而灵活掌握。只要能够达到结构完整、层次分明、逻辑缜密、条理清楚的要求,在写作形式上是可以有所不同的。

四、学术论文撰写基本规范

国家新闻出版署于1999年1月相继颁发了《中国学术期刊(光盘版)》《中国期刊网》《中国科学引文数据库》《中国学术期刊综合评价数据库》《中国人文社会科学引文数据库》等规定,对各类学术刊物、稿件的规范提出了新的详细要求。现综述如下,供参照。

(1) 题目:置全文最前面,须能概括文章要旨,限20字以内,必要时可加副标题,如企业核心员工满意度影响因素研究。

(2) 作者署名:接题目下居中排。姓名前不写"作者"字样。如系多作者,各姓名之间用空格隔开。如多作者不属同一单位,须在姓名右上角加注不同的阿拉伯数字序号。多作者属同一单位的不用加标志。

(3) 作者单位:接作者署名下居中排。基本要素项依次为单位全称、所在省市名、邮政编码。请勿写"作者单位"字样。二级单位之间空半格,省市名之间空半格,省市名与邮政编码之间空一格,单位与省市名之间用",",隔开,省市名与邮政编码之间无标点。基本要素项用圆括号括起来(如:福建北师范大学 文学院,福建 福州 730070)。多作者全属同一单位的只写一个单位名,若不属同一单位,须按"作者署名"项标出的作者单位顺序,依次将各单位写出,各单位前标出序号1,2,3……,序号后用下圆点。单位之间用分号隔开(例如:1.西北师范大学,甘肃兰州 730070;2. 兰州师专 教育学院,甘肃兰州 730070)。

(4) 摘要:接置"作者单位"下,前用"摘要"二字加冒号标出,限200字以内,应含全文的主要信息。摘要既是全文的缩写,也是主要观点的摘写,应用高度概括的语言写出。内容包括研究目的、方法、结果、结论。摘要应以第三人称来写,且其中不要出现"本文介绍了""作者认为""我们"等用语。

(5) 关键词:接置"摘要"项下。前用"关键词"三字加冒号标出。限量为3—8个,且为反映文章主要内容的词或词组。词与词之间用";"隔开,最后一个词后不加标点。

(6) 中图分类号、文献标识码和文章编号:置于"关键词"下一行,分别书写"[中图分类号]、[文献标识码]、[文章编号]",或者左写"中图分类号:",中写"文献标识码:",右写"文章编号:",此三项共占一行,具体号码参见中国图书分类法,也可由刊物填写。号码后不加任何标点符号。这部分作者一般不需列出,而是由编辑人员加入。

(7) 正文:接"中图分类号"行下行文。用字应符合现代汉语规范,使用的简体字以正式公布为准,勿自造及使用不规范的简体字。数字按GB/T15835-1995《关于出版物上用法的规定》使用。缩略语和首字母缩写应少用(题目中一般不用缩略语)。摘要及正文中首次出现缩略语时应在括号内给出全称。5个字以下的汉语词不使用缩略语。

图和表应分别按文中出现顺序编号,且与正文一致。图表不宜过多,能用文字叙述时则不用图表。标题要求置于表上图下,并说明资料来源,且于文中加以说明。照片要注意肖像权和著作权。

计量单位按《中华人民共和国法定计量单位》(1984.2)的规定,采用中华人民共和国法定计量单位(或 SI 单位),以国际单位符号表示,如米用 m,公斤用 kg 等,并注意图文统一,在特定条件下需使用其他单位制时,应以括号或列表表示出相应的法定计量单位值。

符号应参照中华人民共和国国家标准《有关量、单位和符号的一般原则》(GB3101-86)和其他有关国家标准,或 ISO 标准的有关规定使用。尚未列入标准的可采用该学科惯用符号。每个符号在文中首次出现时应予定义。符号的形式如黑体、斜体、上、下角标;大小写易混淆的字母如 C、K、O、P、S、U、V、W、X、Y;希文字母;以及 O(圆圈)、0(数码)和 o(字母)、数码 1 和英文小写 l 等必须批注清楚,以免差错。

数字参照《关于出版物上数字用法的试行规定》(国家语言文字工作委员会等 6 单位 1987 年 1 月公布)使用。

外文人名、地名原则上按有关译名手册(辛华编、商务版;地名委员会编、商务版)译成中文,并于首次出现时用括号注明原文。

字母符号应使用法定计量单位、符号和标准化、规范化的名词、术语。常用的统计学符号规定如下:样本总数 N,样本数为 n,平均数为 M,标准差为 SD,t 检验为 t,F 检验为 F,卡方检验为 χ^2,相关系数为 r,显著性为 P。以上符号均为斜体。

稿中外文字母、符号必须分清大、小写,正、斜体,上、下角的字母、数码,其位置高低应区别明显,容易混淆的外文字母,请在第一次出现时,用铅笔标清。公历世纪、年代、年、月、日、时刻、正负数、分数、小数、百分比、约数等均采用阿拉伯数字。年份不能简写,如 96 年、97 年等。星期几一律用汉字。表格制成三线表形式。

正文内小标题层次一般不要超过 5 级。第一级标题用一、二、三;第二级标题用(一)(二)(三);第三级标题用 1、2、3;第四级标题用(1)(2)(3)。第一级标题后用顿号,第三级标题后用圆点,第二级和第四级标题后不加任何标点符号。大段落的标题居中排列可不加序号。

(8) 致谢:文字接排正文之下。

(9) 注释:注释是对正文中某一特定内容的进一步解释或补充说明,一般排在文稿当页地脚,用数字序号加圆圈标注,如①②……。文内用夹注,将注释语放在所注释的词语后,用圆括号括起来,注释语与正文字体应有区别。注释不是正文中引文的出处,引文的出处应放在参考文献中。

(10) 参考文献①:参考文献排文末,"参考文献:"为标识,左顶格。每条文献的序号亦左顶格。凡对引文出处的说明一律归在参考文献中。参考文献按 GB7714-87《文后参考文献著录规则》著录,采用"顺序编码制",即按照在文中出现的先后顺序排列编号,并用方括号标注在文中引用处的右上角(标点符号内),如[1][2]…,以与正文的指示序号格式一致。一种文献在同一文中被反复引用的,用同一序号标示,或者将在正文的不同地方引用同一书刊文字的注释序号集中在一处,采用尾注的方式标出。参考文献只择最重要的列入,一般不超过 20 条,并用单字母方式标示参考文献中所引用论文的类型(专著 M,论文集 C,报纸文

---

① 中国心理学会.心理学论文写作规范[M].北京:科学出版社,2002:25—28.

章 N,期刊文章 J,学位论文 D,研究报告 R,标准 S,专利 P,其他未说明的文献类型 Z),具体如表 13-7 所示,未公开发表的资料请勿引用。外文参考文献请打印(或用印刷体书写),所引著作中的号码一律写在文中引文序号后面,用小圆括号表示,如"(2)"。

表 13-7 参考文献类型与文献类型标识对应表

参考文献类型	普通图书	会议论文	报纸文章	期刊文章	学位论文	报告	标准	专利	汇编	档案	古籍	参考工具	其他
文献类型标识	M	C	N	J	D	R	S	P	G	B	O	K	Z

以下是各类参考文献条目的编排格式及示例。

1. 专著或书

著者.书名.其他责任者(选择项,如译者).版本[M].出版地:出版者,出版年.页码(选择项)

例如,王重鸣.管理心理学.第 2 版(修订版)[M].北京:人民教育出版社,2004.74—79

2. 专著中析出的文献

作者.题名.见(In):原文献责任者.书名.版本[M].出版地:出版者,出版年.在原文献中的位置。

例如,耿林.美国的失业与就业测量.见:曾湘泉等著.面向市场的中国就业与失业测量研究[M].北京:中国人民大学出版社,2006.259—270.

3. 论文集中析出的文献

引用文章主要责任者.引用文章题名[A].论文(设计)集主要责任者.论文(设计)集题名[C].出版地:出版者,出版年.论文(设计)集起止页码.

例如,刘羨冰.澳门历史上双语人才的培养与中外文化教育交流[A].吴志良等.澳门——东西交汇第一门[C].北京:中国友谊出版公司,1998.111—112,121—122.

4. 期刊中析出的文献

作者.论文题名[J].刊名,年,卷(期):页码

例如,梁冰,张凤杰,陈继祥.颠覆性创新与后发企业跨越式发展[J].技术经济与管理研究,2008,34(4):24—26

5. 报纸中析出的文献

作者.题名[N].报纸名,年-月-日(版次)

例如,孙亦良,徐克敏.学术排名要注意 SCI 的局限性[N].科学时报,2000-01-31

6. 学位论文

作者.题名:[学位论文][D].保存地:保存者,年份

例如,龙立荣.职业生涯管理的结构及其关系研究.博士论文[D].北京:中国科学院心理研究所,2001

7. 会议论文

作者.题名[C].会议名称,会址,会议年份

例如,汪金龙,谢如琴.高管薪酬与企业绩效关系的实证研究[C].第 9 届全国人力资源

管理教学与研究学术会议,呼和浩特,2008

8. 网络文献

作者.题名[EB/OL].出处或可获得地址,发表或更新日期/引用日期(任选)

例如,王明亮.关于中国学术期刊标准化数据库系统工程的进展[EB/OL]. http://www.cajcd.edu.cn/pub/wml.txt/980810-2.html,1998-08-16/1998-10-04

第三节 确保研究报告的质量

一、撰写研究报告应注意的几个问题

1. 重点应放在介绍研究方法和研究结果方面

科研报告的价值是以方法的科学性和结果的可靠性为条件的,而这两者又有内在的联系,因为只有研究方法是科学的,才能保证研究结果是可靠的。人们阅读或审查科研报告,主要关心的是如何开展研究,在研究中发现了什么问题,这些问题解决了没有,是如何解决的,研究结果在现阶段达到什么程度,还有什么问题需要继续解决等。因此,写作科研报告,主要精力应花在方法和结果部分,把研究方法交代清楚,使人感到该项研究在方法上无懈可击,从而不得不承认结果的可靠性。

2. 理论观点的阐述要与材料相结合

在科研报告中怎样使自己的论点清晰有力地得到论证,这是应关注的核心问题。如前所述,论点的证实除了必须依靠逻辑的力量外,还需要依靠科学事实的支撑,做到论点与事实相结合。科研报告一定要有具体材料,尊重事实,从事实中提炼出观点。

首先在论述过程中要处理好论点与事实的关系,要求研究者首先选好事实。除了要注意事实的典型性、科学性以外,还要善于用正反两方面的事实来说明问题,揭示出普遍规律。其次要恰当地配置事实,用事实来论证,以帮助人们理解不熟悉的论点,支持新的论点和批驳旧的错误的论点,阐明蕴含丰富而深刻的论点。当然,并非所有的论点都要用大量的事实来论证。

3. 要实事求是

分析讨论要不夸大、不缩小,敢于坚持真理,不为权威或舆论所左右。在下结论时要注意前提和条件,不要绝对化,更不要以偏概全,把局部经验说成是普遍规律。

4. 研究报告的语言要求

(1) 平实:语言不宜使用过于华丽的辞藻;强烈的情绪和情感也是研究报告写作的大忌。

(2) 准确:遣词造句要力求准确,不能无故生造词汇、术语;对于关键的术语,必须有明确的界定和说明;对于时间、数量等证据材料,必须准确说明,尽量少用"大约""可能""有些"等模糊词语。

(3) 严谨:行文讲究逻辑性,句与句之间、段落与段落之间要有一定的逻辑关系;报告中的推理要严谨,结论要"有根有据",不能随意下结论。因此研究报告的遣词造句不能过于随便、口语化,必须使用比较严肃、正规的语言。

（4）科学：研究报告中的观点、概念必须是科学的,道听途说的观点、错误的概念等不能作为论证的材料。

二、要把研究结论与研究结果区别开来

"结果"（results）告诉我们的是最终得到了什么,这些东西是什么。结果应描述数据处理和分析（即实证过程）的结果,并与研究假设进行比较,结果的描述要尽量避免主观的议论,要摆事实、用数据,强调论证过程的客观和科学性。结果表述中也包括与同类分析结果的比较,揭示与前人研究工作的差异,衬托出本研究结果的创新之处。

"结论"（conclusion）涉及的是为什么,说明了什么,应该怎么办,还需要做什么等。所以,不要以为有了"事实结果",就自然获得了结论,也不要以为结论只是把自己的观点再次简要列出。结论是更高一个层次的概括以及由表及里引出的一系列思考。不同的人完全可能从同一结果中引出不同方面和不同深度的结论。

结论未必是肯定的。它可以是否定的,也可以是假言式的。结论部分往往还包含着对研究的简要自我评价,指出研究过程中遇到的困难与不足,提出在现有研究基础上可继续开展研究的问题或方向,有时还可以谈一下自己对与研究有关的某一方面问题答案的猜测与可能性分析等,总之,不要使结论徒有其形,好的结论是研究者深思熟虑的产物,是能激起阅读者深思与回味的思想。结论的措辞力求精练和富有表现力。

三、注释的设计和编排

研究报告撰写时需要用到各种不同的注释方式,此处列出其中最常用的几种。

（1）题注。题注是紧接在题目后的注,常用符号＊表示。当研究是由某一集体进行的、研究报告由集体或集体中的几个代表人物署名时,题注主要用来说明研究活动参加者的姓名,各人承担的具体任务,研究报告的执笔者以及向提供过资料、意见的人或其他合作者致谢。有时题注也用来对题目做某一方面的说明。题注视需要而用。

（2）引文出处注。作者在撰写的报告中,引用了其他资料的原文时,一定要加引号和加注。引文注有页注、夹注和尾注之分。页注又称脚注,写在每一页的下面,用一横线与正文隔开;夹注紧接引文夹在行文之中,按引文出现先后统一编号。如果在专著中把全部注都放在书后,称为书后注。各种注都有各自的长处,选用哪一种可由作者自己决定,但在一篇报告或一本专著中,加注方式应前后一致。注的具体内容除了与上述参考资料目录中每条的内容相同外,还需表明引文所在的页码。

（3）引文原作者注。当引文中遇上有原作者加注之处,而该注与研究报告相关的话,研究报告撰写者可把注也引入,但在注的最后要写明此注为原作者注。

（4）作者注。这是报告撰写者除引文出处注以外所写的注,有几种不同的内容;其一是作者对文中一些术语、人物、著作的简要的知识性介绍,意在帮助读者破除一些由专门化的知识带来的阅读或理解障碍;其二是作者介绍一些相关的参考资料（这些资料的重要程度又不足以收入参考资料目录）,便于读者就某一相关方面做进一步查阅;其三是写出作者由文中观点引申出来的一些想法,或者对文中某一观点的评论,这些想法和观点虽然都是由文中的相关内容引出的,但若是把它放在正文中,就可能使文章结构松散或破坏上下文的连贯

性,于是就用加注的办法来解决;其四是补充一些与报告中某一内容相关的,但还不足以列在正文中的事实或观点方面的说明。

四、全面检查、确保质量

为了保证研究报告的质量、确保研究报告能反映自己的最佳水平,在"公开亮相"之前,最好仔细检查一遍。检查时可对照以下问题:

(1) 题目是否能说明研究的主题?
(2) 报告中的重要术语有没有交代清楚?
(3) 结果表达得是否清楚、完整?
(4) 结论是否都有根据?有没有不能证实的观点?
(5) 数据有没有经过分析或解释?是否只是描述它们?
(6) 报告中是否需要图表?图表是否都有编号、题号?
(7) 有无偏见的迹象?有无情绪化的遣词造句或者过激言辞?
(8) 语言表达是否清楚?有无晦涩难懂的地方?
(9) 如果有研究假设,它们是否得到了检验?
(10) 有没有清楚地说明研究的步骤和方法?
(11) 报告的语句是否通顺?有无错别字?标点符号的运用是否正确?
(12) 所有引用的资料是否都有注释或标明了出处?

[复习思考题]

1. 试说明调查报告的结构。
2. 实验报告与调查报告有什么相同和不同之处?
3. 学术论文撰写基本规范有哪些?
4. 撰写研究报告应注意哪些问题?

[实训题]

请从科研学术规范的角度指出以下调查报告存在的问题。

从两次问卷调查看大学生职业价值观的演变趋势[①]

职业价值观是价值观体系中的一个极为重要的组成部分,它的演变影响到大学生的职业态度和工作方式,关系到大学生毕业后在社会主义现代化建设中如何发挥作用。三年前,我们调查和研究了大学生新时期职业价值观的现状,完成了《大学生职业价值观的调查与分析》一文。三年来,国际、国内形势发生了很大变化,这一切对大学生的职业价值观会产生哪些影响呢?笔者于1998年7月又对429名大学生做了一次内容基本相同的调查,从两次调查结果的比较,我们可以窥见大学生职业价值观的演变趋势。

---

① 该案例由于消极评价较多,因此省去了作者和单位.

一、关于职业的选择

1. 择业因素的比较

职业选择是一种从主客观诸方面进行综合考虑后做出的实实在在的决定。大学生的择业因素很多,在此,我们列举了16项供大学生选择,两次调查结果的差异见表13-8。

表13-8 职业选择时的考虑因素(允许选3项)

类别	1995年(%)	1998年(%)
能发挥个人特长,符合个人兴趣	50.99	73.80
收入高	53.96	65.80
能实现个人抱负	28.80	38.90
领导开明	5.68	11.20
轻松自由	8.11	9.80
人际关系融洽	19.27	27.10
工作稳定	8.32	13.90
社会声望高	5.48	5.10
有职有权	5.27	2.40
对社会贡献大	2.24	5.6
晋升机会多	5.88	4.90
劳动条件好	4.67	4.60
福利待遇好	12.17	9.00
便于流动	4.06	4.20
地理环境好	8.72	9.00
离家近	4.72	2.22

从表13-8我们不难看出,大学生在择业过程中,对择业因素的考虑,主要有以下几点变化:

(1) 从既注重发挥个人特长又注重经济收入,演变为更注重发挥个人特长。在1995年的调查中,大学生在众多的择业因素中,把"收入高"放在第一位,"能发挥个人特长,符合个人兴趣"放在第二位;而在1998年的调查中,有更多的人选择"能发挥个人特长,符合个人兴趣",不仅从横向上比选择"收入高"的比例高出了8个百分点,而且从纵向上比1995年的选择高出了20多个百分点。在"能实现个人抱负"的因素选择上,1998年的比例比1995年上升了10个百分点。这一切足以说明大学生在职业选择上,对"自我发展"、"自我实现"因素的倚重。

(2) 更加注重工作环境的稳定。在日益复杂的社会环境中,大学生更需要一个"领导开明"、"人际关系融洽"的工作环境,以便更好地发挥自己的特长,施展自己的才能和抱负。因此,在考虑择业因素时,选择"领导开明"和"人际关系融洽"的百分比,1998年比1995年有较大幅度的提高。另外,在下岗工人日益增多的经济形势下,对"工作稳定"的要求有所提高。

（3）"有职有权"、"社会声望"因素越来越受到冷落。在1995年的调查中，大学生选择"有职有权"、"社会声望"因素的比例不高，1998年的选择比例进一步下降。笔者认为这不能简单地解释为大学生对"有职有权"和"社会声望"因素的轻视，只能说明和其他因素相比，大学生更看中的是"高收入"和"自我价值实现"。

在大学生职业选择因素的变化趋势中，有一个可喜的现象就是：1998年大学生"对社会贡献大"因素的选择比例虽仍然很低，但比1995年有所提高。为什么会有这一变化呢？笔者认为，十五大精神和江泽民同志在庆祝北京大学建校一百周年大会上的讲话中对青年学生提出的四点希望，对大学生是极大的鼓舞，使他们能更为全面地认识和把握社会现实，明确自身肩负的历史使命，认识到只有坚持实现自身价值和服务祖国人民的统一，把十五大精神作为自身的价值导向，才能把自己培养成21世纪需要的人才，为全民族振兴建功立业。但这一比例总体偏低，所以，我们还应进一步贯彻十五大精神和江泽民同志的有关讲话精神，加强和改进大学生教育工作，尤其是人生观、世界观的教育，引导大学生辩证地对待自我价值和社会价值，摆正自我实现和奉献社会的关系。

2. 择业自主性的比较

关于择业自主性的调查，我们列举了6项指标，供大学生选择，两次调查的结果见表13-9：

表13-9　您在选择职业时，最倾向于听谁的意见

年度	父母	好友	老师	自己	舆论	其他
1995年(%)	23.30	10.30	2.80	56.00	4.70	0.60
1998年(%)	15.70	10.10	7.30	57.40	3.5	5.40

两次调查结果显示，大学生的择业自主性颇为强烈。他们在择业时，倾向于听"自己"意见的比例分别为56%和57.4%。择业自主性方面变化较为突出的是：倾听"父母"意见的比例明显降低了，相信"舆论"的比例也有所下降，而倾听"老师"的比例提高了。这一变化的原因是否可以解释为，近几年就业形势和政策的变化较大，很多家长并不能及时了解这一点，而仍以老眼光指导孩子的就业，已不能满足大学生的需要，而教师处在就业指导的第一线，他们熟悉就业政策，了解就业形势，对大学生的就业指导更有针对性。另一问题的调查结果也可以帮助我们印证这一解释。在"您认为对您找工作最有帮助的是谁？"这一问题中，大学生选择"自己"的比例最高(13.2%)，其次就是"学校"和"个别老师"之和(12.5%)，再次是"父母亲友"(11%)，选择"人才市场"和"同学"的比例都为4.9%，选择"朋友"的比例为5.4%。大学生这一择业观念的变化给我们的启示是：高校应加强大学生的就业指导和咨询服务活动。一是加强就业政策的指导和咨询，帮助大学生弄清当前就业政策的界限和要求，明确就业过程中，学校、用人单位和大学生之间的权利、义务和责任，从而正确把握自己，正确处理国家利益和个人利益、长远利益和眼前利益之间的关系。二是做好择业指导工作，对大学生进行信息分析、心理咨询和择业技巧指导，帮助大学生及时了解就业形势，确定切实可行的择业方案，同时帮助他们树立正确的择业观，把个人成才和祖国建设事业紧密联系起来。

3. 择业风险意识比较

在"假如有这样几种机会,您会选择哪一种?"这一问题中,大学生两次选择结果如表13-10所示:

表13-10 几种工作机会大学生两次选择结果

几种工作机会	1995年(%)	1998年(%)
1. 收入较低,但工作轻松	9.90	8.70
2. 收入比1高50%,工作紧张,不努力可能失业	53.83	48.00
3. 收入比1高100%,工作很紧张,需全力以赴,不胜任会被解雇	35.10	38.40

从表13-10可以看到,大学生选择第一项、第二项工作的比例在下降,而选择第三项工作的比例却在增加,说明随着我国改革开放的不断深入,社会主义市场经济的迅猛发展,大学生的职业风险意识在进一步提高。

二、关于职业的评价

1. 职业评价尺度的比较

职业优劣、好坏、高低的评价尺度,主要有社会意义、社会地位、经济报酬、劳动强度、技术构成等几个方面。社会经济的发展,必然带来人们对职业评价标准的变化。大学生的两次评价尺度如表13-11所示:

表13-11 您选择职业的第一标准

年度\类别	发挥个人特长	经济收入	地理环境	社会地位	轻松自由	其他
1995年(%)	35.70	36.10	9.50	5.30	8.10	3.20
1998年(%)	41.20	38.90	7.50	2.60	5.20	4.70

从表13-11我们可以看出,1995年大学生把"经济收入"作为自己择业的第一标准,把"发挥个人特长"作为择业的第二标准,而1998年却把"发挥个人特长"作为择业的第一标准,把"经济收入"作为择业的第二标准。这一结果正好和前面择业因素的考虑结果相吻合,进一步说明了大学生在择业过程中对发挥个人特长的关注。另外,对职业的"地理环境"、"社会地位"和代表劳动强度的"轻松自由"的评价尺度更加不重视,其比例都出现了不同程度的下降。可以说,1995年大学生的职业评价尺度的变化是从传统的重视"社会地位"转向"发挥个人特长"并向"经济收入"倾斜,而1998年的评价尺度的变化却出现了从"经济收入"向"发挥个人特长"的回归。

2. 职业现状评价的比较

和1995年一样,大学生对职业现状的评价,我们不是通过他们对多种不同职业做出"很好"、"好"、"一般"、"差"的评价来获取的,而是根据他们本人毕业后愿意去的单位和愿意从事的职业选择来判断和分析的。两次调查结果如表13-12和表13-13所示。

表 13-12　毕业时,您最愿意去的单位是:(允许选 3 项)

类别	1995 年		1998 年	
	序号	占比(%)	序号	占比(%)
外资企业	3	32.20	2	46.00
合资企业	2	43.50	1	51.60
国有企业	7	18.50	6	25.40
金融机构	1	52.30	3	36.40
科研单位	5	18.90	7	23.20
高等学校	5	18.90	4	26.90
中、小学	10	4.40	10	2.90
国防军工单位	9	5.00	9	7.10
私营企业	8	6.90	8	16.10
政府机关	4	27.20	4	26.9
其他		4.60		2.9

表 13-13　毕业后希望自己成为:(允许选 3 项)

类别	1995 年入学时占比(%)	1998 年入学时占比(%)	目前占比(%)
企业家	52.70	53.80	57.30
党政干部	25.70	26.70	29.30
艺术家	13.60	10.80	9.00
科研人员	31.30	49.90	42.30
大学教师	18.90	24.40	25.40
中、小学教师	3.80	4.40	5.40
军人	4.40	6.40	4.20
个体户	14.20	10.00	12.00
其他	13.70	10.30	9.30

表 13-12 显示,1995 年就受到大学生青睐的、有着丰厚收入的外资企业、合资企业越来越受到大学生的欢迎,过去旱涝保收的"高等学校",在以经济为中心的转型期,曾一度不被大学生看好,如今又开始焕发出昔日的光彩。由于科研人员的社会地位和经济报酬严重脱节,科研单位对大学生的吸引力并不大,但从表 13-13 可以看到,大学生毕业后愿意成为科研人员的比例达到了 42.3%,居于第二位。这说明,大学生对"科教兴国"的道理是懂的,对科学技术的重要性也是有认识的,之所以愿意到科研单位工作的比例不高,是因为科研单位太清贫了,而并非不愿意当科研人员。相信只要"把按劳分配和按生产要素分配结合起来,坚持效率优先,兼顾公平",会吸引更多的大学生到科研单位就业。政府机关的吸引力,从表中看不出什么差异,但我们在从事大学生就业指导工作中感到,诸如税务、海关、经贸等经济

管理和涉外工作的政府机关对大学生的吸引力表现出增强的趋势。"国有企业"由于某种原因,经济效益不断下降,使得它对大学生的吸引力越来越弱。然而,十五大的召开,对国有企业的改革无论在思想认识还是具体措施上都达到了前所未有的高度。十五大提出的对国有经济战略性认识的问题上,提出了两个根本性的思路,一是通过国有企业股权多元化推进国有经营机制转变,二是通过收缩战线、加强重点、优化国有经济的布局结构,达到提高国有企业竞争力的目的。这一切,使大学生对国有企业增强了信心,因而大学生选择到"国有企业"工作的比例从1995年的18.5%提高到目前的25.4%,不能不说是一种可喜的现象。在此,引人注目的是:1995年大学生最看好的、想方设法才能挤进去的"金融机构",在亚洲金融风波的冲击下,明显失去了昔日的魅力。

三、结论

通过上述比较,我们可以看出,大学生职业价值观的演变趋势主要有以下几点:

(1) 大学生对择业因素的考虑,从更多地考虑收入因素转变为更多地考虑自我实现因素。虽然对"社会贡献大"的比例总体仍很低,但1995年有明显提高,隐含着把自我价值的实现逐渐统一于贡献社会的可能性。这种由金钱本位向自我本位的转变,是社会主义市场经济的内在要求,是有利于社会进步的。然而,如何引导大学生把自我价值的实现与国家的发展、社会的需要结合起来,促进自我本位向社会本位转变,还有待于教育工作者的进一步努力。

(2) 大学生的择业自主性更为明显。择业时倾听"父母"意见的比例在减少,倾听"老师"意见的比例在增加。这一变化既给高校的就业指导提出了更高的要求,又为高校开展就业指导提供了契机。

(3) 大学生的择业风险意识进一步增强。但应当看到,这种风险是有条件的,这个条件就是获得高收入。如果达不到这一条件,他们对工作的环境和稳定性还是看重的。

(4) 大学生对职业评价的第一标准由经济报酬转变为社会意义。这一否定之否定的历史回归,体现了大学生对职业的物质因素追求到精神因素追求的转变。也从一个侧面反映出高校近几年对大学生的就业指导和毕业生的思想教育工作是有一定成效的。

(5) 大学生对职业现状的评价变化最为显著的是,毕业后最愿意去的单位由"金融机构"变为"合资企业";最为可喜的是,愿意到"国有企业"、"高等学校"工作的比例明显提高。集权力、名声和经济利益于一身的"企业家"越来越受到大学生的推崇,而愿意成为"军人"、"个体户"的比例在下降。

如果说,1995年大学生的职业价值观变化是处于现代与传统、理想与现实、精神与物质的矛盾的交织之中,那么,1998年大学生职业价值观的变化则显示出,他们已经从矛盾的痛苦之中挣脱出来,看到了前进的方向,迈出了可喜的第一步,但要达到理想的彼岸,职业指导的任务还很艰巨。(略)

参考文献:(略)

参考答案:

1. 缺少重要的研究方法部分。没有介绍调查单位、问卷发放方法、抽样样本的具体背景等重要信息。

2. 对有些数据的解释说明过于武断。如"1998年大学生'对社会贡献大'因素的选择比例虽仍然很低,但却比1995年有了提高。为什么会有这一变化呢?笔者认为,十五大精神和江泽民同志在庆祝北大建校一百周年大会上的讲话中对青年学生提出的四点希望,对大学生是极大的鼓舞。"又如"大学生毕业后愿意成为科研人员的比例达到了42.3%,居于第二位。这说明,大学生对'科教兴国'的道理是懂的。"这些解释都显牵强。

3. 缺少文献支持以及与同类研究数据的比较分析。

4. 结论有些啰嗦,需要更精练些。

附录 女性高科技人才开发与利用研究调查问卷

尊敬的女士/先生：

您好！这是一项关于女性高科技人才开发与利用方面的调查研究，这项研究将对我国女性高科技人才资源的开发与利用，实施"人才强国战略"，建设创新型国家，具有重要的现实意义。您的意见对于这次调查非常重要，本研究收集的数据主要用于总体统计分析，对于您的个人资料与意见我们将绝对保密，在此，我们诚挚地感谢您对此项工作的大力支持！

"女性高科技人才成长规律及开发与利用研究"课题组

A. 基本工作状态

A1. 您每天的实际工作时间为（ ）
A. 4 小时以下　　　B. 4—8 小时　　　C. 9—10 小时　　　D. 10 小时以上
A2. 总的来说，作为科技人员您总体感觉是（ ）
1. 没有压力　2. 有一点点压力　3. 压力适中　4. 压力比较大　5. 压力非常大
A3. 您认为自己目前工作压力的主要来源是（根据每项对你造成的压力的大小从1—5打分,1表示压力最低分,5表示压力最高分）

1	兼任管理职务	1 2 3 4 5
2	参与社会活动多	1 2 3 4 5
3	科研任务过多,工作量大	1 2 3 4 5
4	科研任务不足	1 2 3 4 5
5	工作时间无规律,加班、出差多	1 2 3 4 5
6	科研工作难度大	1 2 3 4 5
7	单位内部人际关系复杂	1 2 3 4 5
8	聘用制或竞争上岗所带来的竞争,甚至下岗的威胁	1 2 3 4 5
9	单位科研信息、资料、设备条件差	1 2 3 4 5
10	单位管理不公正	1 2 3 4 5
11	单位硬性下达了项目指标或创收指标	1 2 3 4 5
12	职称、职务不能及时晋升	1 2 3 4 5
13	经济压力大	1 2 3 4 5
14	工作影响到家庭生活	1 2 3 4 5
15	其他（请说明）	1 2 3 4 5

A4. 当感觉压力大时,您一般会采用何种方式缓解压力(最多选3项)? ( )
1. 独处　　　　2. 阅读　　　　　　3. 体育运动　　　4. 娱乐活动
5. 短期休假　　6. 向家人或朋友倾诉　7. 逛街购物　　　8. 做其他事情转移注意力
9. 其他(请说明)＿＿＿＿＿＿＿＿

B. 科技政策与制度的认知

B1. 在您看来,以下国家政策制度环境对科技人才成长发展的重要程度如何?

	项目	重要程度
1	鼓励创新、宽容失败,宽松、平等的人文环境	1　2　3　4　5
2	公开、合理竞争的科技立项程序和评估制度	1　2　3　4　5
3	有效实施的知识产权保护制度	1　2　3　4　5
4	公正、客观的科技成果评价奖励制度	1　2　3　4　5
5	严格实施的环境保护与可持续发展政策	1　2　3　4　5
6	便利、高质量的公共基础设施条件	1　2　3　4　5
7	廉洁、高效的政府服务环境	1　2　3　4　5
8	保护、促进人才合理流动的配套政策	1　2　3　4　5
9	公平、公正、公开的选拔晋升及其他激励制度	1　2　3　4　5

B2. 你认为目前的科技政策与科研管理体制存在哪些不利于创新的因素(最多选3项)? ( )
1. 国家对创新方面的资金支持力度不够　　　2. 知识产权保护政策没有很好落实
3. 创新成果的评价体系不完善　　　　　　　4. 没有形成良好的风险投资机制
5. 国家对于创新的税收优惠政策没有很好落实　6. 成果转化的机制不完善
7. 创新主体的利益驱动机制不完善(包括奖励机制、晋升机制和职称评定等)
8. 国家科技部门间缺乏沟通机制,政策之间缺少协调
9. 设备与信息共享的机制很不完善　　　　　10. 其他(请注明)＿＿＿＿＿＿＿

B3. 你认为,以下哪些组织因素影响了本单位科技工作者的创新活动(最多选3项)? ( )
1. 领导者创新意识不强　　　　　　　2. 组织内部没有创新战略与规划
3. 缺乏技术带头人　　　　　　　　　4. 技术创新信息不足
5. 缺乏与外界技术合作的渠道　　　　6. 没有晋升的空间
7. 不能形成大的研发团队　　　　　　8. 组织内部的相关培训不够
9. 物质激励跟不上　　　　　　　　　10. 单位内部的创新评价体系不完善
11. 其他(请注明)＿＿＿＿＿＿＿

B4. 请您对单位的以下各项制度和政策对促进人才成长重要程度与满意程度进行评价

	项目	重要程度	满意程度
1	人才培训制度及投入	1 2 3 4 5	1 2 3 4 5
2	职称、职务聘任制度	1 2 3 4 5	1 2 3 4 5
3	薪酬奖励制度	1 2 3 4 5	1 2 3 4 5
4	研发立项、评审与投入制度	1 2 3 4 5	1 2 3 4 5
5	人才选拔政策与程序	1 2 3 4 5	1 2 3 4 5
6	科研成果评价制度	1 2 3 4 5	1 2 3 4 5
7	人才流动政策	1 2 3 4 5	1 2 3 4 5
8	绩效考核制度	1 2 3 4 5	1 2 3 4 5
9	人才引进政策	1 2 3 4 5	1 2 3 4 5
10	社会保障制度	1 2 3 4 5	1 2 3 4 5

B5. 据您所知您周围科技人才流失的主要原因是(分值高表示重要程度高)

	项目	重要程度
1	缺乏公开、平等竞争、择优的人才选拔任用机制	1 2 3 4 5
2	没有建立起与市场接轨的人才激励考核制度	1 2 3 4 5
3	没有足够的经费从事研究与开发工作	1 2 3 4 5
4	工作缺乏自主性和挑战性,不能发挥作用	1 2 3 4 5
5	人际关系处理复杂,难以适应	1 2 3 4 5
6	福利待遇低、缺乏安全感	1 2 3 4 5

B6. 在您看来,以下哪些条件对科研或研发团队稳定发展有利？(分值高表示重要)

	项目	重要程度
1	具有合理的知识、能力、经验结构	1 2 3 4 5
2	具有自由的学术气氛	1 2 3 4 5
3	具有较高的学术起点	1 2 3 4 5
4	具有丰富的研究积累	1 2 3 4 5
5	有足够经费从事研究与开发工作	1 2 3 4 5
6	有德、才、识兼备的高水平的学术带头人	1 2 3 4 5
7	具有良好、广泛的合作关系	1 2 3 4 5
8	有先进的研发与创新的实验设施	1 2 3 4 5
9	团队内公平合理的利益分配机制	1 2 3 4 5

C. 基本需求

C1. 您在工作中追求的目标是(根据需求重要程度进行打分,分值高表示重要),其满足程度怎样(1 表示满足程度最低,5 表示满足程度最高)？

	追求目标	追求的重要程度	目前满足程度
1	得到学习、进修机会,个人研究能力不断提升	1 2 3 4 5	1 2 3 4 5
2	取得科研成就	1 2 3 4 5	1 2 3 4 5
3	赢得同行的尊重	1 2 3 4 5	1 2 3 4 5
4	提供优厚的薪酬和福利待遇	1 2 3 4 5	1 2 3 4 5
5	建立良好和谐的人际关系	1 2 3 4 5	1 2 3 4 5
6	具有自主的工作环境与条件	1 2 3 4 5	1 2 3 4 5
7	奉献社会	1 2 3 4 5	1 2 3 4 5
8	工作稳定	1 2 3 4 5	1 2 3 4 5
9	有管理他人的机会	1 2 3 4 5	1 2 3 4 5
10	工作内容符合自己的兴趣和特长	1 2 3 4 5	1 2 3 4 5
11	工作时间和地点都很有规律	1 2 3 4 5	1 2 3 4 5
12	可以有时间照顾家庭	1 2 3 4 5	1 2 3 4 5

C2. 在您看来,以下哪些条件急待改善以有利于您进一步发展?(分值高表示需求高)

	项目	需求程度
1	改善研发实验设施与条件	1 2 3 4 5
2	具有良好的学术环境,实现知识共享	1 2 3 4 5
3	提供优厚的薪酬和福利待遇	1 2 3 4 5
4	具有公平合理、客观的评价、晋升机制	1 2 3 4 5
5	具有自主的工作环境与条件	1 2 3 4 5
6	提供出国学习的机会	1 2 3 4 5
7	提供足够的经费从事您的研究与开发工作	1 2 3 4 5
8	建立良好合作的工作团队	1 2 3 4 5
9	与国内外领先研究团队合作或获得指导	1 2 3 4 5
10	得到科研课题或项目	1 2 3 4 5
11	有充足的时间保证研究	1 2 3 4 5
12	处理好婚姻问题	1 2 3 4 5
13	子女教育培养问题	1 2 3 4 5
14	照顾老人问题	1 2 3 4 5
15	其他(请说明)	1 2 3 4 5

D. 科技人才素质的认知与能力开发

D1. 在您的单位中,您认为女性高科技人才缺少的原因是(分值高表示重要程度高)

	项目	重要程度
1	性别差异导致创新能力差异	1 2 3 4 5
2	女性理工科毕业生少	1 2 3 4 5
3	女性科技人员思想观念有差异	1 2 3 4 5
4	女性科技人员难以维持家庭与工作的平衡	1 2 3 4 5
5	女性科技人员缺乏强烈的成就感	1 2 3 4 5
6	女性科技人员不易获得经费支持	1 2 3 4 5
7	工作条件艰苦,不适宜女性科技人员发展	1 2 3 4 5
8	女性在高科技单位找工作难	1 2 3 4 5

D2. 您认为要成为一名有成就的科技人员,下面这些能力和素质的重要性如何("1"表示不重要,"5"表示非常重要)?

	项目	重要程度
1	扎实的专业基础理论知识	1 2 3 4 5
2	丰富的实践经验	1 2 3 4 5
3	善于终生学习的能力	1 2 3 4 5
4	灵活有效的理论联系实践的能力	1 2 3 4 5
5	创新的思维品格	1 2 3 4 5
6	对科研的浓厚兴趣	1 2 3 4 5
7	自信	1 2 3 4 5
8	科研技术方法水平	1 2 3 4 5
9	在由多学科人员组成的团队中的协作能力	1 2 3 4 5
10	书面表达交流能力	1 2 3 4 5
11	人际沟通能力	1 2 3 4 5
12	在研究实践中融合运用不同领域知识、技术的能力	1 2 3 4 5
13	宽广的知识面,良好的人文知识素养	1 2 3 4 5
14	抗挫折与自我心理调适能力	1 2 3 4 5
15	优异的外语能力	1 2 3 4 5
16	对新事物敏感和敢于承受风险	1 2 3 4 5
17	良好的品德修养与职业责任感	1 2 3 4 5
18	对研究事业的执着追求与成就动机	1 2 3 4 5
19	判断识别科技前沿发展方向,确定关键科技环节解决思路	1 2 3 4 5
20	立足客户需求,将技术商业化的运作能力	1 2 3 4 5

D3. 您认为促进女性科技人才成长应采取的措施是(根据重要程度打分)

	项目	重要程度
1	提高女性科技人员思想认识	1 2 3 4 5
2	给女科技人员更多的培训发展机会	1 2 3 4 5
3	促使男性更新思想观念	1 2 3 4 5
4	男性应承担更多的家庭责任	1 2 3 4 5
5	改善工作环境与条件	1 2 3 4 5
6	设立专项计划培养高科技女性人才	1 2 3 4 5

D4. 为了使女性高科技人才更好地进行科技研究,您认为女性高科技人才急需的培训是(根据重要程度打分)

	项目	重要程度
1	提高女性科技人员的成就意识培训	1　2　3　4　5
2	压力管理(或情绪管理)培训	1　2　3　4　5
3	处理工作—家庭冲突能力培训	1　2　3　4　5
4	孩子教育能力培训	1　2　3　4　5
5	人际沟通能力培训	1　2　3　4　5
6	科研方法能力培训	1　2　3　4　5
7	其他(请说明)_____	1　2　3　4　5

E. 权益保障问题

E1. 您认为单位领导对女性科技人员是否重视？（　）
1. 非常重视　　　2. 比较重视　　　3. 一般　　　4. 不重视　　　5. 很不重视

E2. 在您的科研工作领域中,相对于男性科研人员来说,对女性科研人员不公平的现象表现在哪些方面(最多选2项)（　）
1. 工资和福利待遇　　　　　　　2. 工作岗位和任务安排
3. 培训、学习和出国机会　　　　4. 职务晋升和职称评定
5. 对成就的认可　　　　　　　　6. 项目、课题申请或竞标
7. 无不公平现象　　　　　　　　8. 其他_____

E3. 您受到不公正对待的最主要原因是（　）
1. 领导的原因　　　　　　　　　2. 自己的原因
3. 单位内部人际关系太复杂　　　4. 管理制度、体制不健全、不合理
5. 其他(请说明)_____

E4. 您在单位受到不公正待遇后
(1) 通常的处理方式是(限选择2项)（　）
A. 向有关领导提出或要求更正　　B. 向政府机构、纪检、信访部门或上级反映
C. 向工会、妇联、共青团、科协等组织反映　　D. 申请仲裁或通过司法途径解决
E. 向新闻媒体反映　　　　　　　F. 自己忍了
G. 辞职或不上班　　　　　　　　H. 其他_____
(2) 能通过组织渠道得到妥善解决吗？A. 多数能　B. 少数能　C. 不能

F. 个人资料

F1. 性别_____

F2. 出生年月：_____

F3. 婚姻状况_____

F4. 是否有子女（　）1. 有　2. 无　　如果有子女其年龄为____

F5. 专业_____

F6. 本行业工作年限_____

F7. 所在单位的性质（　）
A. 大型国有企业　　　　　　　　B. 中小型国有企业
C. 高校　　　　　　　　　　　　D. 科研机构

E. 外资或合资企业　　　　　　　　F. 民营企业
G. 其他_____

F7. 您所从事的科技工作性质（　）
A. 基础研究　　　　B. 应用研究　　　　C. 开发试验
D. 工程设计　　　　E. 生产制造　　　　F. 技术管理
G. 经营、销售服务　　H. 技术维护　　　　I. 其他_____

F8. 技术职称（　）
A. 无职称　　　　　B. 初级　　　　　　C. 中级
D. 副高级　　　　　E. 正高级

F9. 最高学历（　）
A. 高中及以下　　　B. 中专　　　　　　C. 大专
D. 本科　　　　　　E. 硕士研究生　　　F. 博士研究生

F10. 您现在所就职的行业（　）
1. 电子信息　　　　2. 生物技术　　　　3. 新材料
4. 光机电一体化产业　　5. 环保新技术产业
6. 其他高新技术产业（请说明）_____

F11. 单位所在地：_____省（自治区、直辖市）_____市
工作单位名称_____

再次感谢您对本次调查的支持！

参考文献

1. 张冠生.费孝通传[M].北京:群言出版社,2000.
2. 风笑天.社会学研究方法[M].北京:中国人民大学出版社,2001.
3. 风笑天.现代社会调查方法[M].武汉:华中科技大学出版社,2005.
4. 顾东辉.下岗职工的再就业服务和求职行为[J].社会学研究,2001(4).
5. 张彦,吴淑凤.社会调查研究方法[M].上海:上海财经大学出版社,2006.
6. 艾尔·巴比.社会研究方法(第11版)[M].北京:群言出版社,2009.
7. 袁方.社会研究方法教程[M].北京:北京大学出版社,1997.
8. 陈向明.质的研究方法与社会科学研究[M].北京:教育科学出版社,2000.
9. 水延凯.社会调查教程(第三版)[M].北京:中国人民大学出版社,2003.
10. 江立华,水延凯.社会调查教程[M].北京:中国人民大学出版社,2012.
11. 袁方.社会调查原理与方法[M].北京:高等教育出版社,2000.
12. 范伟达,范冰.社会调查研究方法[M].上海:复旦大学出版社,2010.
13. 邱皓政.量化研究与统计分析[M].重庆:重庆大学出版社,2009.
14. 吴明清.教育研究——基本观念与方法分析[M].台北:五南图书出版公司,1991.
15. 王京生.对定性研究的重新评价[J].教育理论与实践,2000(2).
16. 仇立平.社会研究方法[M].重庆:重庆大学出版社,2008.
17. 石绍华,张梅玲.问卷编制的几个问题[J].心理学动态,2000,8(4).
18. 顾远东,彭纪生.组织创新氛围对员工创新行为的影响:创新自我效能感的中介作用[J].南开管理评论,2010,13(1).
19. Uma Sekaran.企业研究方法[M].祝道松,林家五,译.北京:清华大学出版社,2005.
20. 刘德寰.市场调查[M].北京:经济管理出版社,2000.
21. Pamela L. Alreck,Robert B. Settle .调查研究手册[M].王彦,译.北京:中国轻工业出版社,2008.
22. 刘军.管理研究方法[M].北京:中国人民大学出版社,2008.
23. 郝大海.社会调查研究方法[M].北京:中国人民大学出版社,2005.
24. 颜玖.观察法在社会科学研究中的应用[J].北京市总工会职工大学学报,2001,16(4).
25. 郭秀艳.实验心理学[M].北京:人民教育出版社,2004.
26. 王重鸣.心理学研究方法[M].北京:人民教育出版社,1990.
27. 邱均平,余以胜,邹菲.内容分析法的应用研究[J].情报杂志,2005(8).
28. 甘立京,张克家.如何写综述[J].中国兽医杂志,2003,39(8).
29. 张厚粲,徐建平.现代心理与教育统计学[M].北京:北京师范大学出版社,2004.
30. 张文彤.SPSS统计分析高级教程[M].北京:高等教育出版社,2004.
31. 郭志刚.社会统计分析方法[M].北京:中国人民大学出版社,1999.
32. 李怀祖.管理研究方法论[M].西安:西安交通大学出版社,2004.

33. 陶保平.学前教育科研方法[M].上海:华东师范大学出版社,1999.

34. 中国心理学会.心理学论文写作规范[M].北京:科学出版社,2002.

35. 周爽,朱志洪,朱星萍.社会统计分析——SPSS应用教程[M].北京:清华大学出版社,2006.

36. 陈阳.大众传播学研究方法导论[M].北京:中国人民大学出版社,2007.

37. 罗秀妆.基于内容分析法对网络行为研究现状的分析[J].内蒙古电大学刊,2009(3).

38. 徐明,仓平.服装连锁店的服务水平如何提高?——真维斯公司采用神秘人暗访的方法有成效[J].中国商贸,1996(12).

39. 陈向明.社会科学中的定性研究方法[J].中国社会科学,1996(6).

40. 李晓凤,佘双好.质性研究方法[M].武汉:武汉大学出版社,2006.

41. 徐云杰.社会调查设计与数据分析[M].重庆:重庆大学出版社,2013.

42. Michael Quinn Patton.质的评鉴与研究[M].吴芝仪,李奉儒译.台北:桂冠图书公司,1990.

43. Anseln Strauss,Juliet Corbin.质性研究概论[M].徐宗国译.台北:巨流图书公司,1997.

44. 李志刚,李兴旺.蒙牛公司快速成长模式及其影响因素研究——扎根理论研究方法的运用[J].管理科学,2006,19(3).

45. 李志刚.扎根理论方法在科学研究中的运用分析[J].东方论坛,2007(4).

46. 王建伟,徐蕊,曹建国,宋华淼.扎根理论结合专家评定对军人成就动机研究[J].人民军医,2008,51(11).

47. 温忠麟,张雷,侯杰泰,刘红云.中介效应检验程序及其应用[J].心理学报,2004,36(5).

48. 温忠麟,侯杰泰,张雷.调节效应与中介效应的比较和应用[J].心理学报,2005,37(2).

49. 荣泰生.AMOS与研究方法[M].重庆:重庆大学出版社,2009.

50. James L R, Brett J M. Mediators, moderators and tests for mediation. *Journal of Applied Psychology*, 1984, 69(2).

51. Baron R M, Kenny D A. The moderator-mediator variable distinction in social psychological research: Conceptua,l strategic, and statistical considerations. *Journal of Personality and Social Psychology*, 1986, 51(6).

52. Converse J M, Presser S. Survey Questions: Handcrafting The Standardized Questionnaire, Beverly Hills, CA: Sage,1986.

53. Belson W R. The Design and Understanding of Survey Question. Aldershot, England: Gower, 1981.

教辅申请说明

北京大学出版社本着"教材优先、学术为本"的出版宗旨，竭诚为广大高等院校师生服务。为更有针对性地提供服务，请您按照以下步骤通过**微信**提交教辅申请，我们会在 1~2 个工作日内将配套教辅资料发送到您的邮箱。

◎扫描下方二维码，或直接微信搜索公众号"北京大学经管书苑"，进行关注；

◎点击菜单栏"在线申请"—"教辅申请"，出现如右下界面：

◎将表格上的信息填写准确、完整后，点击提交；

◎信息核对无误后，教辅资源会及时发送给您；如果填写有问题，工作人员会同您联系。

温馨提示：如果您不使用微信，则可以通过以下联系方式（任选其一），将您的姓名、院校、邮箱及教材使用信息反馈给我们，工作人员会同您进一步联系。

联系方式：

北京大学出版社经济与管理图书事业部
通信地址：北京市海淀区成府路 205 号，100871
电子邮箱：em@pup.cn
电　　话：010-62767312 /62757146
微　　信：北京大学经管书苑（pupembook）
网　　址：www.pup.cn